股票操作入门全攻略

金 铁◎编著

中国宇航出版社
·北京·

图书在版编目（CIP）数据

股票操作入门全攻略 / 金铁编著. -- 北京:中国宇航出版社, 2020.6（2022.1重印）
ISBN 978-7-5159-1779-5

Ⅰ. ①股… Ⅱ. ①金… Ⅲ. ①股票交易—基本知识 Ⅳ. ①F830.91

中国版本图书馆CIP数据核字(2020)第059966号

策划编辑　田芳卿
责任编辑　白希国　　**封面设计**　宇星文化

出版发行　**中国宇航出版社**
社　址　北京市阜成路8号　　**邮　编**　100830
(010)60286808　　(010)68768548
网　址　www.caphbook.com
经　销　新华书店
发行部　(010)60286888　　(010)68371900
(010)60286887　　(010)60286804(传真)
零售店　读者服务部
(010)68371105
承　印　三河市君旺印务有限公司
版　次　2020年6月第1版　　2022年1月第3次印刷
规　格　710×1000　　**开　本**　1/16
印　张　19.5　　**字　数**　340千字
书　号　ISBN 978-7-5159-1779-5
定　价　59.00元

本书如有印装质量问题，可与发行部联系调换

前　言

“不谋万世者，不足谋一时；不谋全局者，不足谋一域。”

缺乏长远规划的人，即使获得一时的成就，也难以走得更远。不能统观全局的人，容易迷失在细节之中。

在股市中，每一个交易者都渴望获得成功。但初入股市的新手，必将经历一个不断求索的过程。缺少这个过程，成功只能是一个幻梦，难以变成现实。

牢固掌握炒股基础知识，是提升股票操作水平的根基所在。交易者要熟练掌握这些基础知识，并在实战中加以运用，不断总结经验教训，培养对市场的判断力，打造属于自己的交易系统。

本书写作遵循由浅入深的原则，先介绍初学者入门必备的基础知识，然后讲解看盘基础，K 线、均线买卖点分析，常用技术指标，量价关系，主力对股价的影响以及基本面分析等内容。讲解时，尽量采用案例分析的形式，使交易者在近似实战的氛围中掌握这些知识和分析技巧。笔者相信，即便初学者也能轻松理解和掌握。

在波诡云谲的股市上，交易者没有捷径可走，必须下一番苦功夫才行。

有一个人到教堂祈祷。

“仁慈的上帝！求求你让我中奖吧！”一个星期过去了，什么也没有发生。又一个星期日，他再次来到教堂祈祷：“仁慈的上帝，难道我中奖真的会伤害到你吗？”他还是没有中奖。

很长时间过去了，他仍对祈祷的神力深信不疑。他再次来到教堂，仰头向上，动情地说：“噢，上帝啊！但愿本周能让我中奖。”

正当他祈祷的时候，突然从上空传来一个神圣的声音，打断了他：“你总得先买张彩票吧。”

交易者想成为股市中的成功者，总得先有入门基础知识这张“票”啊！

目　录

第八章　股票基本面分析

第九章 实战案例解析

附 录

第一章

股票操作入门 4 件事

第一节　了解股票基本知识

一、股票的含义

股票是股份公司为筹集资金，发行给每个股东作为持股凭证，并借以取得股息和红利的一种有价证券。

（一）历史

荷兰 1602 年成立的东印度公司，是世界上最早的股份公司。伴随着股份公司的诞生和快速发展，以股票形式集资入股的方式也受到追捧，随之产生了买卖股票的需求，由此促进了股票交易市场的形成。

阿姆斯特丹股票交易所，是世界上第一个股票交易市场。1611 年，在阿姆斯特丹股票交易所，东印度公司的股东开始进行股票转让交易，后来还有了专门的经纪人予以撮合。

（二）获得股票的途径

（1）股份公司发起人获得股票。

（2）股份公司向社会募集资金，自然人或法人等出资购入股票。

（3）因赠与或继承而获得股票。

（4）二级交易流通市场买入而获得股票。

（三）股票的权益与分类

每股股票代表股东对企业拥有 1 个基本单位的所有权。

股票权益是一种综合权利，包括参加股东大会、投票表决、参与公司重大决策、收取股息或分享红利差价等，但也要共同承担公司运作错误带来的风险。

一般来说，同一类别的每股股票代表的公司所有权是相等的。每个股东拥有的公司所有权份额的大小，取决于其持有的股票数量占公司总股本的比重。

股票的分类方式不同，其类别也有所不同。

1. 普通股和优先股

按股东权利分类，股票可分为普通股和优先股。

（1）普通股。

普通股是指在公司的经营管理和盈利及财产的分配上享有普通权利的股

份，代表满足所有债权偿付要求及优先股股东的收益权与求偿权要求后，对企业盈利和剩余财产的索取权。普通股构成公司资本的基础，是股票的一种基本形式。

普通股股东的权利包括公司决策参与权、利润分配权、优先认股权、剩余资产分配权等。

（2）优先股。

优先股是相对于普通股而言的，在利润分红及剩余财产分配的权利方面优先于普通股的股份。

优先股通常预先明确股息收益率，优先股的股息一般不会根据公司经营情况而增减。优先股可以先于普通股获得股息。

优先股股东一般没有选举权和被选举权，对公司的经营没有参与权。优先股股东不能退股，只能通过优先股的赎回条款被公司赎回，但是能稳定分红。

优先股股东的权利包括优先分配权和优先求偿权。

2. 流通股和非流通股

按股权的流通性分类，股票可分为流通股和非流通股。

（1）流通股。

流通股是指可以在二级市场自由流通、转让的股票。在我国，主要包括境内已上市人民币普通股（A 股）、境内上市外资股（B 股）和境外上市外资股（H 股、N 股等）。

（2）非流通股。

非流通股是指不能在二级市场上自由流通、转让的股票。

3. 国有股、法人股、公众股和外资股

按股东性质分类，股票可分为国有股、法人股、公众股和外资股。

（1）国有股。

国有股包括国家股和国有法人股。

国家股是指有权代表国家投资的政府部门或机构，向股份有限公司出资形成或依法定程序取得的股份。

国有法人股是指具有法人资格的国有企业、事业及其他单位，以其依法占有的法人资产向独立于自己的股份公司出资形成或依法定程序取得的股份。

（2）法人股。

法人股是指企业法人或具有法人资格的事业单位和社会团体，以其依法可支配的资产，向股份有限公司非上市流通股权部分投资形成的股份。

如果该法人是国有企业、事业及其他单位，那么该法人股为国有法人股。如果是非国有法人资产投资于上市公司形成的股份，则为社会法人股。

（3）公众股。

公众股是指社会公众依法以其拥有的财产投入公司时形成的可上市流通的股份。在社会募集方式下，股份公司发行的股份，除了由发起人认购一部分外，其余部分应该向社会公众公开发行。

（4）外资股。

外资股是指股份公司向外国和我国香港、澳门、台湾地区交易者发行的股票。这是我国股份公司吸收外资的一种方式。外资股按上市地域可以分为境内上市外资股和境外上市外资股。

（四）股票的特性

1. 不可偿还性

股票是一种无偿还期限的有价证券，只要发行股票的公司存在，其股票就存在，股票的期限等于公司存续的期限。交易者认购股票后，不能要求退股，只能到二级市场转让。股票的转让只意味着公司股东的改变，并不减少公司资本。

2. 参与性

股东有权出席股东大会，选举公司董事会，参与公司重大决策。

股东参与公司决策的权利大小，取决于其持有股份的多少。从实践中看，只要股东持有的股票数量达到左右决策结果所需的实际多数时，就能掌握公司的决策控制权。

3. 流通性

流通性是指股票在不同交易者之间的可交易性。流通性通常以可流通的股票数量、股票成交量以及股价对交易量的敏感程度来衡量。可流通股数越多，成交量越大，价格对成交量越不敏感（价格不会随着成交量一同变化），股票的流通性就越好；反之就越差。

股票的流通，使交易者可以在市场上卖出持有的股票，取得现金。通过股票的流通和股价的变动，可以看出人们对于相关行业和上市公司的发展前景和盈利潜力的判断。

4. 收益性

股东凭其持有的股票，有权从公司领取股息或红利，获取投资收益。股息或红利的多少，主要取决于公司的盈利水平和公司的盈利分配政策。

股票的收益性，还表现在股票交易者可以获得价差收入或实现资产保值增值。通过低价买入和高价卖出股票，交易者可以赚取价差利润。

5. 风险性

同商品一样，在交易市场上，作为交易对象，股票有自己的市场行情和市场价格。由于股票价格受到诸如公司经营状况、供求关系、银行利率、大众心理等多种因素的影响，其波动有很大的不确定性。正是这种不确定性，有可能使股票交易者遭受损失。价格波动的不确定性越大，投资风险也越大。因此，股票是一种高风险的金融产品。

6. 不一致性

股票本身没有价值，但作为一种特殊金融商品，在交易时有一定的价格，这种价格实际上是一种资本化的收入。

股票价格受企业经营状况及其他社会、政治和经济等诸多因素的影响，往往与其票面价值或股份公司内在单位估值不一致，从而吸引了大批以获取股票差价收益为目的的投机者。

二、证券交易所和大盘指数

证券交易所是为证券集中交易提供场所和设施，组织和监督证券交易，实行自律管理的法人。从世界各国的情况看，证券交易所有公司制的营利性法人和会员制的非营利性法人，我国的证券交易所属于后一种。

目前，大陆有两家证券交易所，即上海证券交易所和深圳证券交易所。

（一）上海证券交易所及相关指数

上海证券交易所简称“上交所”，成立于1990年11月26日，同年12月19日开业，受中国证监会监督和管理。

上海证券交易所的主要职能包括：提供证券交易的场所、设施和服务；制定和修改证券交易所的业务规则；审核、安排证券上市交易，决定证券暂停、恢复、终止和重新上市；提供非公开发行证券转让服务；组织和监督证券交易；对会员进行监管；对证券上市交易公司及相关信息披露义务人进行监管；对证券服务机构为证券上市、交易等提供服务的行为进行监管；管理和公布市场信息；开展交易者教育和保护；法律、行政法规规定及中国证监会许可、授权或委托的其他职能。

从 1990 年至 2016 年，上海证券交易所从最初的 8 只股票、22 只债券，发展为拥有 1 159 家上市公司、1 203 只股票、29.8 万亿元股票市值的股票市场，拥有 7 855 只债券现货，总托管市值 5.92 万亿元的债券市场，拥有 ETF、LOF 等多品种共 158 只产品的基金市场，以及拥有上证 50ETF 期权的衍生品市场。

上海证券交易所编制的系列指数和拥有的股票，也被习惯性称为“沪市指数”“沪市个股”，图 1–1 为上交所重点指数样本。

上证综指于 1991 年 7 月 15 日发布，是上海第一只反映市场整体走势的旗舰型指数，也是中国资本市场影响力最大的指数，包含 A 股、B 股等上交所全部上市股票，以总股本为权重加权计算，代表中国资本市场 20 年的发展历程，是中国资本市场的象征。

老股民一般将上证综指称为“沪市大盘指数”，视之为分析市场整体趋势的主要对象之一。

沪市重点指数　更新日期：2019-08-09

指数名称	指数代码	收盘	成交额(亿元)	平均股本(亿股)	静态市盈率
上证180	000010	8067.06	636.91	134.09	11.39
上证５０	000016	2772.15	341.76	341.47	10.37
上证380	000009	4304.32	379.57	14.97	16.02
上证100	000132	4693.34	80.63	13.65	14.13
上证150	000133	3590.52	60.96	4.28	25.61
上证综指	000001	2774.75	1714.59	25.02	13.2
上证Ｂ股	000003	259.83	0.95	3.25	9.11
上证国债	000012	174.42	3.36	N/A	N/A
上证基金	000011	5989.08	243.82	N/A	N/A
上证企债	000013	233.95	16.63	N/A	N/A

图 1–1

上海证券交易所编制的系列指数，分别具有不同的特点。

有经验的交易者关注上证综指，主要用来判断市场整体趋势的变化，而其他指数则可以用来遴选行业，精选板块个股。

比如：上证 180 指数选择总市值和成交金额排名靠前的股票，按照中证一级行业的自由流通市值比例，分配和选取 180 只固定样本，以自由流通股本为权重加权计算获得的指数。这些公司核心竞争力强，资产规模大，经营业绩好，产品品牌广为人知，是沪市最具代表性的大型蓝筹股票。

如果上证 180 指数出现异动，那么交易者马上就会知道部分蓝筹个股必然存在不同寻常的波动，可以在第一时间做出相应的投资决断。

各指数之间的差异性，能让交易者捕捉到难得的波段交易机会。图 1–2 展示的是上证综指和上证 50 指数在 2017 年—2018 年某个时间段中的表现情况。

图 1–2

从图中可以看出，在同一时间段，上证 50 指数的上涨幅度和力度明显强于上证综指。

上证 50 指数是在上证 180 指数的样本股中，挑选规模最大、流动性最好的 50 只股票编制的指数，反映最具市场影响力的一批龙头企业的状况。

上证 50 指数强势上涨间接告诉交易者：至少在这个时间段内，这批龙头企业的股票是最值得关注的交易对象。

（二）深圳证券交易所及相关指数

深圳证券交易所简称“深交所”，于 1990 年 12 月 1 日开始营业，是经国务院批准设立的全国性证券交易场所，受中国证监会监督管理。

深圳证券交易所主要职能包括：提供证券集中交易的场所、设施和服务；制定和修改本所的业务规则；审核、安排证券上市交易，决定证券暂停上市、恢复上市、终止上市和重新上市；提供非公开发行证券转让服务；组织和监督证券交易；组织实施交易品种和交易方式创新；对会员进行监管；对证券上市交易公司及相关信息披露义务人进行监管；对证券服务机构为证券上市、交易等提供服务的行为进行监管；设立或者参与设立证券登记结算机构；管理和公布市场信息；开展交易者教育和保护；法律、行政法规规定的以及中国证监会许可、授权或者委托的其他职能。

至 2019 年 6 月底，深圳证券交易所共有上市公司 2 170 家，其中主板 472 家，中小板 934 家，创业板 764 家，总市值 20.83 万亿元；挂牌债券（含资产支持证券）5 539 只，挂牌面值 2.04 万亿元；挂牌基金 520 只，资产净值 1 837 亿元。

深圳证券交易所编制的系列指数和拥有的股票，习惯性称为“深市指数”“深市个股”，图 1–3 为深交所重点指数样本。

指数列表　**深市重点指数**

指数代码	指数名称	基日	基日指数	起始计算日
399001	深证成份指数	1994-07-20	1000	1995-01-23
399002	深证成指R	1994-07-20	1000	1995-01-23
399003	成份B股指数	1994-07-20	1000	1995-01-23
399004	深证 100指数	2002-12-31	1000	2003-01-02
399005	中小板指数P	2005-06-07	1000	2006-01-24
399006	创业板指数P	2010-05-31	1000	2010-06-01
399007	深证300价格	2004-12-31	1000	2009-11-04
399008	中小板300P	2010-03-19	1000	2010-03-22
399009	深证200指数	2004-12-31	1000	2011-09-01
399010	深证700指数	2004-12-31	1000	2011-09-01

图 1–3

交易者一般将深证成指称为“深市大盘指数”，视之为分析市场整体趋势的主要对象之一。

深市系列指数中，还包括创业板指数和中小板指数等，这些相对独立的指数，对交易者来说分别具有不同的分析价值和意义。

比如：通过观察和分析创业板指数的波动，交易者可以大致判断当前时间段创业板大部分个股的情况。当创业板指数一路下跌时，说明创业板大部分个股必然处于下跌行情中，反之亦然。

沪深两市的相关指数，可以让交易者在最短的时间内对整体市场行情有一个直观的了解。通过分析不同指数以及它们之间的关系（也包括指数与个股之间的关系），能够看到更真实的市场运行规律。

三、股票市场技术术语

（一）买盘

买盘是主动买入资金的总称。

（二）卖盘

卖盘是主动卖出资金的总称。

（三）洗盘

洗盘是主力为操纵股市，故意压低股价的一种手段。主力在控盘过程中，有时会有意制造卖压，迫使低价买进者卖出股票，以减轻拉升压力。

（四）砸盘

砸盘，一是主力的主动砸盘，是为了洗盘或者压低价格出货，另一种是主力机构或者庄家之间的博弈行为。

（五）护盘

护盘是指在市场低迷时，主力资金主动或者被动买入股票，以维护股价稳定为目的的行为。

（六）平盘

平盘是指相比昨日收盘价，股价涨跌无变化或无明显变化。

（七）高收

高收是指当日收盘价高于前一交易日的收盘价。

（八）低收

低收是指当日收盘价低于前一交易日的收盘价。

（九）高开

高开是指股票当日的开盘价高于前一日的收盘价。

（十）低开

低开是指股票当日的开盘价低于前一日的收盘价。

（十一）平开

平开是指当日的开盘价与前一日的收盘价相同。

（十二）盘整

盘整是指股价遇到阻力或支撑，并围绕该阻力或支撑进行上下波动。

（十三）跳空高开

跳空高开是指当日开盘价高于前一日收盘价开盘，在K线图上留有跳空缺口的现象。

（十四）跳空低开

跳空低开是指当日开盘价低于前一日收盘价开盘，在K线图上留有跳空缺口的现象。

（十五）跳空缺口

跳空缺口是指当日开盘价高于或低于前一日收盘价，在K线图上留有空白的交易区域。

（十六）跳水

跳水是指股价迅速下滑，下跌幅度很大，超过前一交易日的最低价很多。

（十七）扫盘

扫盘是指主力大幅度通吃卖盘上的筹码。

（十八）杀跌

杀跌是指在股价下跌时，因恐慌或其他目的而顺势抛出股票，从而使股价继续下跌。

（十九）试盘

试盘是指主力通过买入或者卖出股票，来测试某只股票筹码分布情况的行为。

（二十）对倒

对倒是庄家或主力资金的一种交易手法。具体操作方法为：在多家营业部同时开户，以拉锯方式（自买自卖）在各营业部之间报价交易，以达到操纵股价的目的。

（二十一）筹码

筹码是指一定数量的股票。

（二十二）踏空

踏空是指因看淡后市，卖出股票后，该股股价却一路上扬，或未能及时买入，因而未能赚得利润。

（二十三）多头陷阱

多头陷阱即多头设置的陷阱，通常发生在指数或股价屡创新高阶段，迅速突破原来的指数区且达到新高点，随后迅速滑落，跌破以前的支撑位，结果使在高位买进的交易者严重被套。

（二十四）空头陷阱

空头陷阱通常出现在指数或股价从高位区以高成交量跌至一个新的低点区，造成向下突破的假象，恐慌抛盘涌出后，迅速回升至原先的密集成交区，并向上突破原有压力线，使在低点卖出者踏空。

（二十五）骗线

骗线是指利用技术分析的划线原理，在想出货的时候先造成有利的线路，使依靠技术分析的人误以为会上涨而买进，或误以为会下跌而卖出。

（二十六）阴跌

阴跌是指股价进一步退两步、缓慢下滑的情况，如阴雨连绵，长期不止。

（二十七）停板

停板是指股票价格波动超过一定限度而停止交易。其中，因股票价格上涨超过一定限度而停止交易的叫涨停板，因股票价格下跌超过一定限度而停止交易的叫跌停板。目前，国内规定 A 股涨跌幅度为 10%，ST 股为 5%。

四、A 股、B 股、H 股、N 股、S 股、ST 股、G 股

看到这些以字母代表的股票名称，新手往往会有些懵，搞不清什么意思。对于一个初入股市的新手来说，很有必要了解一下这方面的基本知识，以便更全面地认识和了解股市。

（一）A 股

A 股是人民币普通股票。它是指在我国境内发行，供境内机构、组织或个人（不含港澳台交易者）以人民币认购和交易的普通股股票。

随着沪股通、深股通的开通，在港交易者也可以通过这一机制来买卖沪深两市的相关股票。

（二）B 股

B 股是人民币特种股票。它是指以人民币标明面值，用外币认购和交易，在境内证券交易所上市交易，相关公司的注册地和上市地都在境内的股票。

（三）H 股

H 股（因中国香港的英文首字母为 H 而得名），是指注册地在内地，上市地在香港的中资股。

（四）N 股

N 股是指注册地在中国境内，上市地在纽约的外资股。N 股是取纽约的英文首字母“N”作为名称。

（五）S 股

S 股是指注册地在中国境内，上市地在新加坡的企业股票。S 股是取新加坡的英文首字母“S”作为名称。

（六）ST 股

ST 股是指当一家公司连续 2 年亏损或因其他重大风险出现异常，在股票简称前冠以“ST”，意为“风险警示”（Special treatment 特别处理）。ST 股每天的涨跌幅都不得超过 5%。

当公司连续 3 年经营未有改善，依旧处于亏损状态，股票名称前除冠以“ST”外，还会加上“*”，即变成“*ST”，意为“退市风险警示”。

这种措施针对的是财务状况或其他状况出现异常公司的股票，用于警示交

易者注意投资风险。

对于新手来讲，可能并不知道自己持有的“*ST”股会退市，如果仓位较重的话，无疑将面临极大风险。

如图 1–4 所示，*ST 华信巨大的跌幅，让人瞠目结舌。对于新手来说，掌握一定的基础知识，至少可以主动回避这些带有明确警示标志的个股。

需要指出的是，并不是所有的 ST 个股都会出现巨幅下跌，某些 ST 个股甚至会出现出乎市场意料的暴涨。

图 1–4

特别处理不是对上市公司的处罚，而是对上市公司所处状况的一种客观揭示，其目的在于向交易者提示市场风险，引导交易者进行理性投资。假如公司异常状况消除，则会取消 ST 警示，恢复正常交易。

（七）G 股

G 股是指已经实施了股权分置改革并恢复交易的股票。G 股是因为“股权分置改革”中第一个汉字“股”的汉语拼音首字母为“G”而得名，是为了跟其他股票区别而命名。随着股权分置改革的完成，G 股基本已经不存在了。

五、N、XR、XD、DR的市场含义

在股票软件中，大家常会看到有些股票简称前标注有N、XR、XD、DR等标记，它们各有什么特别的市场含义呢？

（一）N

股票前加N，表示这只股票是当日新上市，字母N是英语“New”（新）的缩写，下一交易日，股票前面的“N”字样就会被取消。

看到带有N字样的股票时，交易者就知道它是新股，同时也应认识到这只股票的股价当日在市场上是不受10%涨跌幅限制的，涨幅可以高于10%，跌幅也可大于10%。对于新手来说，其中的风险与机遇较难把握，最好保持观望的态度。

新股上市当日具有一些不同于老股的规则，大致包括如下两点。

1. 有效申报

上海市场新股：

（1）集合竞价阶段，有效申报价格不得高于发行价格的120%，且不得低于发行价格的80%。

（2）连续竞价阶段，有效申报价格不得高于发行价格的144%，且不得低于发行价格的64%。其中，14:55—15:00，有效申报价格不得高于当日开盘价的120%，且不得低于当日开盘价的80%。集合竞价阶段未产生开盘价的，以当日第一笔成交价格作为开盘价。

深圳市场新股：

（1）股票上市首日，开盘集合竞价的有效竞价范围为发行价的上下20%。开盘价不能通过集合竞价产生，以连续竞价第一笔成交价作为开盘价。

（2）股票上市首日，14:57—15:00采用收盘集合竞价定价，即对集中申报簿中以最近成交价为申报价格的买卖申报进行一次性集中撮合。期间，交易者可以申报，也可以撤销申报。

（3）股票上市首日，收盘价为收盘集合竞价定价交易的成交价格。收盘集合竞价定价期间无成交的，以当日该证券最后一笔交易前一分钟所有交易的成交量加权平均价（含最后一笔交易）为收盘价。

2. 临时停牌

上海市场：

（1）盘中成交价格较当日开盘价首次上涨或下跌达到或超过10%的。

（2）盘中成交价格较当日开盘价首次上涨或下跌达到或超过 20% 的。

因第（1）项停牌的，当日仅停牌一次，停牌持续时间为 30 分钟，停牌时间达到或超过 14:55 的，当日 14:55 复牌。因第（2）项停牌的，停牌时间持续至当日 14:55。

深圳市场：

（1）盘中成交价较当日开盘价首次上涨或下跌达到或超过 10% 的，临时停牌时间为 1 小时。

（2）盘中成交价较当日开盘价首次上涨或下跌达到或超过 20% 的，临时停牌至 14:57。临时停牌期间，交易者可以申报，也可以撤销申报。

科创板新股上市首日规则另有不同，详见本书附录。

（二）XR

当股票名称前出现“XR”字样时，表明这只股票当日是除权日。XR 是英语“Exclud Right”（除去权利）的简写。

除权是由上市公司送配股行为引起。之所以除权，是因为在除权之前的买入者与当天的买入者，两者买到的是同一家公司的股票，但是内含的权益不同，为了保证股票交易的公平性，因此，必须在除权或除息日当天向下调整股价。

除权前，上市公司会提前发布公告，告知交易者具体的股权登记日和除权日。凡在股权登记日收盘后拥有该股票的股东，就享有领取或认购股权的权利。

交易者计算个股股价除权价的公式如下。

1. 送股后的除权价

送股后的除权价 = 股权登记日的收盘价 /（1+ 每股送红股数）

例如：某股票股权登记日的收盘价是 20 元，每 10 股送 3 股，即每股送红股数为 0.3，则次日股价为 20/（1+0.3）=15.38（元）。

2. 配股后的除权价

配股后的除权价 =（股权登记日的收盘价 + 配股价 × 每股配股数）/（1+ 每股配股数）

例如：某股票股权登记日的收盘价为 20.00 元，每 10 股配 3 股，即每股配股数为 0.3，配股价为每股 9.00 元，则次日股价为（20.00+9.00 × 0.3）/（1+0.3）=17.46（元）。

有一点必须明确，除权日的开盘价不一定等于除权价，除权价仅是除权日开盘价的一个参考价格。

当实际开盘价高于这一理论价格时，就称为填权，说明股东已经获利。反之，实际开盘价低于这一理论价格时，就称为贴权，表明股东可能发生亏损。

填权和贴权是股票除权后的两种可能，它与整个市场的状况、上市公司的经营情况、送配的比例以及市场资金的操作选择等多种因素有关，并没有确定的规律可循。

（三）XD

股票简称前加“XD”时，表明当日是这只股票的除息日，XD是英语“Exclud Dividend”（除去股息）的简写。

除息的产生和除权一样，都是为了保证股票交易的公平性。

除息价的计算公式如下。

除息价 = 股息登记日的收盘价 – 每股所分红利现金额

例如：某股票股息登记日的收盘价是5元，每股送红利现金0.06元，则其次日除息价为5–0.06＝4.94（元）。

需要注意的一点是，上市公司派发的股息红利，根据交易者持股期限，部分人是需要缴纳个人所得税的。

持股期限超过1年的，股息红利所得暂免征收个人所得税。

股东的持股期限在1个月以内（含1个月）的，其股息红利所得全额计入应纳税所得额，实际税负为20%。

持股期限在1个月以上至1年（含1年）的，暂减按50%计入应纳税所得额，实际税负为10%。

（四）DR

当股票名称前出现“DR”字样时，表示当天是这只股票的除息、除权日。有些上市公司分配时不仅派息而且送红股，所以同时出现除息又除权的现象。

D是“Dividend”（股息）的缩写，R是“Right”（权利）的缩写。

计算除权除息价公式如下。

除权除息价 =（股权登记日的收盘价 – 每股所分红利现金额）/（1+ 每股送红股数）

例如：某股票股权登记日的收盘价为18元，每10股派发现金红利4.00元，送1股，即每股分红0.4元，送0.1股，则次日除权除息价为（18–0.4）/（1+0.1）=16（元）。

六、蓝筹股和红筹股

（一）蓝筹股

蓝筹股是指在其所属行业内占有重要支配性地位，业绩优良，成交活跃，红利优厚，即使在行业低潮时都有能力赚取利润，风险较小的大公司股票。

“蓝筹”一词出自西方赌场。在西方赌场中，有 3 种颜色的筹码，其中蓝色筹码代表的金钱数量最多，由此衍化到股票市场上，则把经营管理良好、盈利能力稳定、连年以红利红股回报股东的公司的股票称为蓝筹股。

（二）红筹股

早期的红筹股，一般泛指带有中国大陆背景的股票。

之后红筹股的定义相对规范：必须是在中国大陆境外注册，接受中国香港法律约束，并在香港上市的中资企业股票，才称为红筹股。

但是，关于红筹股的概念，还是有着不同的划分标准。

有依照业务范围来划分的，即上市公司的主要业务在中国大陆，其盈利中的大部分也来自于此，那么，这家在境外注册、在中国香港上市的公司的股票就是红筹股。彭博资讯所编的红筹股指数就是按照这一标准来划定的。

还有依照权益来划分的。如果一家上市公司股东权益的大部分直接来自中国大陆，或具有中国大陆背景，那么，这家在境外注册、在中国香港上市的公司的股票才属于红筹股之列。恒生红筹股指数就是按这一标准来划定的。

有人可能会将 H 股等同于红筹股，二者虽然都在中国香港上市，但存在根本区别：H 股是在中国内地注册，管理上属于中国大陆公司；红筹股在境外注册，管理上属于中国香港公司或者海外公司。

七、股票停牌与复牌

股票停牌是指由于某种因素可能导致股价大幅波动，证券交易所暂停其股票继续交易。

股票复牌是指停牌事由完结、中止或企业恢复正常后，经向证券交易所申请恢复股票挂牌交易。

对于刚入门的交易者来说，必须明白停牌的含义。股票停牌就意味着交易暂停，没法卖掉手中的股票，也无法买入股票，只有等股票复牌之后才可以正常交易。股票复牌时间应关注上市公司公告。

股票停牌有 2 种情况。

一是由沪深证券交易所根据实际情况对相关股票进行停牌，或根据中国证监会的要求进行停牌，比如，证券监管机构认为上市公司需要就有重大影响的问题进行澄清和公告，或者是上市公司涉嫌违规、存在内幕交易等情况需要进行调查。至于停牌时间长短，要视情况来确定。

二是由上市公司申请停牌。比如，上市公司有重要信息公布，如重大资产重组、重大收购兼并、投资以及股权变动等。有些上市公司为规避风险，也会选择停牌，如 A 股股灾期间，曾经出现千股停牌的情形。为避免被强行平仓，质押股份比例较高的上市公司大股东，也会在股市下跌时选择股票停牌。

上市公司停牌各有各的原因，但不可否认的是，随意停牌、长时间停牌是 A 股上市公司的老毛病。

随意停牌、长期停牌不仅降低了资金和资源流动与配置的效率，影响市场流动性和活跃度，破坏市场秩序和环境，还侵犯了市场交易者的基本交易权利。

为改变这种滥用停牌规则的情况，监管层对停复牌规则多次进行修改补充，明确规定：以不停牌为原则、停牌为例外，短期停牌为原则、长期停牌为例外，间断性停牌为原则、连续性停牌为例外。

规则修订前，上市公司在公布年报、中期业绩报告、召开股东大会、召开董事会、增资扩股、公布分配方案等事由时会申请停牌，现在如无重大事由存在，都不再停牌。

上市公司发生重大事项，应当按照及时披露的原则，分阶段披露有关事项的具体情况，不得以相关事项不确定为由随意申请股票停牌，不得以申请股票停牌代替相关各方的保密义务。

最新停牌相关规定大致如下。

（1）取消了筹划不涉及发行股份的重组、非公开发行股票、对外投资、股权激励、员工持股计划、签订重大合同等事由的停牌。

（2）明确了仅发行股份重组可停牌，且停牌时间不超过 10 个交易日，筹划控制权变更、要约收购等停牌时间不超过 5 个交易日，例外事项的停牌时间原则上不超过 25 个交易日。

（3）规定了不停牌情况下筹划发行股份重组，在方案披露前不得披露相关信息。

（4）明确了交易所对重组方案进行审查问询及公司回复期间原则上不停牌。

（5）对于滥用停牌、无故拖延复牌、期满拒不复牌等行为，交易所可以采取现场检查、强制复牌等措施。

（6）对于股票累计停牌时间过长或者频繁停牌的公司，建立停牌信息公示制度等。

为进一步减少停牌情形，缩短停牌时间，规定公司破产重整期间，原则上股票不停牌，确需停牌的，可申请停牌不超过2个交易日，确有必要的，可以延期至5个交易日。

一旦手中的股票停牌，交易者不必过于紧张，可以查看上市公司发布的停牌公告，先搞清楚是什么事由导致的停牌。

比如因筹划重组停牌的，如果之后重组成功，而且重组拓展了上市公司的成长空间，那么复牌后股票极有可能大幅上涨。

股票停牌重组之前，若已经出现巨大涨幅，有重组信息泄露的可能，则复牌后股票甚至会不涨反跌。重组失败的个股，复牌后大多会出现下跌走势。

如果是因违规违法被强制停牌，一旦复牌，可能面临连续大跌，甚至后市还有可能会退市。

交易者务必要关注上市公司公告的内容，提前做好应对措施。

八、什么样的股票会退市

从2001年国内A股开始推行退市制度起，共有105只个股退出了市场，其中强制退市的共计57只。

一旦交易者持有的股票退市，虽然不能说是灭顶之灾，但免不了要承受巨大的亏损。尽管退市后大部分股票会转到“股份转让系统”，也就是三板市场挂牌转让，但要是等到那时才想起来卖出，亏损之大只怕是很多交易者难以承受的。

回避可能存在退市风险的股票，是交易者尤其是刚入门的交易者需要高度重视的问题。

那么，什么样的股票会退市，如何防范个股的退市风险呢？下面就这个问题逐一讲解。

股票退市分为主动性退市和强制退市。

主动性退市是指公司根据股东大会决议，主动向监管部门申请终止股票上市交易。主要有如下原因：营业期限届满，股东会决定不再延续；股东会决定解散；因合并或分立需要解散；破产；根据市场需要调整结构布局；私有化；

等等。

最新的主动性退市个股如：2019 年 3 月 22 日，*ST 上普发布公告称，为保护交易者利益，避免退市整理期股价波动给中小股东造成影响，公司拟以股东大会方式主动撤回 A 股和 B 股股票在上交所的交易，并在取得上交所终止上市批准后，转而申请在全国中小企业股份转让系统转让。

对于主动性退市个股，交易者不愿意继续持股的，可选择现金选择权，比如 *ST 上普的现金选择权行权价格为：A 股人民币 6.74 元 / 股，B 股 0.416 美元 / 股。

相比主动性退市，强制性退市的风险是最需要交易者防范的。

强制性退市是指因为经营管理不善造成连年亏损以及其他重大风险，或因有重大违法违规行为等原因，被监管机构终止其股票上市交易。

通常来说，强制性退市的原因主要有：连续亏损、面值不足 1 元、重大违法。

（一）连续亏损

当公司连续 3 年经营未有改善，依旧处于亏损状态，股票名称前除“ST”外，还会加上“*”，即变成“*ST”，意为退市风险警示。第四年若继续亏损，即面临强制退市。

业绩是一家公司估值的基础，它的表现牵动着市场各方的预期，也最终左右着股价的走势。

因连续 3 年亏损，净利润、净资产、营业收入或者审计意见类型被暂停上市后，公司披露的最近 1 个会计年度经审计的财务会计报告存在扣除非经常性损益前后的净利润孰低者为负值，期末净资产为负值，营业收入低于 1 000 万元，或者被会计师事务所出具保留意见、无法表示意见、否定意见的审计报告等 4 种情形之一，交易所将决定终止其股票上市。

（二）面值不足 1 元

当股价连续 20 个交易日面值低于 1 元时，不包含公司股票停牌日，交易所将决定终止其股票上市。

自 2018 年中弘股份成为 A 股首只面值退市股后，因面值因素而触及退市的个股也呈现出加速趋势。继中弘、雏鹰、华信、印纪后，*ST 大控成为 A 股第五只面值退市股，也是沪市面值退市第一股。

2019 年 10 月 18 日晚，*ST 大控公告称，公司收到上交所《关于大连大福控股股份有限公司股票终止上市的决定》，因公司股票连续 20 个交易日低于股票面值，上交所决定终止公司股票上市。如图 1-5 所示，即为该股进入退市整理期的情形。

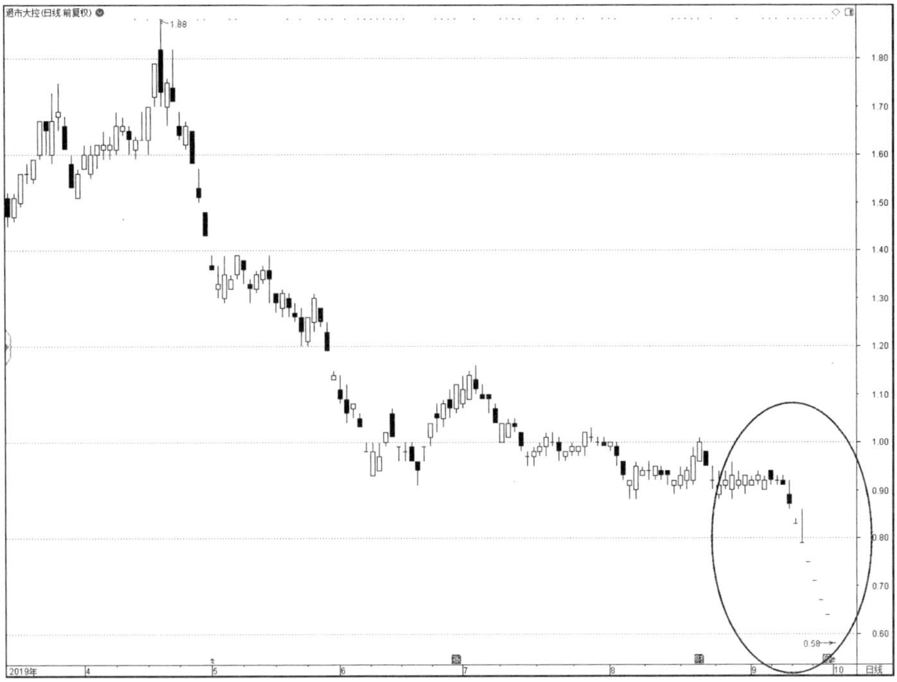

图 1-5

（三）重大违法

上市公司存在欺诈发行、重大信息披露违法或者其他涉及国家安全、公共安全、生态安全、生产安全和公众健康安全等领域的重大违法行为，其股票应当被终止上市。上市公司因欺诈发行被实施重大违法强制退市，其股票被终止上市后，不得申请重新上市。

例如，2018 年，*ST 长生疫苗造假震惊全国，性质非常恶劣，相关涉案人员已被捕，该事件无疑属于重大违法事件。

2019 年 10 月 8 日，*ST 长生暂停上市 6 个多月后，深交所决定 *ST 长生股票终止上市。*ST 长生也因此成为 A 股市场重大违法强制退市第一股。

2019 年 10 月 16 日起，*ST 长生进入退市整理期，证券简称变更为“长生退”，涨跌幅限制为 10%。退市整理期为 30 个交易日，退市整理期届满的次一交易日，公司股票被摘牌。

退市个股30个交易日的退市整理期，成为依旧持仓的交易者最后的逃生机会。

九、融资融券

融资是指交易者以资金或证券作为质押，向券商借入资金用于买入证券，并在约定的期限内偿还借款本金和利息。

融券是指交易者以资金或证券作为质押，向券商借入证券卖出，在约定的期限内买入相同数量和品种的证券归还券商并支付相应的融券费用。

（一）开通融资融券需要具备的条件

（1）从事证券交易满半年。

（2）最近20个交易日的日均证券类资产不低于50万元（含50万元）；证券类资产包含普通账户的现金、股票、债券、基金以及证券公司资产管理计划（如监管有另行规定，以监管规定为准）。

（3）风险测评结果须为积极型／进取型，且测评时间在2年以内。

（4）非本公司的股东和关联人（不包括仅持有本公司5%以下流通股份的股东）。

（5）不在公司信用业务“黑名单”库内的个人或机构。

（6）非法律法规禁止参与融资融券业务的个人或机构。

（7）本公司融资融券业务准入条件以证监会要求为准，若最新监管要求有更新，以监管公布条件为准。

（8）未有其他不适合开展融资融券业务的情况。

（二）融资融券规则

（1）交易者融资买入、融券卖出股票或基金的，申报数量应当为100股（份）或其整数倍。融资买入、融券卖出债券的，申报数量应当为1手或其整数倍。

（2）融资融券的约定期限为：自交易者实际使用资金或使用证券之日起计算，融资、融券期限最长不超过6个月。到期前，交易者可以申请办理展期，每次展期的期限不超过6个月。

（3）交易者融资买入证券时，融资保证金比例不得低于100%。

融资保证金比例，是指交易者融资买入时，交付的保证金与融资交易金额的比例。其计算公式为：

融资保证金比例 = 保证金 /（融资买入证券数量 × 买入价格）×100%

（4）交易者融券卖出时，融券保证金比例不得低于50%。

融券保证金比例，是指交易者融券卖出时，交付的保证金与融券交易金额的比例。其计算公式为：

融券保证金比例 = 保证金 /（融券卖出证券数量 × 卖出价格）×100%

（5）交易者拥有的股票可以充抵保证金，但应当以股票市值或净值进行折算。不同股票的折算率并不统一。

上证180指数成分股和深证100指数成分股的股票，其折算率最高不超过70%，其他A股股票折算率最高不超过65%。

被实施风险警示、暂停上市、进入退市整理期的股票，静态市盈率在300倍以上或者为负数的A股股票，以及权证的折算率为0。

（6）当某只股票的融资监控指标达到25%时，上交所或者深交所可以在次一交易日暂停其融资买入，并向市场公布。该股票的融资监控指标降低至20%以下时，则在次一交易日恢复其融资买入，并向市场公布。

单只股票的融券余量达到该股票上市可流通量的25%时，上交所或者深交所可以在次一交易日暂停其融券卖出，并向市场公布。

该股票的融券余量降低至20%以下时，则在次一交易日恢复其融券卖出，并向市场公布。

交易者在进行融资融券时，必须明白其中的风险因素。比如：券商为保护自身债权，在一定条件下可以对交易者担保资产执行强制平仓。同时，即使交易者在融资买入或融券卖出中亏损，仍然需要支付利息及费用。

融资融券具有杠杆交易的高收益、高风险特征，交易者不能只看到高收益，而忽视其中的高风险。例如：交易者以100万元买入一只股票，该股票从10元/股下跌到8元/股，交易者亏损20%。如果交易者以100万元作为保证金，融资100万元买入同一只股票，该股票从10元/股下跌到8元/股，交易者亏损40%，还不包括融资利息及费用。

十、套牢和解套

套牢也称“被套”，是指买入股票后，股价不涨反跌，使买入资金在一段时间内处于亏损的状态。

解套是指买入股票后，资金处于亏损状态中，随着股价上涨并超过买入价位，使买入资金出现盈利的状态。

“股神”巴菲特曾说：“忍受不住 50% 亏损的人，最好不要做股票。”

从长期投资的角度来看，套牢是交易者迈向成熟的门槛。其实，套牢也是大部分成功投资的正常步骤，就像做生意总是需要付出成本的。交易者进入股市，就要做好应对套牢的心理准备和资金准备。

在交易中出现了套牢，交易者不必过于焦虑，采取适当的措施，解套是可以做到的。

（一）止损

当发现自己的买入是一种很严重的错误，特别是买在前期暴涨过的牛股顶峰时，一定要拿出壮士断腕的决心，及时斩仓割肉，这样才能丢车保帅。只要能保证资金不受大的损失，股市中永远有无数的机会可以再赚回来。

（二）换股

手中的股票被套牢后处于弱势状态，市场仍有下跌空间时，如果准确地判断出另一只股票的后市上涨空间较大，走势必将强于自己手中的品种，可以果断换股，以新买品种的盈利抵消前者的损失。这种解套策略适合在发现所持股票已为明显弱势股，短期内难有翻身机会时采用。

（三）低位回补

即先停损了结，然后在较低的价位再补进，以减轻或轧平上档解套的损失。例如：某交易者以每股 60 元买进某股，当市价跌至 58 元时，他预测市价还会下跌，即以每股 58 元赔钱了结，当股价跌至每股 54 元时又予以补进，并待今后股价上升时予以沽出。这样不仅能减少和避免套牢损失，有时还能反亏为盈。

（四）盘中 T+0 交易

按照现有制度是不能做 T+0 交易的，被套的股票却有这个有利条件，要充分加以运用。平时对该股的方方面面多加了解，稍有风吹草动，就进去捞一把，现在佣金下调，成本仅几分钱，进出很方便。

（五）补仓

即随股价下挫幅度扩增反而加码买进，从而均低购股成本，以待股价回升获利。但采取此项作法，必须以确认整体投资环境尚未变坏，股市并无由多头市场转入空头市场的情况发生为前提，否则，极易陷入愈套愈多的窘境。普通交易者的资金通常只能经得起一两次摊平，因此，最重要的是摊平的时机一定要选择好。

（六）锁仓捂股

在股票被套牢后，只要尚未脱手，就不能认定交易者已亏血本。如果手中所持股票均为品质良好的绩优股，且整体投资环境尚未恶化，股市走势仍未脱离多头市场，则大可不必为一时套牢而惊慌失措。此时，应采取的方法不是将套牢股票和盘卖出，而是持有股票，以不变应万变，静待股价回升解套之时。

十一、牛市、熊市、猴市和牛皮市

牛市也称长期上涨趋势，是指市场价格普遍上涨，长期延续着波动上升的整体行情趋势。

熊市也称长期下跌趋势，是指市场价格普遍下跌，长期延续着波动下跌的整体行情趋势。

猴市是指大盘没有一个明确的上涨或下跌方向，市场分化比较严重，展开的波段较多，反复大幅震荡。猴子总是上蹿下跳的，所以就用它来形容股市的大幅振荡阶段。

牛皮市是指大盘运行没有明确方向，但震荡幅度很小，价格变化不大，行情像被钉在牛皮上一样扯不断、打不破。多空双方似乎力量均衡，谁也无力打破这种状况。

（一）牛市行情

在长期上涨趋势即牛市行情中，交易者应以持仓和积极做多为主要的交易策略。长期上涨趋势，并不意味着一直上涨，其运行过程中，会有很多次级别较大的回调（即次级下跌趋势）以及不间断的短期回调（即短期趋势）来制造恐慌，以清洗不坚定的持仓者，减轻上行的压力。

如图 1–6 中 A 点所示，一轮长期上涨趋势运行期间，会多次出现次级下跌趋势和短期下跌趋势。

（二）熊市行情

在长期下跌趋势即熊市行情中，交易者应以空仓和分阶段交易为主要的交易策略。长期下跌趋势，并不意味着一直下跌，其在运行过程中会有很多次级别较大的反弹（即次级上涨趋势）以及不间断的短期反弹（即短期趋势）来诱使资金介入。

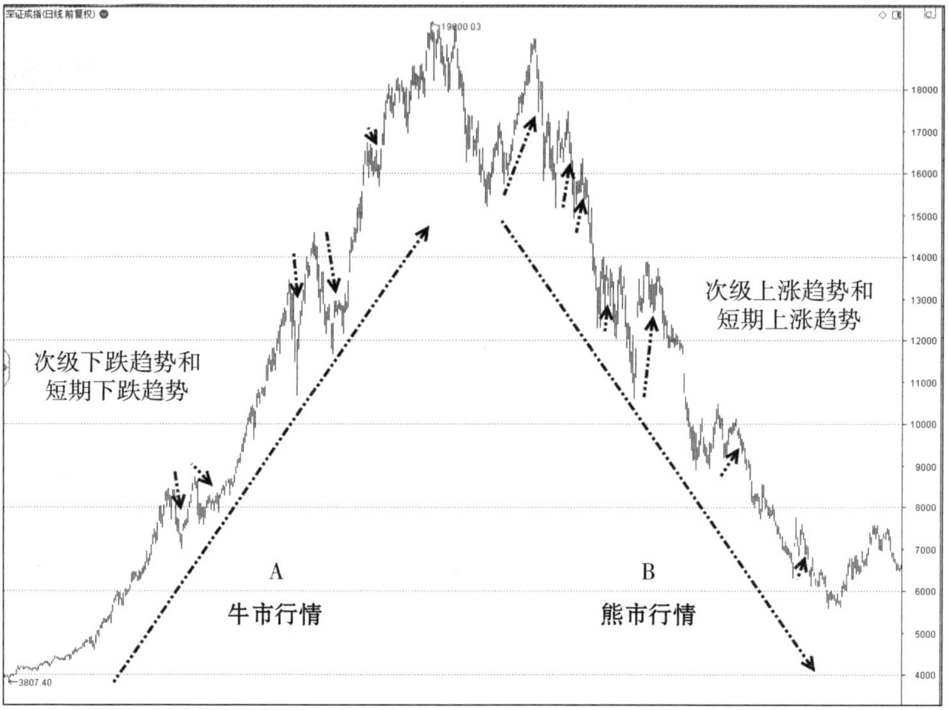

图 1-6

如图 1-6 中 B 点所示，一轮长期下跌趋势运行期间，会多次出现次级上涨趋势和短期上涨趋势。

（三）猴市行情

猴市行情，从大趋势上看，应是上涨或下跌趋势的一个阶段，或者说是整个趋势的延伸变化形式。

实战中，猴市行情出现时，会让人误以为是一个上涨或下跌行情。如图 1-7 所示，在行情的开始阶段，一个急速下跌后，紧接着一个同样迅疾的上涨。这时，市场大众多会认为这是一轮上涨行情的开端。但是，接下来的行情发展出乎意料：多次出现较大幅度的迅速折返，行情整体趋势逐渐失去向上的动力。

猴市行情最适宜短线操作和波段操作，但对长线交易者则是一种极为难熬的折磨。

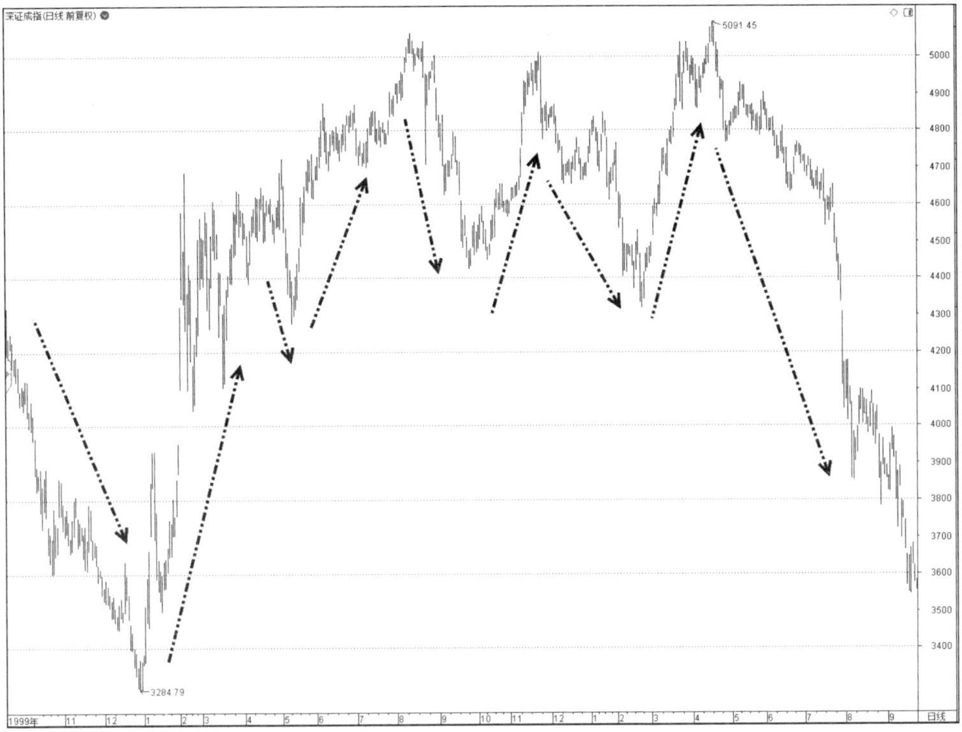

图 1-7

（四）牛皮市行情

牛皮市是最为磨人的行情，它与猴市行情的惊心动魄相反，走势拖沓，一步三回头，在狭小的振幅空间里消磨持仓者的耐心。

如图 1-8 所示，该股在 1 年半的时间里，大多数时间运行于不超过 1 元价差的狭小空间中。即使偶尔有几次单日暴升，脱离了这个空间，很快又跌回来。整体走势上，显示很难摆脱当前的局势。

多数牛皮市出现在构筑底部阶段，适宜长线交易者择机介入。在这个阶段，短线操作几乎无用武之地，因为没有足够的盈利空间，一旦买入价稍高，卖出时机稍晚的话，能保证手续费用等不亏就已经很不错了。

如果牛皮市出现在股价高位，则是一个较为危险的形态，多数情况下股价最终会出现向下崩塌的走势。

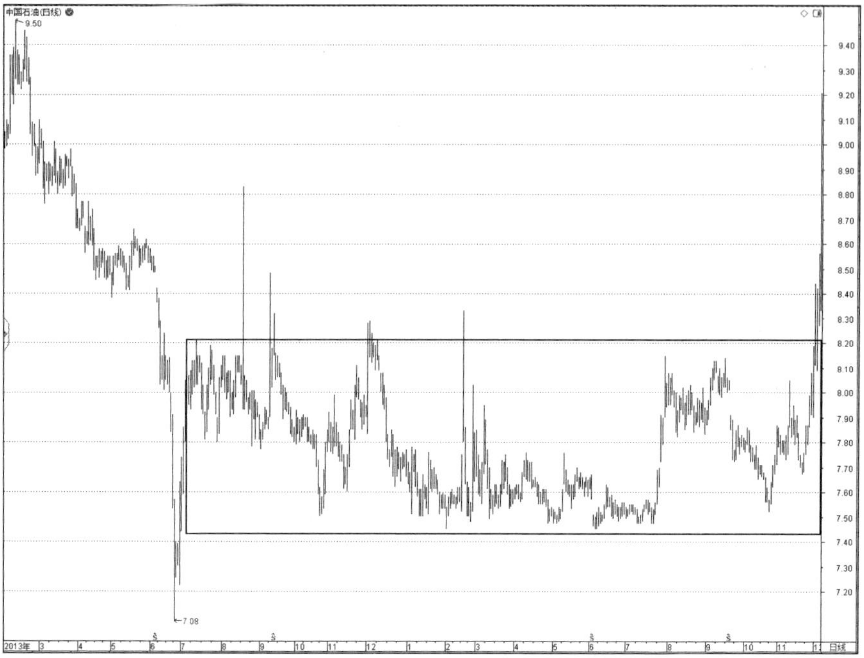

图 1-8

十二、基本面分析和技术面分析

（一）基本面分析

基本面分析，是以分析股票的内在价值为主导，利用相关的统计资料、财务报表，运用多种多样的经济指标和分析方法，从研究国家宏观经济环境和政策入手，继而展开行业背景分析、企业经营现状和前景分析，通过分析和调查得出相应的结论，以确定投资标的和投资行为。

基于基本面分析的长线交易者，会忽视市场的短期波动，对价格的变化往往是从估值和成长性的角度来予以关注。当宏观经济形势发生变化或个股基本面出现本质性的逆转时，长线交易者才会做出相应的交易决策。基本面分析的长线投资分析功能，其理论基础离不开上市公司估值和成长性分析，目前较为常见的有相对估值法和绝对估值法。

很多交易者认为，通过基本面分析可以预测未来价格涨跌的方向，拥有基本面的详尽资料就可以把握价格未来的波动趋势。但是残酷的事实表明，基本面分析的功能和作用不是用来预测市场趋势变化的。

以2015年股票市场暴跌为例：密集的救市措施、政策性利好、个股优良的基本面等，都无法改变市场连续下跌的事实，这就佐证了以基本面分析来预测市场趋势变化，是一个致命的投资误区。

基本面分析有其独特、不可替代的作用，但并不是万能的，对此交易者一定要有清醒的认识。

（二）技术面分析

技术面分析包括K线分析理论、成交量分析理论、均线分析理论、分时图分析理论、盘口分析理论等，这些知识对于交易者了解相关个股或大盘趋势、动态具有重要作用。本书以讲解技术面分析为主，这些内容后文会有详细讲解，此处不再赘述。

技术分析无用论一度甚嚣尘上。技术分析究竟有没有用，其实无须争辩。作为一种分析工具，有没有用，其实只在于你需不需要。

对于从10公里开外就能发现猎物的鹰来说，近视眼镜是没用的，因为不需要。而对一个高度近视的人来说，眼镜的作用毋庸置疑。

《西游记》中的孙悟空会翻筋斗，一个筋斗十万八千里。不知道如来佛祖会不会翻筋斗，但大家知道孙大圣的筋斗翻不出他的手心。所以，如来佛祖会不会翻筋斗实在不重要，因为他不需要。

对于从事内幕交易的资金来说，技术分析没有用，因为他们赚的是内幕交易的“黑心钱”，只要别被证监会查到就好。

基本面分析的缺憾处，恰是技术面分析的优势处，反之也是如此。二者之间取长补短，正可弥补投资分析判断上的短板。交易者不妨雨露均沾，将这两种工具互融互通，对于自己的投资来说必然有益无害。

第二节　开户和熟悉炒股软件

一、怎样开户

现在个人开设股票账户相对简单易行，既可以选择到证券公司营业部现场开户，也可以选择手机开户。

开户，首先要选择证券公司（即券商）。交易者可以选择已经在沪深两地上市的券商。相对来说，这些券商都具有一定的规模和实力，在管理和行业行为规范上较有保障。

如果选择手机开户，可在手机上下载和安装正规券商的 APP，尽量不要选择其他渠道的 APP，以避免上当受骗。

安装完毕后，点击进入开户页面，一般都会要求输入手机号，随后就会收到一条验证码，输入验证码即可登录软件，进入开户流程。

登录后，选择开户需要挂靠的券商营业部（一般选择本人所在城市），上传照片，填写个人相关资料信息，进行视频见证，设置数字证书密码并安装证书，选择要开立的股东账户并设置交易密码和资金密码，进入三方存管页面，选择三方存管的银行（本人持有银行卡的银行）。

完成上述流程后，还需要进行风险测评，提交开户申请，之后等待开户结果即可。收到券商发来开户成功的通知后，即可登录网银或到银行网点确认三方存管，至此就完成开户了。

交易者也可以选择到当地券商营业部开户，国内知名的证券公司在大部分城市都设有营业网点。

现在到券商营业部开户，基本等同于手机开户，工作人员也会直接在客户手机上下载券商 APP 来完成开户流程。对于搞不懂手机开户流程的交易者，可以直接去券商营业部开户。

去营业部开户的话，交易者需要在交易日的 9:00—15:00 这个时间段，带上身份证和银行卡申请开户即可。

二、炒股软件的选择与安装

如果新入市的交易者要在电脑上看盘的话，那么可在开户的证券公司官方网站下载交易软件。

大多数证券公司网站的下载页面上，都会有多个软件版本可供选择，比如，普通版、全能版之类包含行情分析功能和交易功能的软件。如果交易者已经有自己习惯使用的分析软件，则可以下载券商的独立交易版，专门用于交易。

交易者选择好所需软件后，点击“立即下载”，会弹出文件下载的消息框，选择“保存”按钮后，随即弹出“另存为”对话框，可以选择电脑中某一个磁盘，单击“保存”按钮即开始下载。

下载完毕后，找到所下载的文件，双击该文件，进入安装程序界面，选择好安装路径后，单击“开始安装”按钮进行安装，结束后单击“确定”按钮即可。

完成安装后，桌面上会有一个券商的程序图标，双击即可进入登录界面，输入自己开户时所设的“资金账号”“交易密码”以及软件自动生成的“验证码”后，单击登录按钮即可进入行情分析与交易系统。

三、软件的基本功能

（一）炒股软件常用功能键

F1 键（或按 01+ 回车键）：在个股分时图上按 F1，可查看股票当日全天的成交明细。在个股 K 线图上按 F1 时，将进入多日成交报表，通过它可以查看近段时期以来的个股日成交概况。

F2 键（或按 02+ 回车键）：查看股票当日全天的分价表，通过对分价表的分析，可了解个股当日盘中的成交密集区、阻力区和支撑区。

F3 键（或按 03+ 回车键）：查看上证综合指数（即上证领先指标）即时走势图。

F4 键（或按 04+ 回车键）：查看深证成分指数（即深证领先指标）即时走势图。

F5 键（或按 05+ 回车键）：切换分时图和 K 线图。

F6 键（或按 06+ 回车键）：查看自选股的情况。

F7 键（或按 07+ 回车键）：进入资讯栏（不同的软件这个键的功能有所区别）。

F8 键（或按 08+ 回车键）：切换 K 线周期，比如进入周 K 线图、月 K 线图、季 K 线图、分钟 K 线图等。

F9 键：进入网上下单交易窗口（不同的软件这个键的功能有所区别）。

F10 键（或按 10+ 回车键）：查看个股基本面详细资料。

按 61+ 回车键进入沪 A 涨幅排名。

按 63+ 回车键进入深 A 涨幅排名。

按 67+ 回车键进入沪深 A 股涨幅排名（有的软件上是按 60+ 回车键）。

按 81+ 回车键进入沪 A 综合排名。

按 83+ 回车键进入深 A 综合排名。

按 87+ 回车键进入沪深 A 股综合排名。

（二）炒股软件的分析功能

1.K 线图的放大和缩小

通常采用键盘的上下光标键来进行K线图的放大和缩小。按向上光标键↑，可以放大 K 线图；按向下光标键↓，则可以缩小 K 线图。

2. 多股同列

多股同列是指行情分析软件可以自行将 K 线图的主窗口划分为 4 个或 9 个或16个小窗口，以同时显示4只或9只或16只股票。可选择菜单“分析”→“多股同列”命令。

3. 多窗看盘

多窗看盘是指在个股 K 线图界面上，借助多个小窗口可同时查看多个股票信息。

此举能够最大化地利用屏幕空间，且不需要来回切换画面即可实现同时监测各行情的功能。选择菜单“功能”→“定制版面”→“盘中监测”命令即可实现。

4. 复权

在个股 K 线图上，除权或除息后会出现缺口，这是因为送股和分红。如果不进行除权或除息，那么在除权或除息日以前购买股票的人，与这天之后（含当天）购买该股票的人，会发生同股不同权的现象。

即使两者用相同的价格购买了相同的股票数量，但其所持股票的每股权益已经有了较大区别。因此必须在除权或除息日当天向下调整股价，使股票的每股价格与每股净资产保持连贯的价值关系。

当个股 K 线图上出现向下除权缺口，K 线图和均线系统就会变得凌乱。同时，有些个股在急速下跌过程中也会留下缺口。这两种缺口会让交易者难以辨明究竟是哪种性质的缺口。

炒股软件中有一项“复权”功能，交易者可以将个股进行复权。如果缺口依然存在，那么必然不是除权缺口，只能是下跌形成的缺口。

所谓复权，就是对股价和成交量进行权息修复，按照股票的实际涨跌绘制股价走势图，并把成交量调整为相同的股本口径。在软件中通过在主窗口点击右键，选择“复权处理”项，即可进行相应选项的选择。

图 1–9 中，有 A 处和 B 处一大一小两个缺口。可将鼠标放置在图中空白处，单击右键即可弹出菜单，选择“复权处理”。

图 1–9

图 1–10 中即为经过前复权的 K 线图，图中仅余下跌缺口。

当然，交易者也可以通过阅读相关个股资讯，发现其是否有除权除息等分红扩股行为。

在不同的软件上，复权主要有以下 4 种。

（1）不复权：不复权是指在 K 线图上保留除权缺口。

（2）定点复权：定点复权是指选择一个除权时间为基准，将当前股价向上平移，以保持股价走势的连续性。

（3）后复权：后复权是指保持除权日以前的价格不变，将除权日之后的价格增加，将除权日之后的 K 线向上平移，以保持股价走势的连续性。

（4）前复权：前复权是指保持现有价位不变，将除权日之前的价格缩减，将除权日之前的 K 线向下平移，以保持股价走势的连续性。

关于前复权和后复权，很有必要厘清它们之间的区别，否则可能会在实战分析中给交易者带来误导。

无论是前复权还是后复权，K 线图里的除权缺口都被连接上了，图形本身是一样的，只是右侧价格出现了较大的不同。

图 1–10

前复权时，显示的价格和当日现价一致，这是因为它忽视了前面的送配股和分红等情况。后复权时，显示的价格比当日现价高出很多，这是计算了前面送配股和分红等情况。

为了和当前的股价相对应，通常会选用前复权。但在实战中，后复权能够使交易者得到个股相对真实的价格区域。

四、怎样买进、卖出股票

（一）如何买卖股票

买进或卖出股票时，可以在目标股票的分时界面上右击鼠标，在弹出的菜单中选择买入方式：普通买入 / 卖出和闪电买入 / 卖出。也可以直接点击软件上“交易”，登录交易界面后进行下单。

普通买入 / 卖出，是进行委托时，需要选择交易价格，委托可能不会立即成交。闪电买入 / 卖出是按即时市价进行交易，立即成交的可能性比较大。一般来说，在行情火爆进行追涨或是突然大幅跳水急于脱手时，用闪电买入或卖出。

如果当天可能进行交易，交易者可提前登录交易界面，在交易时再输入要买入股票的代码、价格以及数量。输入买入价格以及买入的数量，单击买入下单后，再进行一次确认即可。这里的买入价格和数量都是由自己设定，当然买入价格不能低于 10% 跌停价，也不能高于 10% 涨停价。

如果想快速进行交易，在买入时可以设置价格高于现价。如果你认为股价有可能继续下探，则可以设置一个低于现价的价格，系统会以价格优先原则率先成交。

卖出的操作方式也很简单，与买入类似，只要在右键菜单中选择相应的卖出菜单即可。接下来，在显示的卖出界面中输入要卖出的目标价位和数量，单击“卖出下单”，再进行一次确认即可。

（二）如何申购新股

近年来，申购新股一旦成功，往往意味着会大赚一笔。新股上市首日涨幅不受 10% 的限制，往往会有很高的涨幅。

新股的申购与一般的买入操作基本相同，而且现在大部分软件都有“新股申购”提示，使申购过程更加方便快捷。

（三）资金的转入与转出

交易者可利用“银证业务”功能将资金由银行账户转入到证券账户，或者由证券账户转出到银行账户。

点击“银证业务”，在下拉的银证转账功能显示转账界面。转账方式一栏中可以选择银行转证券还是证券转银行，然后输入资金密码以及转账金额，单击“确认”按钮即可。不过转账需要在交易日指定时间段进行。

五、软件看大盘

在炒股软件上，按 F3 键或 03+ 回车键，可以查看上证综合指数即时走势图；按 F4 键或 04+ 回车键，可以查看深圳成分指数即时走势图；按 F5 键或 05+ 回车键，可以切换大盘的分时图和 K 线图。

下面以上证指数为例，讲解如何利用软件观察分析大盘。

（一）黄线和白线

大多数软件上的上证综指分时图上，都有黄、白两条线。

上证综指分时图上的白线，是沪市所有股票的加权平均指数，由上海证券交易所发布并编制。当媒体报道上证指数时，所报的点数就是白线的即时点数。

该指数受权重股走势的影响较大。

分时图上的黄线，是上证领先指数，即沪市所有股票的平均指数。其含义是，所有的上市公司不分股本大小，对指数的影响是一样的。

两者的差异就体现在，一个是加权平均指数，另一个是简单平均指数。实战中，通常认为白线代表大盘股，黄线代表中小盘股。如图 1-11 所示。

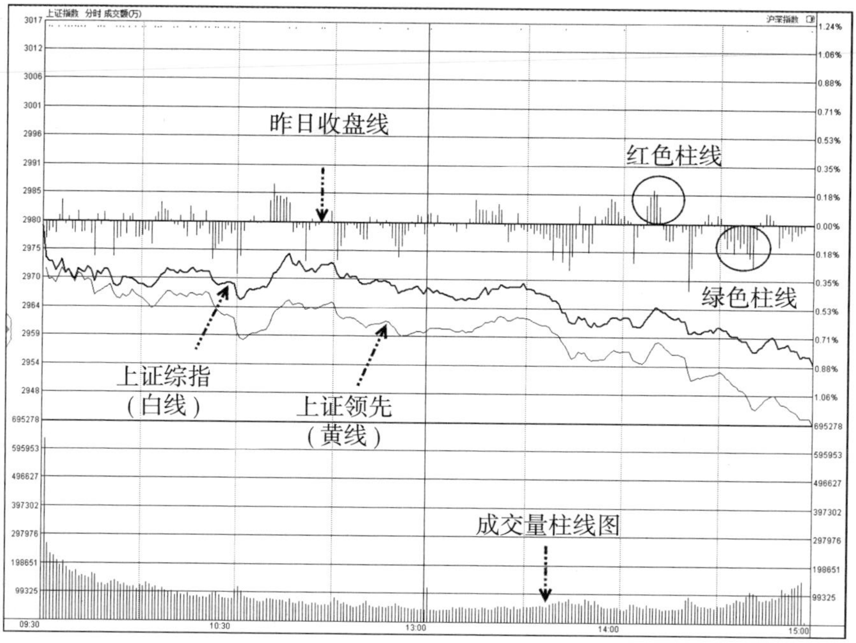

图 1-11

当指数上涨时，如果白线在上方，说明上涨主要是由大盘股所引领，大盘股的整体涨幅要比中小盘股的整体涨幅大。相反，如果黄线在上方，说明大盘的上涨主要是大部分中小盘股上涨所引领的，中小盘股的整体涨幅要比大盘股的整体涨幅大。

当指数下跌时，如果白线在下方，说明大盘的下跌主要是由大盘股下跌所引领。相反，如果黄线在下方，说明大盘的下跌主要是由大部分中小盘股下跌所引领，中小盘股整体跌幅要比大盘股的整体跌幅大。

（二）涨跌的强弱程度

在上证综指分时图的中间，以昨日收盘价的水平线为基准，在其上显示的是红色柱线，在其下显示的是绿色柱线，如图 1-11 所示。这些红、绿色柱线反映了指数当时上涨或下跌的强弱程度。

当红色柱状线的长度向上拉长时，表示此时上涨的强度在逐渐增强。当红色柱状线的长度向下缩短时，表示此时上涨的强度在逐渐减弱。

当绿色柱状线的长度向下拉长时，表示此时下跌的强度在逐渐增强。当绿色柱状线的长度向上缩短时，表示此时下跌的强度在逐渐减弱。

如果绿色柱状线的长度向上缩短后，并没有出现明显的红色柱就又开始向下拉长，则意味着连绵的下跌行情即将来临。

如果红色柱状线的长度向下缩短后，并没有出现明显的绿色柱就又开始向上拉长，则意味着连绵的上涨行情即将来临。

无论是红色柱还是绿色柱，长时间过度拉长后，都意味着至少将出现一个短期的反向休整。强度到了极点，也就是向弱转化的开始。

在实战中，要注意背离的出现，即红色柱极长，指数却滞涨；绿色柱极长，指数却并未明显下跌。这种情况下，指数可能会出现短期拐点。

（三）成交量柱线图

如图1-11所示，在上证综指分时图的下方即是“成交量柱线图”。每一条长短不一的柱状线代表每一分钟上海证券交易所A股和B股的累积成交之和。柱状线越长，表明在这一分钟里，上海证券交易所A股和B股的总成交量越大。

（四）大盘数据

在大盘分时图的右上角，是当日行情信息区。在这里，可以看到A股、B股、国债、基金成交的情况，以及当日开盘、收盘、涨幅、最高指数、最低指数、总成交量、上涨家数、下跌家数等数据，如图1-12所示。这些数据，能够让交易者在短时间内就对当前行情有一个相对全面的了解。

数据中还有一个涨跌家数数据，其数值随着当日行情的发展不断变化，显示当日整个市场个股的涨跌比例，对于判断日间大盘波动具有参考作用。图中上涨家数远少于下跌家数，显示当天是普跌的行情走势。

涨跌家数的数值是即时的，不断变化的。某一时间段上涨家数多，大盘指数上涨，说明目前市场资金做多积极性普遍较高。上涨的家数多，大盘却下跌，说明市场中的权重股处于下跌的态势，市场资金存在分歧。反之，下跌家数分析亦同。

A股成交	1952.20亿
B股成交	0.68亿
国债成交	8253.95亿
基金成交	228.16亿
最新指数	2954.18
今日开盘	2979.04
昨日收盘	2980.05
指数涨跌	-25.87
指数涨幅	-0.87%
指数振幅	24.86/0.83%
总成交额	1952.88亿
总成交量	166110058
最高指数	2979.04
最低指数	2954.18
指数量比	1.22
上证换手	0.48%
涨家数 287 跌家数	1242

图 1–12

在行情信息区的下方，交易者可以选择不同即时数据进行分析，比如分价表、分时成交明细等。

分价表是将不同时间段在某一点位成交情况的汇总，从中可以看出哪些点位资金出现过较为密集的成交。

分时成交明细，则是将每一分钟成交情况进行即时回报。

（五）大盘分析技巧

1. 开盘阶段

开盘竞价阶段主要关注几个重要指数的情况，比如上证综指、深成指、创业板、上证 50 等。这些重要或某一阶段热门指数的开盘情况，代表着市场主要资金的向背，对于判断当天走势具有一定意义。

2. 早盘阶段

开盘后各大指数的走势，能够验证竞价阶段的判断是否正确或存在哪些变化，可根据变化及时调整相应的交易策略。

开盘后个股交易开始，大盘一系列数据开始显示出来。这些数据为交易者分析大盘的全天走势提供了一些依据。例如，大盘开盘竞价总成交额以及开盘后第一笔成交量（成交额）的多寡，可以估计出市场资金对今天行情的交易欲望和关注程度。

开盘后热门板块：早盘开始活跃的板块是哪一类，相应代表着不同的资金类型，比如权重股集体上涨，多为机构所为，不可能是散户资金，权重股的涨跌直接影响到指数的涨和跌，这类股的表现不容忽视。

早盘的 10:00 和 10:30，是当天重要低点或高点频发的时间段。

3. 午盘阶段

多空双方经过一番较量后，大盘的具体走势和节奏已经相对明了。但在走势较为胶着的情况下，临近早市收盘前的 11:00—11:30 时段，也很有可能出现变盘。

早市收盘后，根据盘口数据（比如早盘交易的成交量），大致可以推算出全天的成交情况。这可以用来判断交易的活跃程度和相对热门板块的持续性，为下午开盘做准备。

13:00 开盘后，多数情况下大盘会延续早盘的走势，但如果有重大事件发生，也会反映在午市开盘上。个股午市的开盘比较容易受到主导资金的影响，指数受到影响的概率则相对较小。

关注早盘数据在午盘发生哪些变化，例如，早盘表现较好的权重股是不是忽然偃旗息鼓，成交量是增加还是在减少，等等。这些相关指数盘口的数据，对于预判午市和行情的持续性具有较大作用。

4. 收盘阶段

14:30 之后，临近收盘半小时这个时间段，也是较容易出现意料之外变化的时间段。大盘的开盘和收盘，往往是全天交易中成交量最集中的两个时间段。尤其是震荡市中，这种成交量分布更为明显。

六、软件看个股

如果想用炒股软件查看个股行情，首先在电脑键盘上输入个股代码，软件右下角会弹出窗口，在窗口中选择要查看的个股，按回车键即可看到相关个股的 K 线图或分时图。

如果忘记了相关个股的代码，也可输入股票简称的拼音字母来查看，比如想要查看中国人寿的股票行情，输入中国人寿的 4 个首字母“ZGRS”，按回车键，即可进入该股 K 线图或分时图页面。个股分时图和 K 线图的切换方法，同样是按 F5 键或 05+ 回车键。

查看、分析个股行情，主要包括以下 3 个方面。

1. 分时图

分时图能够直观地反映当日交易的走势情况，也是个股盘口分析的重要内容。关于分时图，后文将有详细讲解。

2. 盘口数据

个股的盘口数据与大盘略有不同，右侧上方显示个股盘口挂单的情况：上方卖一至卖五为五档卖盘挂单，下方为五档买盘挂单。观察每一档价位挂单数量和变化，也是盘口分析的重要内容。

盘口挂单下方则是当日相关数据信息，包括今开（当日开盘价）、现价、均价、涨幅、最高（价）、最低（价）、总量（成交量）、量比等。

最下方的是分时成交明细，按 01 回车，可查看从开盘到收盘时的所有成交情况。

3.K 线图及相关指标分析

K 线图及相关指标分析，也是分析大盘和个股走势不可或缺的关键内容。本书后面的章节将重点讲解这些内容，此处不再赘述。

第三节　谨记 3 条投资纪律

一、不犯同样的错误

无论是在生活中，还是在股票操作上，没有谁能够保证永不犯错。犯错并不可怕，可怕的是反复犯同样的错误。

比如：有人总是在股价下跌时，因为害怕深套而卖出持仓。往往在他卖出后，股价并未大幅下跌，而在不久后反转上涨。

多次出现这种情况后，其意识到这是因恐慌而犯下的错误。但是，当股价再一次下跌时，还是忍不住继续犯这个错误。

如果意识到某一个错误足以影响到最终的盈亏，却无法改掉这个错误，那么还不如远离股票市场。因为继续做下去的结果，就是越亏越多！

实战中的每一次亏损交易都不要轻易放过，要及时总结买入、卖出的技术理由，发现亏损交易的症结所在。在搞清楚为什么会亏损前，应停止所有的交易行为。

当然，不但失败的案例需要总结，成功的案例同样需要总结。如果每一次成功的交易都是因为“运气好”，那么这是一个危险的信号，因为并不知道在下一次交易中，运气还会不会这么好。站在悬崖边上并不可怕，可怕的是不知道自己站在悬崖边上！

研究过往案例，是一个能够迅速提高自身操作素养和能力的方法。交易者一定要重视这个方法。

不犯同样的错误，说起来容易做起来很难！真正能够做到这一点的交易者，很快就会发现自己的盈利水平在不知不觉间已经得到飞速进步。

英国著名投资人伯尼斯·科恩有一句话很幽默：“你永远不要犯同样的错误，因为还有好多其他错误你完全可以尝试！”

二、充分评估你的底线

据说生长人参的土地都寸草不生。你必须先经过寸草不生的考验，至于长不长人参还是个未知数。——作家阮海彪

一些交易者进入股票市场后，投入金钱、精力、时间，刻苦攻读大量相关书籍，积累了大量的股票交易知识，但是最终能否获取成功，还是一个未知数。

股票交易市场的残酷性就是这样，付出了，不一定会有收获，甚至还可能出现亏损。埋下希望的种子，可能会全部烂在地里。对于交易者来说，这就是“寸草不生的考验”。

进入股市的新手，必须客观、全面地衡量自己是否能够忍受这种绝望的心境，因为这是交易者想要成功的底线。

股神沃伦·巴菲特认为，“不能经受资金亏损 50% 的人，不适合股票投资”。

20 世纪 90 年代初，美国发生严重的金融危机，很多银行都出现大幅亏损或倒闭。

巴菲特经过分析研究发现，富国银行估值非常低，安全边际明显。就算公司可能有较长的低迷期，而且美国经济何时复苏不得而知，但他相信，凭借较强的成本控制能力和业务拓展能力，富国银行未来盈利是高概率事件，于是他大量买进富国银行的股票。

巴菲特买进富国银行的股票后，首先面对的是市场大的下跌趋势。

1992 年—1993 年，富国银行因计提坏账业绩差点陷入亏损，股价又一次跌至巴菲特最初买入时的水平。

巴菲特不为所动，1992 年开始实施了第二次购进。

一些看空富国银行股票的人，当时这样评价巴菲特：“一旦巴菲特资金不足，该银行的股票就会骤然下跌。巴菲特最好还是把钱捐赠给慈善事业。”

对此，巴菲特予以回应：“我并不是想推销富国银行的股票，或抱有其他

什么目的。我只是觉得它是一家非常优秀的企业，有最好的管理模式和合理价格。在这种情况下通常可以赚到更多的钱。”

事实证明了巴菲特的远见卓识。

2004 年，巴菲特持有的富国银行市值为 35.08 亿美元，而其投资成本仅为 4.63 亿美元。巴菲特就是通过一次次“寸草不生的考验”，才最终赢得了股神的赫赫声名。

即便是股神巴菲特，也遭遇过“寸草不生的考验”，地里却没能长出人参来。

2012 年，巴菲特在致股东的信中说：“几年前，我花了约 20 亿美元购买能源期货控股公司发行的几种债券，这是一家服务于德州部分地区的电力公司。这是一个错误，非常巨大的错误。从大的方面来说，这家公司的前景与天然气价格联系在一起，而气价在我们购买债券后不久就下跌且持续低迷。尽管购买债券后我们每年收到约 1.02 亿美元利息，但除非气价大幅上升，这家公司的支付能力很快将告罄。我们在 2010 年对这笔投资减记 10 亿美元，去年又增加减记 3.9 亿美元。”

交易者必须从概率层面上做好接受失败的心理准备，在资金和投资策略上，对可能发生的亏损建立预备方案，因为没有人能够保证永远不会亏损。

三、摒弃愿望式交易

“我觉得它会涨，或是我觉得它会跌！”

如果这是买入或卖出一只股票的理由，那么这就是愿望式交易的表现形式之一。

愿望式交易还有其他形式。比如，有人之所以买入某只股票，是因为他认为主力会拉升，全然不管是否具备必然的逻辑关系。

愿望，有时候就是一剂迷药，能让本来清醒的人变得心智失常。尤其是，如果愿望并不是来自观察思考和深入分析，而是仅仅出于虚无缥缈的感觉，那么这个愿望往往会让交易者很快就体会到失望和亏损的痛苦。

基于交易者普遍存在的愿望或共识，主力资金经常会有针对性地布设陷阱。

很多时候，交易者本来并没有交易的打算，但是主力资金通过股价暴涨、暴跌的暗示不停地挑逗交易者，直到其开始希望和相信股价即将上涨或下跌。

实战中，经常看盘的交易者会发现，无论个股还是大盘走势，有时会显示出一副岌岌可危的形态，看上去好像马上就要崩盘，没过多久却神奇地转危为安，还立即展开上涨。

如果交易者仅凭内心的愿望进行交易，十有八九会在“看上去危险”的时候卖出持仓，那么接下来必然要懊悔不已。

交易者想要在股票市场上长久生存并获取盈利，必须摒弃愿望式交易。从零开始，一步步学习股票交易的相关技术知识，并依靠自己的分析判断进行交易，这样即使出错，也会知道错在哪里，如何纠正。这是交易者逐步成长的必然过程。

第四节　选择适合自己的投资方式

一、适合新手的交易模式

初入股市的交易者，十有八九都喜欢短线操作。他们认为短线变现快，见到行情不好就卖出，这样自己的资金不会被套，看上去比较安全。

短线操作确实存在上述优势。同时，频繁地短线操作，能让新手很快熟练使用炒股软件，熟悉技术分析过程。

但是，这样操作的缺陷也很明显。如果每次行情突变都止损卖出，也许一次亏不了多少钱，但多次累计后，就可能是个不小的金额，交易者会因此付出一定的代价。

没有人能够预料和把握行情的所有瞬时变化，前一刻刚刚止损卖出，下一刻股价就有可能直奔涨停板。有过这么一次经历之后，也许下一次卖出时，就会犹豫不决，生怕再次卖在拐点上。当忍住没卖时，股价却可能真的会大幅下跌。

短线交易有其特定的技术要求，新手不要简单地把短线理解成一个时间概念。在没有掌握短线操作技术之前，最好循序渐进，切勿心浮气躁。

（一）不要凑热闹

市场行情稍有好转，就会出现热点板块，一些领涨个股更是连续涨停。对于初入股市的新手来说，如果连基本的量价关系都没搞懂，那么最好多看少动。

参与热点板块盈利确实很快，但如果介入价位过高，一旦大资金高位抛售，可能连割肉卖出的机会都没有。

现实中，新手参与追涨杀跌，通常会出现两种情况：一部分人会陷于这种赌博式操作，结果难以预料；另一部分人则被一棍子打懵，就此退出股票市场。

新手可以多观察和研究这些热门个股，找出它们共有的特点，以及启动初期和上涨末期的技术特征，这些对于提高自身技术能力非常有帮助。

观察研究是必要的，至于参与其中进行交易，新手最好不要凑这个热闹。

（二）练手

新手需要在实战中锻炼，采取模拟炒股的方式很难达到提高交易水平的目的，因为股票交易不仅需要操作技术，还需要良好的交易心态。模拟炒股没有真实资金的投入，不具有磨砺心态的作用。

新手练手的较佳选择是一些业绩稳定、股价相对较低且处于相对低位的个股。这类个股股价波动适中，走势一般较为平稳，很少会大起大落。新手通过这类个股熟悉交易过程，可以学着分析股价波动规律，摸索个股不同的股性特征。

之后，可以选择波动较为频繁的个股练手，同样从摸索股性特征和波动规律入手。经过一段时间的练手，交易者就能很快熟悉基本操作和分析技术，基本可以脱离新手行列了。

（三）感悟

基本操作和分析技术达到熟练程度，只能算作刚刚入门。股票交易，需要交易者不断地在实战中感悟，由此不断提升股票分析技术和操作水准。

对于股票交易的技术分析，交易者会经历一个从笃信到不信，再到重新理解的过程。

初入股市，交易者对技术分析充满好奇，如牛饮般不加选择地吸纳所有有关知识。然而，知识的积累并不一定能给实战带来多大帮助，甚至会因技术分析的误判造成重大损失。有些人会因此对技术分析弃之若敝履。

对每个期望在股市中获利的人，勤于思考都是最重要的。从哲学的角度重新认识技术分析，可能会发现“世上没有不管用的工具，只有不会使用的人”。

技术分析就是一种工具，交易者必须搞懂它该用在什么地方。如果拿一把菜刀去拧螺丝，还说菜刀真是不好使，那么是菜刀的错，还是你的错呢?

无论某项分析技术是谁发明的，交易者都必须把它变成“自己”的，因为是为自己的交易来使用它，而不是为发明人。

无论发明人设定了什么样的规则，交易者都必须自己重新诠释，即便结果与发明人的规则相悖。实战中，能够盈利的规则就是最好的，没有其他。

二、成功者的投资原则

在金融投资的世界中，风格各异的投资交易大师们造就了他们自己的传奇，也给全世界的交易者留下了可资借鉴的成功投资方式。

品读大师们的成功法则，体会其中的成败得失，无疑对大家的投资之路有极为重要的借鉴作用，对提高自身操作水准也会大有裨益。

（一）彼得·林奇的 13 条投资准则

（1）公司名字听起来枯燥乏味，甚至听起来可笑则最好。

（2）公司业务属于枯燥乏味型。

（3）公司业务属于令人厌恶型。

（4）公司从母公司分拆出来。

（5）机构没有持股，分析师不追踪调研。

（6）公司被谣言包围。

（7）公司业务让人感到沮丧。

（8）公司处于一个零增长的行业中。

（9）具备竞争壁垒的公司。

（10）人们不断购买其产品的公司。

（11）公司是高技术产品的用户。

（12）公司内部人士在买入自家公司的股票。

（13）回购股票的公司。

25 条黄金规则：

（1）投资是令人激动和愉快的事，但如果不做准备，投资也是一件危险的事情。

（2）投资法宝不是得自华尔街投资专家，它是你已经拥有的。你可以利用自己的经验，投资于你已经熟悉的行业或企业，你能够战胜专家。

（3）过去 30 年中，股票市场由职业炒家主宰，与公众的观点相反，这个现象使业余交易者更容易获胜，你可以不理会职业炒家而战胜市场。

（4）每只股票背后都是一家公司，去了解这家公司在干什么。

（5）通常，在几个月甚至几年内公司业绩与股票价格无关。但长期而言，两者之间 100% 相关。这个差别是赚钱的关键，要耐心并持有好股票。

（6）你必须知道你买的是什么以及为什么要买它，“这孩子肯定能长大成人”之类的话不可靠。

（7）远射几乎总是脱靶。

（8）持有股票就像养育孩子，不要超出力所能及的范围。业余选股人大概有时间追踪 8~12 家公司。不要同时拥有 5 种以上的股票。

（9）如果你找不到一只有吸引力的股票，就把钱存进银行。

（10）永远不要投资于你不了解其财务状况的公司。买股票最大的损失来自那些财务状况不佳的公司。仔细研究公司的财务报表，确认公司不会破产。

（11）避开热门行业的热门股票。最好的公司也会有不景气的时候，增长停滞的行业里有大赢家。

（12）对于小公司，最好等到它们有利润之后再投资。

（13）如果你想投资麻烦丛生的行业，就买有生存能力的公司，并且要等到这个行业出现复苏的信号时再买进。

（14）如果你用 1 000 元钱买股票，最大的损失就是 1 000 元。但是如果你有足够的耐心，你可以获得 1 000 元甚至 5 000 元的收益。个人交易者可以集中投资几家绩优企业，而基金经理则必须分散投资。持股太多会失去集中的优势，持有几个大赢家会终生受益。

（15）在每个行业和每个地区，注意观察的业余交易者，都能在职业炒家之前发现有巨大增长潜力的企业。

（16）股市的下跌如科罗拉多州 1 月份的暴风雪一样是正常现象，如果你有所准备，它就不会伤害你。每次下跌都是大好机会，你可以挑选被风暴吓走的交易者放弃的廉价股票。

（17）每个人都有足够的智力在股市赚钱，但不是每个人都有必要的耐力。如果你每遇到恐慌就想抛掉存货，你就应避开股市或股票基金。

（18）总有一些事情需要操心。不要理会周末的焦虑和媒介最新的恐慌性言论。卖掉股票是因为公司的基本面情况恶化，而不是因为天要塌下来。

（19）没有人能够预测利率、经济形势及股票市场的走向，不要去搞这些预测。集中精力了解你所投资的公司情况。

（20）分析 3 家公司，你会发现 1 家基本情况超过预期；分析 6 家，就能发现 2 家。在股票市场总能找到意外的惊喜——价值被华尔街忽视的公司的股票。

（21）如果不研究任何公司，你在股市成功的机会，就如同打牌赌博时不看自己的牌而打赢的机会一样。

（22）当你持有好公司的股票时，时间站在你这一边，你要有耐心——即使你在头 5 年中错过了沃尔玛特的股票，但在下一个 5 年你仍是大赢家。

（23）如果你有足够的耐性，但既没有时间也没有能力与精力去自己搞研究，那就投资共同基金吧。这时，投资分散化是个好主意，你该持有几种不同的基金：增长型、价值型、小企业型、大企业型等。

（24）在全球主要股票市场中，美国股市过去 10 年的总回报排名第八。通过海外基金，把一部分投资分散到海外，可以分享其他国家经济快速增长的好处。

（25）长期而言，一个经过挑选的股票投资组合总是胜过债券或货币市场账户，而一个很差的股票投资组合还不如把钱放在坐垫下。

（二）吉姆·罗杰斯的投资原则

1. 价值投资

罗杰斯曾经说过，自己不是一个优秀的短线交易者，甚至在选择时机上也做得不怎么好。大师罗杰斯并不是自谦，而是他很清楚自己的短板。所以，在他一系列的成功交易案例中，看不到有短线交易的存在，同时也看不到任何记载罗杰斯未经基本面分析的交易，不管是成功的还是失败的。

罗杰斯对于图表分析是这样说的："一般来说，我很少用图表做买卖，但是假如我感觉大众的歇斯底里症又犯了时，我会用它们来检验事实。图表有时会呈现直线上升的情况，显示股价已经涨到远远超越它的实际价值了，这表示人们已经失去判断力，众人处在歇斯底里的状态下。我知道价格最后会回到恰当的程度，所以我就卖空。然而需要小心的地方是，不要只因为价格很高就卖空，除非它已经贵到不可思议，而且你看到负面的改变就要发生了。"

罗杰斯无论是买进股票还是做空，基本面分析和研究、价值投资都是他的驱动力。"如果你是因为商品具有实际价值而买进，即使买进的时机不对，你也不至于遭到重大亏损。"

当然，交易者需要注意检查每一次的投资对象是否会有新的变化。

有一次，罗杰斯通过研究发现一家公司的股价被过分高估，于是做空其股票。但是让他没有想到的是，这家公司因为引进了新的技术和产品，盈利出现了突破性的逆转，股价继续大幅飙升，于是他迅速撤出。

投资并不是一件容易的事。

2. 交易中的心态

很多在股市中遭到亏损的人会说：赔了一笔，我一定要设法把它赚回来。交易者如果持有这种心态，则会在亏损的泥潭中越陷越深。

罗杰斯更加倡导：一旦经过自己缜密的研究和分析并确定进入市场投资，那么接下来就是袖手不管，静候佳音，除非投资对象真有重大事情发生或改变。

在投资市场上，骄傲自大也是导致交易者很难持久盈利的最大敌人之一。在连续几次交易中，交易者都取得了盈利，有些人往往会自高自大，认为自己可能就是一个天赋异禀的投资天才。

具备成功潜质的交易者，则会反思哪些交易只是运气好，碰巧发了财，哪些交易有需要总结的地方，是否需要休息一段时间，以免因为过度高昂和兴奋的情绪，导致在之后的交易中出现差错。

市场一直处于变幻之中，当发现趋势改变时，交易者决不可逆流而动，与市场趋势对抗，否则不会有好结果。

罗杰斯说："不论什么时候，只要你感觉自己无所不能时，那么就停下来，什么事都不要做，坐下来休息一下，克服感染你的乌合之众心理。"

永远用冷静、理性的态度看待真实世界，你会打造出属于自己的成功。当你可以说服自己你的思考是有效用的、合理的时，就是你开始行动的时机了。

3. 催化剂

市场走势时常会呈现长期的低迷不振。为了避免使资金陷入如一潭死水的市场中，交易者就应该等待能够改变市场走势的催化因素出现。

"成功的交易者设法在大多数的状况下以低到不可思议的价格购买股票和商品，只用很少的钱冒险。光是价格便宜不应该是你投资的理由。假如某样东西一直很便宜，那么它就没有被认定的价值，它的股票不过是一张没有价值的纸。要让一只很便宜的股票上涨，一定得有'催化剂'，就像化学实验一样，必须加入加速反应的物质。从投资的角度来看，'改变'的功能就像催化剂！这种改变不但必须对国家有非常大的冲击，形式上还需被认定在它发生之后几年内会引起实质的改变。"

4. 看不懂局势，离场是最佳选择

如果只是"认为"自己是对的，那么什么也别做，除非你真的"确定"自己在干什么。假如你在两年内靠投资赚了50%的利润，然而在第三年亏了50%，那么你还不如把资金投入国债市场。

如果没有适宜的投资对象，或者你无法理解目前的市场局面，那么离场和空仓观望无疑是最好的选择。

罗杰斯说："如果你一直等待的机会来了，那么就把所有的资金取出来，全部投进去。然后等上三五年或者十年。你肯定知道何时出手这些股票，因为你比其他任何人了解的都多。取出你的资金，并等待下一次机会出现。下次再出现这样的机会，你仍然会大赚特赚。因此，我最基本的建议就是不要亏钱。

坚持只做你看准的交易，那么你早晚会发现可以大赚一笔的机会。”

5. 了解供求关系的变化

无论是股票市场还是商品市场，供求关系是不可忽视的主要因素之一。社会和经济变革往往会引起供求关系的剧烈变化。比如，战争因素就会因供求关系的影响而对石油价格带来巨大波动。

罗杰斯认为，股票市场也好，商品市场也罢，都不可能脱离供求关系的影响。当供过于求时，无疑是交易者极佳的卖出或做空良机。

6. 不犯同样的错误

罗杰斯就曾直言，在其漫长的投资生涯中，犯过错而且不止一次地犯错，有些错误甚至还很惨重。但是罗杰斯之所以成功，在于他能够从每一次的错误中提炼出终身遵守的戒律和规则，使自己不再犯同样的错误。

比如，他在多种场合和自己的著作中都提到过，因为自己的过早介入而导致“大学电算”那次惨败，因此他一生都遵守耐心等待催化剂出现后再行动的原则。

7. 准备应对意外因素

罗杰斯在投资方面还有一个重要思想，那就是交易者应在投资之前有应对意外来临时的心理准备。

交易者应该能够确信自己买进的股票已经非常具备投资价值，自己认真地研究过所有的数据和信息。所以，即使发生最坏的情况，你的资本金也只不过是暂时没有收益而已。

当然，市场总是处于不停变幻之中的，无论你多么正确，市场可能向跟你的意图相反的方向运行，并且使你亏掉一大笔钱。在做出投资决策之前，交易者应当考虑到这种最坏的情况可能会发生。

（三）江恩的 24 条常胜规则

为了在股票市场上取得成功的交易，交易者必须有明确的规则，并遵照执行。

（1）资金的使用量。将你的资金分成十等份，永不在一次交易中使用超过 1/10 的资金。

（2）用止蚀单。永远在离你成交价的 3~5 个点处，设置止蚀单以保护投资。

（3）永不过度交易。过度交易会破坏你的资金使用规则。

（4）永不让盈利变成损失。一旦你获得了 3 个点或更多的利润，请立即使用止蚀单，这样你就不会有资本的损失。

（5）不要逆势而为。如果你根据走势图，无法确定趋势何去何从，就不要买卖。

（6）看不准行情的时候就退出，也不要在看不准行情的时候入市。

（7）仅交易活跃的股票。避免介入那些运动缓慢、成交稀少的股票。

（8）平均分摊风险。如果可能的话，交易 4 只或 5 只股票。避免把所有的资金投到一只股票上。

（9）不要限制委托条件，或固定买卖价格，用市价委托。

（10）若没有好的理由，就不要平仓。用止蚀单保护你的利润。

（11）累积盈余。如果你进行了一系列成功的交易，请把部分资金划入盈余账户，以备在紧急情况下或市场出现恐慌时使用。

（12）永不为了获得一次分红而买进股票。

（13）永不平均分配损失。平均分配损失是交易者犯下的最糟糕的错误之一。

（14）永不因为失去耐心而出市，也不要因为急不可耐而入市。

（15）避免盈小利而亏大钱。

（16）不要在进行交易的时候撤销你已经设置的止蚀单。

（17）避免出入市过于频繁。

（18）愿卖的同时也要愿买。让你的目的与趋势保持一致并从中获利。

（19）永不因为股价低而买入，或因为股价高而卖出。

（20）切勿在错误的时候加码。等股票活跃并冲破阻力位后再加码买入，等股票跌破主力派发区域后再加码放空。

（21）挑选小盘股做多，挑选大盘股放空。

（22）永不对冲。如果你做多一只股票，而它开始下跌，就不要卖出另一只股票来补仓，你应当认赔离场，并等待另一个机会。

（23）若没有好的理由，就永不在市场中变换多空位置。在进行交易时，你必须有某种好的理由，或依照某种明确的计划。不要在市场未出现明确的转势迹象前离场。

（24）避免在长期的成功或盈利后增加交易。

当你决定进行一笔交易的时候，必须确信没有触犯这 24 条规则中的任何一条，对于你的成功来说，这些规则至关重要。当你割肉时，请回顾这些规则，看看你违反了哪一条，不要重蹈覆辙。经验和调查会使你相信这些规则的价值，观察和学习将把你引向一种可以在华尔街获得成功的正确而实用的理论。

第二章

新手必修课

第一节　大趋势与盈利模式

一、牛市盈利模式

当蚂蚁面对一堆“熊熊烈火”心生恐惧时，天空中的飞鸟看到的，不过是一根即将熄灭的火柴发出的微弱火光。

投资大师彼得·林奇说：“每当我对现状感到怀疑和沮丧时，我就把注意力放到更大的画面上。”

来到股票市场，没有人不想赚大钱，却很少有人愿意花费时间和精力去研究市场的大趋势。

不问大趋势如何运行，只知道埋头追逐市场细微波动的人，永远也不可能懂得“赚大钱”的秘密。

看懂大势，才有赚大钱的可能。这个大势，就是指股票市场的运行趋势。

行情的大趋势，是指在一个相对较长的交易时期内，价格整体运行于一个相对稳定的方向上。道氏理论将其称为主要趋势。

主要趋势下包含着不同运行方向的价格趋向，依照时间周期的长短可以界定为：次级趋势和短期趋势。

学会分辨趋势，有利于交易者从全局的角度来考虑和谋划整个交易策略，避免纠结于价格细微的波动之中，错失在大方向上布局的时机。

主要上涨趋势（长期上涨趋势）也即牛市行情中，交易者应以持仓和积极做多为主要的交易策略。

在牛市行情中，交易者的盈利模式可以分为以下 3 个阶段进行讲解。

（一）牛市初期

经过长期下跌和无数次反弹夭折的打击，大部分交易者对市场心灰意冷，即使市场出现好消息并开始上涨，也会成为很多人抛售股票的机会。只有少数交易者通过观察和分析技术面的变化，发觉下跌趋势即将终结，上涨趋势正逐步形成。

牛市初期的技术特征主要有：个股或大盘的成交量逐渐摆脱前期地量的状况，市场上开始涌现出活跃的概念板块和领涨个股。越来越多的个股告别跌势，

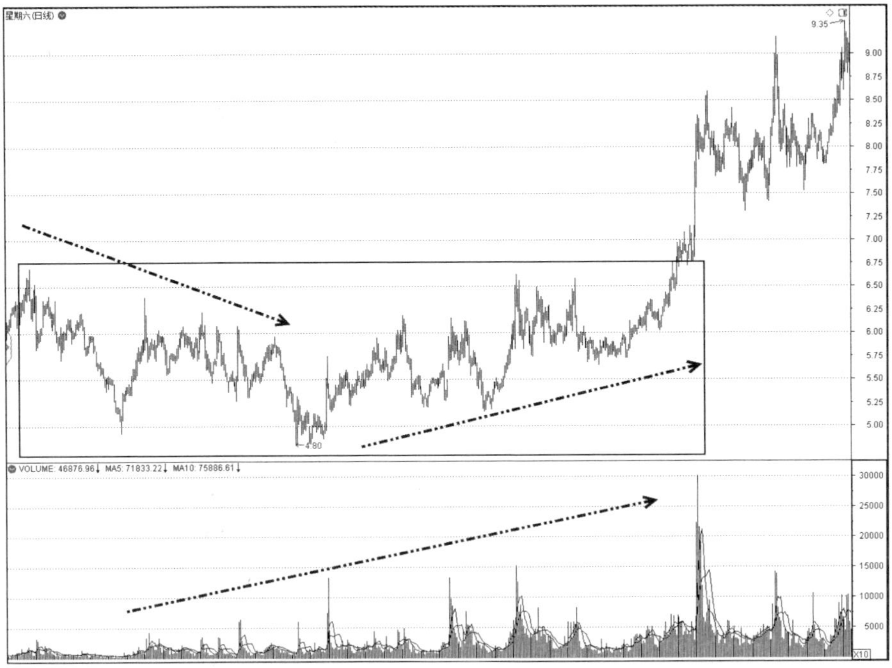

图 2-1

转向构筑底部或开始上涨趋势。如图 2-1 所示。

一些主力机构的建仓，往往在这个时候开始或者完成。市场上涨过程中，回调不再创出新低，且出现低点逐步上移的态势。这个时候，经济环境出现回暖，上市公司的经营状况和公司业绩开始好转，于是有新资金相继开始进场。

在这个阶段，中长线交易者应选择基本面优良、股价尚处底部构筑中的个股，分批建仓。此时建仓有低价的优势，但交易者必须做好股价反复折返震荡的心理准备。

不准备中长线持有的短线交易者，则不宜选择底部构筑阶段的个股，而应选择此时已经开启上涨趋势的个股进行操作。不同的操作风格，选股上必然大相径庭。

（二）牛市中期

牛市中期阶段，行情已经脱离下跌趋势的影响，但大部分交易者仍旧心态犹豫，对行情运行前景并不乐观，操作上不敢重仓持有，只是轻仓或短线操作来博取微利。

市场上已经有领涨的板块和龙头品种，但是长期熊市造成的心理阴影，让大部分交易者不敢触碰这类疯涨的股票。

随着行情逐步上涨，交易者渐渐敢于加大仓位，但仍非常谨慎，一旦大盘出现回调，便蜂拥出逃。随着大盘继续上涨，踏空的交易者只能加价买入，如此多次反复，不少交易者的持仓成本随着股价的上升而上升。

如图 2-2 中 A 处所示，在这种次级回调中卖出持仓后，多数交易者不太敢于在回调低点再买回来，往往都是等到股价再度涨升到一定高度，涨势非常明确后，才选择买入。

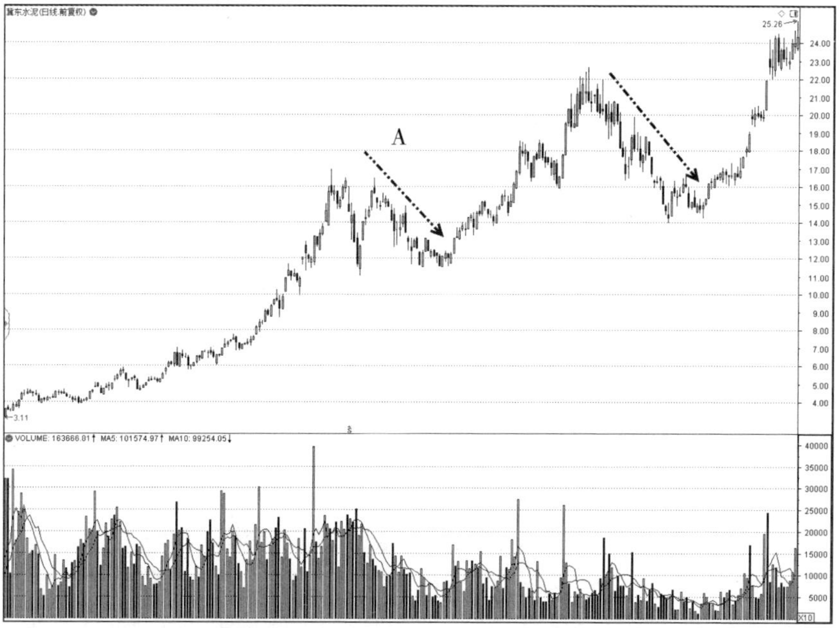

图 2-2

到了这个阶段，交易者主要的盈利模式，就是能够重仓稳定持有质地优良的个股，轻仓短线捕捉波动幅度较大个股的折返机会。

大仓位稳定不动，是为了坚守低价、低成本的优势不被改变，这也能为交易者最终收获牛市红利提供一个保障。轻仓短线出击，其实是为了满足部分闲不住的交易者，做做短线，聊以自慰。

（三）牛市末期

随着市场人气不断高涨，成交量持续增加，个股股价持续、大幅上扬。交易者大多重仓交易，同时越来越多的新手和新资金涌进市场。

市场每次回调，都吸引更多的交易者加入，市场对利空消息无动于衷，看空的声音很快就会被淹没在狂热的看多情绪里。交易者情绪高涨，看多氛围浓厚，大部分人对后市极度乐观。

牛市末期，很多人已经将股市视为“取款机”，认为赚钱很容易。此时，仍然能够保持冷静分析的交易者不会很多。

交易者切勿被狂热的买进情绪所干扰，不要轻易融资操作，反而应对仓位中长期大幅上涨过后，在股价高位震荡的个股分批减仓。一旦大盘下跌后迟迟难以回归涨势，或者涨势明显弱于前期，交易者应及时减掉大部分仓位。

二、熊市盈利模式

主要下跌趋势（长期下跌趋势）也即熊市行情之中，交易者应以观望和谨慎对待次级反弹为主要的交易策略。

在熊市行情中，交易者的盈利模式同样也可以分为 3 个阶段进行讲解。

（一）熊市初期

因为牛市氛围尚未完全消散，市场人气仍然较为充沛，交易者对后市并不悲观。但随着主力资金逐步撤离，无论是大盘还是部分个股，盘面上每一波上涨的高点都会出现大成交量，但下跌时成交量相对缩小。股价不但渐渐创不出新高，每一次涨升后的下跌，还变得越来越迅猛。

如图 2-3 所示，A 区域是该股见顶前后的量价表现，成交量在股价上涨时放量，在下跌时缩量。见顶后的反弹一旦结束，下跌不但迅疾，而且跌幅也会很大。

熊市初期，下跌仍旧被很多人视为低价买进的机会。这个阶段的交易者依然沉浸在牛市情绪中，对指数或股价的见顶信号视而不见。

到了这个阶段，交易者的盈利模式，其实就是守住牛市的胜利果实。已经减掉大部分仓位的交易者，要控制住自己，绝不再重仓买进。如果实在难以忍住手痒，那就轻仓短线搏一把，不管是赚是亏，都必须及时出局，不可再有牛市捂股不动的思维惯性。

（二）熊市中期

到了熊市中期，下跌趋势已经非常明确，市场人气出现较大幅度的降温。但是，仍有不少交易者不愿意相信熊市已然来临，更不愿意抛售手中深套的股票。

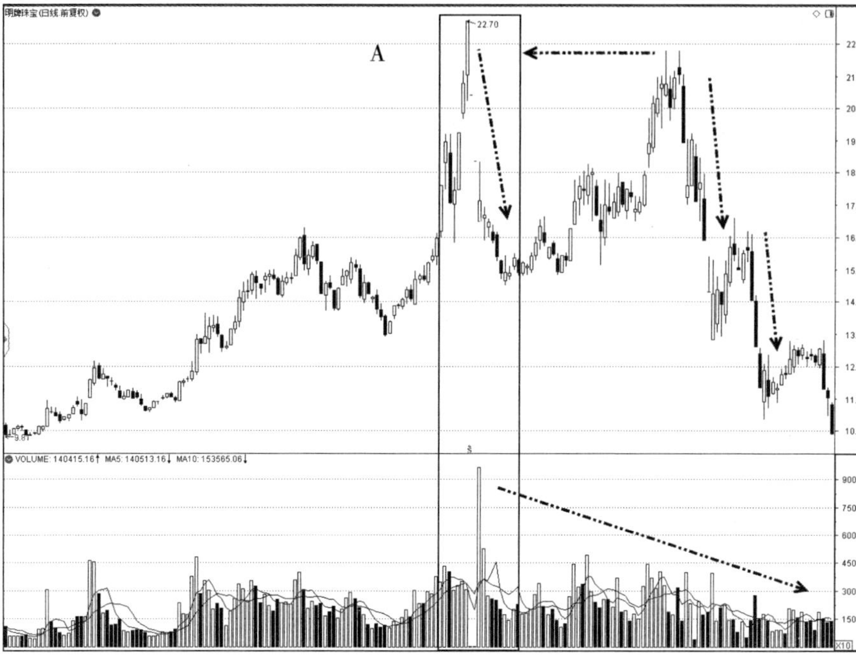

图 2-3

经过大幅度的下跌之后，不少交易者相信底部已经出现，进场抢反弹的机会到了。部分交易者本来已经卖出股票，空仓观望，但当反弹来临时，其中牛市情结未消的交易者极度害怕踏空，于是瞬间满仓买进，还有的人是为了尽快解套而加仓。

一轮反弹适时发生，但反弹的过程中，很多交易者发现：虽然大盘上涨，手中的股票却难以达到自己期望的上涨幅度。

不久，反弹结束，迅速下跌再度来临。

刚刚买入的交易者正期待牛市重来，很难接受需要止损出局的现实。虽然他们意识到短时间内已经不可能再有牛市行情，但仍心存侥幸，持仓等待能够让自己解套的机会出现。

熊市中期阶段，很少会有值得参与做多的机会。对于多数交易者来说，参与短线反弹，能够获利的概率实在太低，不做也罢。这个阶段唯一值得参与的就是次级反弹行情，但对于新手来说，技术难度相对较大。

图 2-4 中 A 区域展示的是该股下跌趋势中的一波次级反弹行情。如果交易者不能在相对低点介入的话，那么盈利空间极为狭小。一旦介入较晚，反而

图2-4

会被套在反弹高点区域。

（三）熊市末期

在熊市末期，市场弥漫着悲观气氛，成交清淡。股价一再下跌后，大部分交易者已经丧失信心，交易行为大幅减少。

股价下跌多由前期的暴跌转化为长时间阴跌。之前较为抗跌的板块个股开始出现补跌，整个市场似乎看不到一点生机。然而，牛熊相互转换的契机，正在此时悄悄临近。

持仓的交易者，此时多数已是深套。经历了长时间的大幅下跌后，选择在低位割肉出局并不可取。就像第一章第一节中的“套牢和解套”所讲，如果下跌的初中期你没选择割肉止损，那么经过那么长时间的下跌后，再选择简单的出局方式并不理智。

熊市末期阶段，在横向震荡和阴跌为主的运行形态被市场大众逐渐接受后，往往会有一波打破市场最后心理底线的暴跌出现。

很多交易者本来想着：既然拿了若干年都没卖，深套更不卖！但突如其来的暴跌，会让他改变这种想法。不少人的筹码，就是这样抛在了最后一跌中。既然选择持仓，就需要有市场再度暴跌的心理准备，若能以平常心对待，你就挺过了这一关。

在市场最后一跌出现后，空仓的交易者可以选择长线介入。在这里买到低价股票的交易者，当行情进入牛市初期时，多数会有不菲的盈利。

三、盘整市盈利模式

盘整市是指大盘或个股在一段时间内维持在一个横向震荡的局势中。在第一章中讲到的猴市和牛皮市，其实就是盘整市两种不同的表现形式。

盘整市的技术特点是，股价多次上涨的高点都在相近的价位，而多次回落的低点也在相近的价位。

如图 2-5 所示，A 点和 B 点构成盘整的高点和低点，之后股价大致运行在这个范围内。虽然图中后面的上涨高点超过了 A 点，但股价很快就回落到了盘整区域内，说明这个区域的上沿压制是有效的。

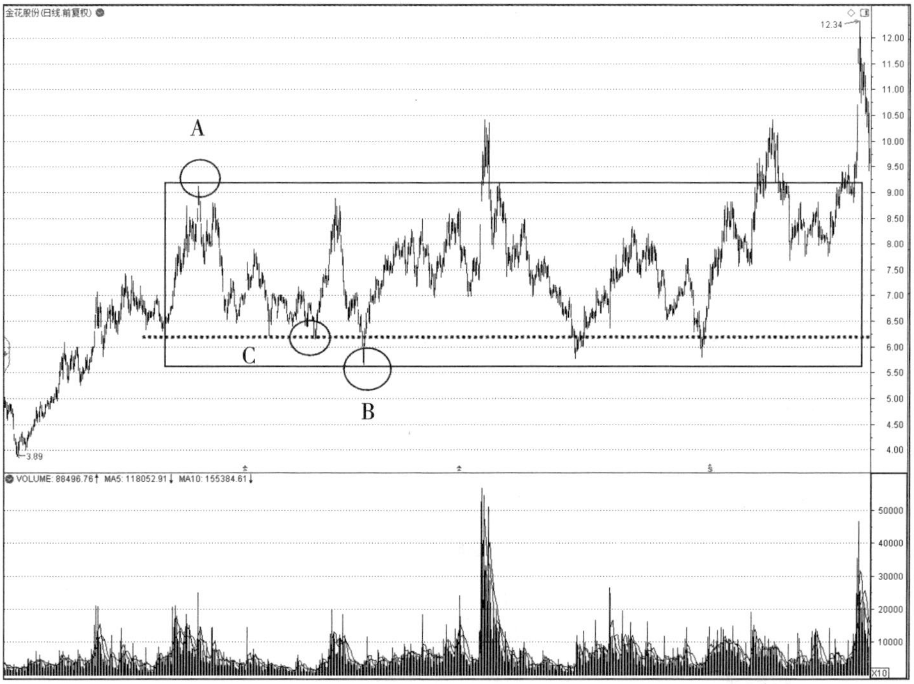

图 2-5

在低点选择上，也可以选择 C 点作为区域下沿，尽管 B 点和后面的回落低点超过了 C 点，但股价很快就回到盘整区域内，说明下沿支撑是存在的。选择 B 点画线，是因为更有利于在实战中捕捉低点。

在实战中，交易者可以以盘整区域上沿为卖出目标位，判断上应以尖顶形态（第三章会讲到）为主，不要幻想其他复杂形态。

图 2-5 中，股价突破上沿继续上涨的情况下，可继续持仓。一旦股价以尖顶回落，就要及时减仓。

股价下跌到区域下沿买点时，这个位置同样以尖底为主要形态。如果个股跌至区域下沿，走势蹒跚，形态复杂，没有尖底的迅捷升势，交易者应尽快离场。

在盘整市中，交易者应采用短线操作方式，个股选择上应以价差幅度大的股票为目标。价差大，才有足够的利润空间。空间大，股价的运行时间相对较长，比较有利于操作。

交易者短线参与盘整市，应以猴市为主，而牛皮市震荡幅度过小，短线操作较难获利。

鉴于盘整市的趋势方向为横向运行，之后行情必然会选择最终的运行方向。如果交易者在趋势运行的判断上不是很有把握，那么参与时应设立止损保护。

第二节　看盘基础

一、开盘集合竞价

每个交易日正式进入交易时间之前，都有一个集合竞价的过程。

集合竞价是指在规定时间内接受买卖申报一次性集中撮合的竞价方式。集合竞价期间未成交的买卖申报，自动进入连续竞价。证券集合竞价交易按价格优先、时间优先的原则撮合成交。

（1）每个交易日的 9:15—9:25 是集合竞价时间。

（2）每个交易日的 9:15—9:20 可以挂单也可以撤单。

有些主力在 9:15—9:20 会虚挂大买单，抬高竞价，同时吸引市场资金的注意，然后在 9:20 之前突然把买单撤掉，而那些来不及撤单的市场资金就会被迫成交。

（3）每个交易日的 9:20—9:25 则只接收申报，不能撤销申报。想撤单必须在 9:20 之前完成，否则就只能等 9:30 开盘之后了。

（4）集合竞价是以价格优先，然后才是时间优先的原则撮合交易。如果力求集合竞价阶段成交，那么最好在接近 9:25，迅速申报一个比即时报价有价格优先权的价位，以确保成交。

对目标个股集合竞价期间的挂单数据，交易者要谨慎细致地进行分析，或许能够发现主力当日的一些操作意图。

每个交易日的 9:25 后，集合竞价结束，个股开盘情况都会显示出来。这时离 9:30 开盘有 5 分钟的等待时间，可以利用这个短暂的时间重点关注以下 3 点。

（一）挂单数量

集合竞价结束后，几档买卖盘挂单数量都很稀少，说明该股可能缺乏资金追逐，市场交易热度不强。

集合竞价结束后，几档买卖盘挂单数量都很多，说明该股可能受到资金关注，市场交易热度较高。

挂卖单多，说明市场资金多希望卖空该股。反之，挂买单多，则说明市场资金希望买入该股。在实战中，有些主力会通过开盘集合竞价阶段的挂单来迷惑市场资金，交易开始后，可能会反向操作。

（二）低开或高开

集合竞价结束后，大多数个股的当日开盘价就会显示出来。比昨日收盘价高，即为高开。比昨日收盘价低，即为低开。和昨日收盘价一样，即为平开。

高开说明多方稍占上风，低开说明空方暂时领先。开盘后多空双方还会有一番较量，最终确定当日行情走势的主导一方。

（三）第一笔成交数据

集合竞价结束后，个股大都会出现当天的第一笔成交数据，个别交易极度冷清的股票可能无成交。

无成交数据，说明个股可能是无资金关注或主力蛰伏的冷门股，只能等到 9:30 后，进入连续交易时间有了第一笔成交，才会出现开盘价。

第一笔成交数据较大的股票，说明资金关注度较高，有可能成为交易的热门股票，进入连续交易时间后，多数会有异动。

第一笔成交数据较小的股票，说明市场资金未热切关注或主力未主动参与。

分析第一笔成交数据，有利于对准备买入和已经持有的股票做一个前瞻性判断。结合其他的预测性指标，大致可以对目标股票做出买入、卖出、等待等不同的决策。

二、收盘集合竞价

（一）收盘规则

收盘采取集合竞价交易，这一点和开盘竞价一样。每个交易日 14:57—15:00 这最后 3 分钟，是收盘集合竞价时间。

收盘价通常会在最后 3 分钟的集合竞价后产生。集合竞价不能产生收盘价的，以当日最后一笔交易前一分钟所有交易的成交量加权平均价（含最后一笔交易）为收盘价。当日无成交的，以前收盘价为当日收盘价。

之前，沪市收盘规则没有采用集合竞价，收盘价为当日该证券最后一笔交易前一分钟所有交易的成交量加权平均价（含最后一笔交易）。当日无成交的，以前收盘价为当日收盘价。2018 年 8 月 20 日以后，沪市收盘也采取集合竞价。

（二）关注尾盘异动个股

尾盘通常是指每个交易日进入到 14:00 或 14:30 以后的时间段。尾盘的表现将直接影响到接下来的收盘价。尾盘具有主力驱动型、消息驱动型、市场随机型 3 种走势类型。

弱市中，有经验的短线交易者，都喜欢 14:30 以后才开始入场交易。有的时候，甚至需要等到当天交易的最后几分钟，才在自己一直盯盘的股票上下单交易。

在尾盘这个时间段里，大盘以及大部分个股已基本确定当天的大体走势，交易似乎已进入“垃圾时间”。而在这个时间段，某些有所图谋的个股，往往会启动“秒杀眼球”的行动。

对尾盘异动的股票需要注意以下事项。

其一，弱市不追尾盘急升股。

其二，弱市不抢急跌股的反弹。

其三，尾盘交易心理：戒急躁、戒从众、戒幻想、戒贪婪。

三、预判当天市场人气

交易者通过开盘可以观察到当天行情的涨跌，还可以通过涨幅排名来分析当日市场人气的变化，以及主要的活跃板块。

在大多数软件中，按下 61 或 63 数字键，就可以看到沪市或深市的涨幅排名，或者按下 60 键，可以看到沪深综合的涨幅排名。通过这个排名，能够较直观地看出当日市场人气是冷冷清清还是群情激昂，以及哪些板块出现异动，从而对当天的行情提前做出预估。

涨幅排名能够展现市场上所有个股的情况。在实战中，交易者可从以下 4 个方面分析涨幅排名。

（1）查看涨幅排名靠前的个股是否具有热点板块特征。如存在明显的热点板块特征，应及时评估其对行情的影响，并关注其中的领涨个股。在行情运行到一些特殊时期时，热点板块的涨跌对整体行情趋势有极大的影响力。

（2）分析涨幅排名靠前的是大盘股还是小盘股，以确定当日行情的性质。

市场存在“二八”跷跷板的运行特点：当大盘权重股启动时，小盘个股往往偃旗息鼓。当大盘权重股下跌时，却又存在变数，有时小盘股转而开始活跃，有时市场整体一起下跌。区别大盘股和小盘股比较简单，看其总股本或流通股本就可以了。

（3）强势股数量分析。早盘看涨幅榜排在第一版的股票涨幅能达到多少，如果其涨幅不超过 4%，则说明市场走势相对疲弱，资金活跃度不足，不太适宜短线追击。

（4）分析涨幅榜涨跌停板股票家数，预测大盘当天走势的强弱度，确定当天是否适合进行追涨交易。在行情处于极端运行阶段，这种分析方法能够及时发现行情转折的迹象。

例如，涨停板个股的数量是否超过跌停板个股的数量，也就是说，当日表现最好的股票是否比表现最差的股票多。

涨停板多说明市场处于强势。随着交易时间的推移，如果涨停板家数仍在不断增加，则市场人气越来越倾向多方。

随着交易时间的推移，如果涨停板家数逐渐减少，或者跌停板家数增加，则说明市场人气正在向空方倾斜。如果当日跌停板个股多，涨停板个股少，则市场必然处于弱势之中。

四、发现当天热点题材

交易者在炒股软件上点击 81 或 83 键，就可以看到沪市或深市的综合排名情况。点击 80，则可以看到沪深两市合计的综合排名。

综合排名包含的内容非常丰富，对于习惯短线交易的人来说，是发现当日热点题材不可错过的分析窗口。

下面讲解一下综合排名各栏的分析重点。

（一）今日涨幅、跌幅排名

综合排名中的今日涨幅、跌幅排名，是当日即时交易中涨幅最大的个股和跌幅最大的个股排名情况。如图 2-6 所示。

今日涨幅排名		
N钢研	6.48	44.00%
N宝兰德	100.20	26.36%
康盛股份	2.71	10.16%
丰华股份	10.29	10.05%
飞力达	8.98	10.05%
金固股份	8.55	10.04%
今日跌幅排名		
杰普特	49.23	-16.08%
必创科技	28.86	-10.01%
名臣健康	18.90	-10.00%
中泰股份	11.97	-10.00%
泰晶科技	16.56	-10.00%
新日股份	17.78	-9.97%

图 2-6

今日涨幅、跌幅排名，是市场多空双方表现最突出的个股的对比，能够较直观地反映某一交易时段的市场强弱倾向情况。这个排名也能让交易者在极短的时间内了解到最强和最弱的股票是哪些，是否具有板块特征等，可及时对自己的交易策略做出调整。

（二）5 分钟涨速、跌速排名

5 分钟涨速、跌速排名，是指市场上 5 分钟内涨速或者跌势最快的个股排名。如图 2-7 所示。

5 分钟涨速、跌速排名也可以在软件中进行设置，可改为 1 分钟或 3 分钟等。

对于短线交易者来说，5 分钟涨速、跌速排名可以说是件利器。运用这个排名，可以在第一时间发现市场上活跃的股票或出现异动的股票。

利用 5 分钟涨速、跌速排名，可以第一时间发现热点板块的异动。比如，数只同一板块个股同时或先后出现在排名中，则说明该板块正受到资金青睐，或遭到资金打压。

一些长时间走势低迷的个股，偶尔出现在5分钟涨速排名中不足为奇。但是，若在连续几个交易日中都曾出现在排名中，则可能正被资金关照，交易者可积极追踪观察。

5分钟涨速排名		
首钢股份	3.50	4.79%
英飞特	11.75	4.07%
*ST华业	0.95	2.15%
金钼股份	7.47	2.05%
鲁商发展	6.15	1.99%
科力尔	30.90	1.98%
5分钟跌速排名		
万集科技	77.90	-1.64%
暴风集团	4.35	-1.58%
横河模具	7.65	-1.54%
中亚股份	11.10	-1.25%
文化长城	5.83	-1.19%
*ST瑞德	1.71	-1.16%

图2–7

一些热门大涨后的个股，连续多日闪现在5分钟跌速排名中，虽然其当日整体跌幅不大，但应警惕主力资金可能正在寻求减仓。

（三）今日总金额排名

分析今日总金额排名可以知道：即时交易金额最大的股票是哪些；收盘后全天交易金额最大的股票是哪些；盘中显示即时交易金额最大的股票在收盘后是否有变化；交易金额较大的股票是处于上涨还是处于下跌的态势中。

通过上述观察可以分析出当日资金攻击方向和热门目标个股是哪些。但是，总金额排名高的个股并非都是上涨的。

总金额排名高，不一定就是可以买入的股票，还要分析其具体走势。比如，是在价格高位还是相对低点，近期是否经过大幅炒作等。但总金额排名高的个股，有一点可以确定，即资金进出极其活跃，而且多空双方对当前的价格分歧较大，正处于激烈交锋中。

交易者不要把成交量和成交金额相混淆。在谈及大盘成交大小时，习惯说的是成交金额，比如某天成交多少亿元；说到个股时，习惯说成交量（成交量以手为单位，1手=100股）或换手率。

充分利用综合排名的多项功能进行分析，交易者能够更清晰地看出市场的真实面目，从而使交易之路走得更顺畅。

（四）振幅

振幅排名一栏显示当日市场上振幅最高个股的排名情况。图 2-8 中展示的即为交易日的某一时段市场中振幅最高的个股。

今日振幅排名		
N宝兰德	100.20	27.99%
N钢研	6.48	24.00%
科力尔	30.90	19.99%
文化长城	5.83	17.98%
乐心医疗	16.12	17.79%
海联金汇	9.90	16.75%

图 2-8

振幅是指价格在一定周期内的震荡幅度，是一种判断价格活跃程度的指标。振幅可分为日振幅、周振幅、月振幅等类型。

振幅的计算方法如下。

振幅 =（当期最高价 － 当期最低价）/ 前收盘价 ×100%

或

振幅 = 最高点的幅度 + 最低点的幅度

振幅大，则说明价格活跃。如图 2-9 所示，该股当日振幅 19.99%。在分时走势中也可以看到，该股当日开盘即封在跌停板，临近午市收盘前突然直线急升，盘中瞬时涨幅曾达到涨停板价位。

对短线交易者来说，振幅大的股票远比振幅小的股票具有吸引力，也较容易寻求其中的差价。振幅较小的一般都是冷门股或交易清淡的权重股，较难找到其中的短线机会。

必须明确一点，并不是振幅大的股票，都是可以买的好股票。很多即将见顶、主力资金寻求减仓的股票，也会出现极大的振幅。利用大幅震荡，一是主力资金可以借机减仓，二是可以吸引市场资金的注意力，引诱更多资金追高。

同样，振幅小的股票，虽然走势相对呆滞，但如果处于筑底阶段，则非常有利于主力收集筹码。当主力建仓完毕，逐步进入震荡拉升阶段时，个股就会告别小振幅和呆滞的走势，华丽转身为升势凌厉、股性活跃的大振幅个股。

总之，大与小，强与弱，总是处于变化之中。客观认识价格所处的不同阶段，才能真正理解未来价格的趋向或趋势。

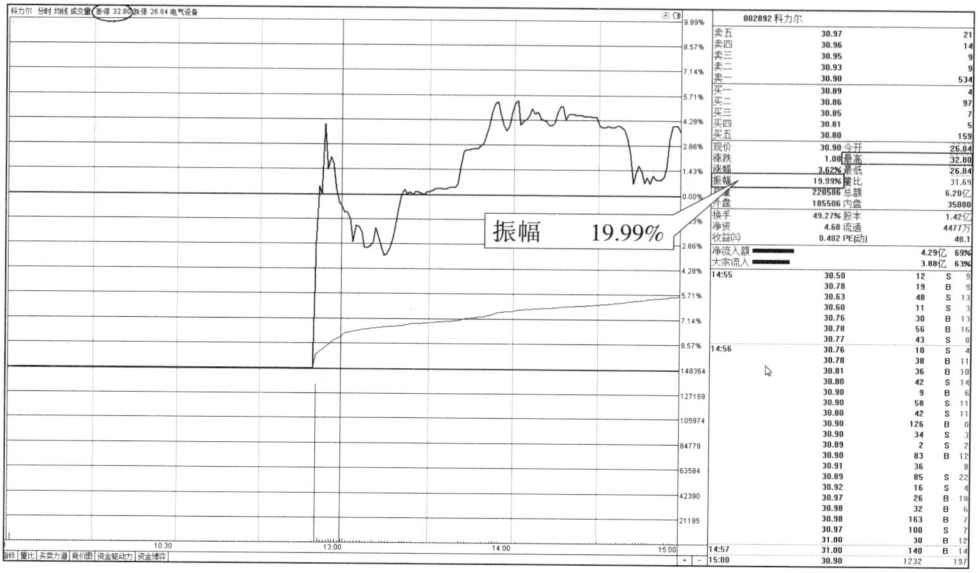

图 2-9

五、量比、委比、委差的作用

（一）量比

量比是以成交量为衡量对象的指标，是指开市后每分钟的平均成交量与过去 5 个交易日每分钟平均成交量之比。量比是解读盘面、解读股价不可或缺的一项数据。

在解读盘面中，量比最突出的作用，就是能够及时发现在成交量上哪些个股出现了突变的情况。

成交量突变，意味着交投活跃度增加。虽然成交量突变并不必然就有获利的机会，但量能的变化总会额外告诉大家一些关于价格的线索。

量比的计算公式如下。

量比 = 现成交总手 / ［过去 5 日平均每分钟成交量 × 当日累计开市时间（分）］

量比分析的基本法则主要有以下 6 点。

（1）当量比小于 1 时，说明现在的成交比不上过去 5 日的平均水平，多数时候价格处于微幅上下震荡中。如价格大幅上涨，则意味着盘口压力极小，后市出现增量后还会有高点；反之，价格大幅下跌，则说明多空双方对下跌没有太大的争执，后市还将继续下跌。

（2）当量比大于 1 时，说明当日每分钟的平均成交量大于过去 5 日的平均数值，交易量比过去 5 日稍强。实战中，这种情况最为常见，多为相对平衡的市道。图 2–10 中的量比为 1.32，意味着该股即时量能处于相对平衡的状态。

委比	31.28%	委差	1452
卖五	5.88		303
卖四	5.87		96
卖三	5.86		726
卖二	5.85		125
卖一	5.84		345
买一	5.83		118
买二	5.82		675
买三	5.81		851
买四	5.80		1304
买五	5.79		99
现价	5.83	今开	5.98
涨跌	-0.29	最高	5.99
涨幅	-4.74%	最低	5.64
总量	126241	量比	1.32
外盘	49965	内盘	76276

图 2–10

（3）当量比在 1.5~2.5 之间时，则为温和放量，现在的价格运行趋势仍将维持。

（4）当量比在 2.5~5 之间时，则为明显放量，价格趋势得到明显强化。

（5）当量比在 5~10 之间时，则为剧烈放量。价格处于长期低位时，是关注入场的信号；价格在高位，则是关注回落的信号。下跌趋势中个股短弹时，量比时常也会达到这一数值，但之后就会结束反弹，重新回归下跌趋势。

（6）当量比达到 10 以上，尤其 20 以上时，价格高位运行趋向可能随时会发生逆转。

（二）委比、委差

在炒股软件行情信息区股票简称的下方，有委比和委差这一对指标（很多软件都可以选择设置是否显示委比和委差指标）。

委比是衡量某一时段买卖盘相对强度的指标。

委比计算公式如下。

委比 =（委买手数 – 委卖手数）/（委买手数 + 委卖手数）× 100%

当委比值为正值并且委比数大时，说明目前买盘强劲；当委比值为负值并且负值大时，说明目前抛盘汹涌。委比值从 -100% 向 +100% 变化，说明买盘正逐步增强，卖盘逐步减退。相反，从 +100% 至 -100% 变化，则说明买盘逐步减弱，卖盘逐步增强。

委比指标的变化，代表了多空双方的此消彼长，从这一指标上能看出目前股价的多空倾向。委比指标不是静止的，而是随时发生变化的，所以应动态观察和分析委比指标。

委差，即委买委卖的差值。委差为正，说明价格可能上升，反之，下降的可能性较大。在参考个股委差值的同时，需要结合其他技术指标辅助判断，单一的指标容易被主力的骗线所蛊惑。

图 2-10 中，该股的委比和委差值皆为正值，但该股下跌了 4.74%。股价表现和指标似乎相悖，其中原因在于：一是委比和委差是动态指标，其数值是即时变化的，仅反映最新即时多空委买委卖的情况；二是虽然股价下跌，但目前价位愿意挂单买入的人明显多于愿意卖出的人。

委比和委差指标，仅是一个反映即时价位上多空强度的指标，并不能起到趋向或趋势分析的作用。这个指标不可单独作为交易的依据，只能为其他技术分析提供一个盘口数据的参考。

六、内盘和外盘

炒股软件的盘口数据中，有内盘和外盘这两个对应的数据，初学者往往搞不清其具体含义，容易忽视其存在而不做深究。

其实内盘和外盘这两个对应的数据，在盘口分析上的作用不可小视。很多宣称监测主力资金流动的软件，其基本原理就是根据内盘和外盘来设计和应用的。

什么是内盘和外盘？

以买入价成交的交易，成交现手数量加入的累计数量即内盘。换句话说，主动性卖出的数量就是内盘数据。

可能初学者还是不明白什么是主动性卖出，举例而言，如图 2-11 中盘口挂单：卖一为 4.37 元，买一为 4.36 元。

甲交易者如想以更高的价位卖出，则可以挂单在卖一或之上几档等待成交。但乙交易者急于卖出，则可以选择买一的 4.36 元或更低几档为卖出价，这就是主动性卖出。成交之后，这笔交易的成交现量就会计入内盘。

主动以卖出价成交的交易，成交现手数量加入的累计数量即外盘。换句话说，主动性买入的数量，就是外盘数据。

搞清楚内外盘的概念，也就明白了其含义。

简单地说，外盘数据较大，说明资金看多该股，主动性买入较多。内盘数据较大，说明持仓者人心浮动，看空后市，主动性卖出较多。

卖五	4.41		389
卖四	4.40		170
卖三	4.39		180
卖二	4.38		50
卖一	4.37		138
买一	4.36		426
买二	4.35		1196
买三	4.34		754
买四	4.33		221
买五	4.32		50
现价	4.36	今开	4.46
涨跌	-0.09	最高	4.46
涨幅	-2.02%	最低	4.34
振幅	2.70%	量比	0.95
总量	62211	总额	2730万
外盘	28312	内盘	33899

图 2-11

需要注意的是，这是内外盘的基本含义。“简单地说”不等于就这么简单，否则做股票也太容易了，盯住内外盘就足够了。

永远都别忘了交易的博弈性和诡诈性！

例如，主力资金在卖一挂上足以让市场资金产生联想的大卖单，那么想卖出的就只能照着买一上的价位抛。

这种大卖单至少会告诉市场两层含义：其一，挂单你是卖不掉的，因为这么大的卖单排在你前面；其二，尽快往下方买单上抛，说不定一会儿卖价更低。

于是很多想卖出的筹码，就会按照主力的暗示往下挂单以尽快成交。这种情景就会使内盘变大，看起来主动性抛盘较多，其实只是市场资金受到主力的影响出现的结果。

要结合盘口对内外盘进行综合分析。另外一点，内外盘数据是动态的，会随着行情的发展而改变。早盘内盘大的个股，也许到了午市收盘时就会变成外盘大。

对于一些经过长期大幅下跌之后走势低迷的冷门股，如果发现其外盘在连续多日的交易中都明显大于内盘，但个股价格变化并不明显，这种现象意味着有资金悄悄进场，可以部分资金埋伏其中。

七、挂单和撤单

（一）挂单

挂单即委托，是指交易者决定买卖股票时，通过电话、电脑等形式向交易系统发出的买卖股票的指令。

在炒股软件上，挂单分为卖盘挂单和买盘挂单，大多是买盘5档，卖盘5档。一些软件还提供10档买卖盘挂单信息。

无论是5档还是10档买卖盘挂单，其实分析起来效果并无太大区别。太多档的挂单信息，有时反而会带来干扰。实战中，前三档买卖挂单信息往往是观测的焦点。

买卖盘挂单，也是主力操纵股价的方式之一。通常来说，主力操纵下的买卖盘挂单多有以下2个特点。

1. 上空与下空

买卖盘挂单，大多数时间里都是观测主力意图的重要窗口。即使在K线图上很难判断是否有主力或主力操盘处于何种阶段，但在挂单上，则能轻易发现主力的踪迹。

如图2-12所示，该股卖盘五档挂单都是几手或几十手，而下方的买盘挂单都是几百手，买盘和卖盘挂单数的差距可以说非常大。

卖五	14.72	26
卖四	14.71	6
卖三	14.70	8
卖二	14.69	1
卖一	14.68	95
买一	14.67	305
买二	14.66	304
买三	14.65	233
买四	14.64	503
买五	14.63	429

图2-12

这种挂单被称为上空，即买卖盘挂单对比，上方的卖盘挂单明显小于下方的买盘，且买卖盘挂单都非常整齐划一。

上空给交易者的第一感觉是卖盘很小，买盘很大，似乎股价很快就会向上发起冲击。但在实战中，出现上空时，很少会出现主动向上扫空卖盘挂单的情况（很少，并不代表绝对没有）。最常见的是，股价在卖一和买一之间来回波动。

即使卖一的挂单被打掉后，也会很快出现新的挂单。买一的挂单也会被不断地消耗。想象中股价的快速上冲，可能迟迟都未出现。

上空形态不会总是持续不变，而是变化的方式非常多。比如，突如其来的大卖单直接将下方买一的挂单打掉，甚至直接将买一、买二、买三的挂单全部打掉。这种情况下，挂单的形势会出现很大变化，极大可能是上空形态就此消失，卖盘上开始出现较大挂单。

通过上空形态，主力想要达到什么目的，要根据个股不同的情况进行具体分析。

例如，某主力想要阶段性减掉部分仓位，于是撤掉卖盘挂单，形成上空，再用大买单扫掉两三个价位的散单，造成股价大单成交、迅速上涨的假象，用以引诱市场资金跟风。

当市场资金闻风而动，追高进仓后，却发现股价变得裹足不前，大单不再继续扫货，随后股价再度跌至之前起涨的位置。

当然，上空形态并非全是主力的减仓手法。在某些情况下，上空形态也会成为主力测试上方抛压，引诱大卖单打压的手段，为之后的拉升提前扫清障碍。

例如，在上空形态下，下方的买一或买二突然被大单打掉，虽然很快买一或买二的挂单又被挂上，但很快又被打掉，或挂单明显少于之前。也就是说，上空形态遭到了破坏，已经不复存在。

这时，一些持有大单的市场资金或许就会失去耐心，开始行动。主力通过类似对倒，可以将这些并不稳定的大单引诱出来。

大多数情况下，上空形态属于一种等待形态。不妨可以反问一下：买盘那么多大买单，而卖盘挂单无几，主力为什么宁愿挂在下面也不主动去成交？原因也许有很多，但答案可能只有一个，即主力并不急于拉升股价，至少现在不想投入资金增加仓位。

买卖盘的挂单，既存在上空形态，也存在下空形态。

和上空相反，下空是指买卖盘挂单对比中，上方的卖盘挂单明显大于下方的买盘，且买卖盘挂单都非常整齐划一。

如图 2-13 所示，该股五档卖盘上都是百手以上的卖单，而五档买盘上都是几十手买单。买卖盘挂单数的差距非常明显。

和上空形态一样，下空形态的存在绝不是市场的随机行为，大都跟主力的参与有关系。

这种挂单既然不是市场的随机行为，那么主力这样挂单意欲何为？

卖五	7.52	389
卖四	7.51	189
卖三	7.50	643
卖二	7.49	288
卖一	7.48	106
买一	7.46	61
买二	7.45	49
买三	7.44	98
买四	7.43	25
买五	7.42	50

图 2-13

下空给交易者的第一感觉是买盘很小，卖盘很大，股价很可能承受不住上方的压力。主力采用这种挂单方式，就是要交易者产生类似的想法。

有时，这种想法并没有什么不对。但出现下空形态后，如果并没有大单抛出打破这种形态的话，就说明市场并没有太多的大抛单，或者即使有也不愿这时抛出。

实战中，分时图一波上涨走势后，出现下空挂单形态，股价多半会开始横向盘整。一般来说，主力加挂卖盘的目的主要有以下 3 种可能。

其一，测试或引诱大抛盘的出现。

其二，逼迫或恐吓其他筹码低价减仓。

其三，诱使资金进场接盘。

前两种的技术意义很接近，主力运作的个股处于做多阶段中，目的就是清洗浮筹，减少拉升阻碍，完成相关操作后，股价会出现一定幅度的拉升。

第三种情况相对特殊，首先主力有减掉仓位的打算，而外部市场环境相对平稳或狂热，市场资金有追逐走势良好个股的倾向或习惯。在这种情况下，主导资金营造下空形态，会吸引短线实力资金的关注。如果这些资金认可个股各方面的条件，则会对个股展开攻击，该股主力正好借此减仓。

下空出现在分时一波急速拉升时，可以给市场资金以“主力全力拉升”的错觉，很可能吸引到资金追高。

仅就某一日某一时间段的下空形态来说，新资金的进场攻击会使下空形态就此消失。股价不见得当日就会上涨很多，但成交量往往很大。接下来的一段时间，个股走势会出现大幅震荡。

没有实战经验的交易者，看到卖盘挂着大单，便以为主力要出货；见到买盘上出现大买单，便以为主力要买入。于是，不是恐慌性地抛售，就是冲动地买入，其结果往往事与愿违。

上空或下空的挂单形态，可以确认存在主导资金的参与。市场资金不可能做出如此整齐划一的排列形态。

2. 跳价挂单

有时在观察买卖盘挂单时，会发现卖盘或买盘的挂单在价位上并不是连续的，中间会出现一些断档，这种挂单称为跳价挂单。

比如，上方卖盘的卖一 9.80 元，卖二 9.85 元，或者下方买盘挂单买三 9.76 元，买四 9.73 元，等等。

在平时的交易中，交易者可能不太在意这些价位上的断档，而且在交易热门的品种上很难出现这种断档。

跳价挂单比较常见于交易相对冷清的个股或者高度控盘的个股上。

交易相对冷清的个股，在挂单价位上出现断档比较好理解。高控盘个股有主力关照，为何也会出现断档呢？

高度控盘是指主力控制较大数量的流通筹码，对个股具有高度掌控能力。当一只个股的流通筹码大部分被锁定后，除非主力主动作为，否则盘面上必然呈现相对冷清的模样。

高控盘个股不会一直处于主力策动下的火热拉升中，也有回落调整期。这些个股处于调整期或启动初期阶段时，买卖盘挂单上有时就会出现跳价挂单。

还有的时候，操盘手运作一只股票不可能做到面面俱到，滴水不漏，就会出现跳价挂单。当然，有些跳价挂单可能就是主力故意让大家看到的。

当一只高控盘股在挂单上出现跳价形态时，可能意味着以下 4 种情况。

（1）股价之前上涨，跳价挂单出现在卖盘后，但股价奇怪地止步不前，成交量在放大，则要留意主力减仓。在这种情况下，主力可以不通过挂单，而是直接采用价格优先原则成交。

（2）股价之前下跌，跳价挂单出现在卖盘后，股价渐渐止跌，之后回升的几率较大。

（3）股价之前上涨，跳价挂单出现在买盘后，股价开始转弱回跌，则可能进入调整。

（4）股价之前下跌，跳价挂单出现在买盘后，股价急跌后迅速回升，则结束调整的几率较大。

以上只是列举几种典型情况，难以完备，因为实战变化是无穷的。

（二）撤单

撤单是指在某个价位上挂出买单或卖单，在成交前就主动取消买卖指令。

常常看到在卖一或买一上出现大单，而且这些大单不会纹丝不动地挂在那里，除去被成交的部分外，这些大单时常被主动撤掉，然后再度挂上或者在几个临近价位上来回变动，但总手数相差不大。这种现象大多是主导资金的行为，而非市场的随机行为。

根据价格优先、时间优先的成交原则，卖一或买一的挂单，将根据报价的时间顺序先后成交。如果主力把自己排在前面的单子撤掉，则毫无疑问先成交的是市场单子。那么，其目的是什么呢？

如果反复撤的是买一、买二的大单，则说明主力不想真地买入，挂大买单的目的是为了吸引更多的买盘挂单或主动性买入。不管主力是不是想大规模减仓，至少可以知道主力已经不想增加仓位了。主力不再主动性买入，意味着股价不会继续大幅上涨，交易者即使不卖出，也不适宜增大仓位。如果反复撤的是卖一、卖二的大单，则说明主力不想真地卖出，挂大卖单的目的是威逼失去信心的持仓者尽快离场。

在实战交易中，撤单的情况比比皆是。交易者要注意的是通过分析主力撤单的情况和原因，来判断主力所处的阶段。

处于建仓吸筹阶段的主力，想要在底部尽多地吸纳筹码，必然会在盘面上营造恐怖气氛，用来恐吓想买入或持仓的人。在股价已经跌无可跌的情况下，卖盘上通常仍会挂出大量卖单，似乎有很多筹码正在排队等待出货。这些大卖单，会给盯盘的短线交易者带来很大压力。一旦股价有个风吹草动，有些交易者就会抛出手中筹码。

如果注意观察卖盘上挂的大卖单，就会发现这些大卖单全部或部分时常被主动撤掉。主力的目的是让那些排在后面的市场散单能够成交，同时防范其他大机构趁机打劫。

处于清仓出货阶段的主力，想要在高位成功出货，必然会在盘面上烘托出一切都好的氛围，来诱导市场资金追高买入。在股价涨幅巨大的情况下，买盘上通常依然挂出大量买单，似乎大批资金正准备蜂拥入场。买盘上的那些大买单，也在时刻变动，主力撤掉一部分，让市场买单先成交，然后再度挂上，等市场买单跟风进入，主力会再度撤单。同时，为防止市场上大抛单趁机卖出，主力会适时撤掉一些大买单。

例如：某主力当天有一个阶段性减仓的计划，盘中交易时间，主力在买一挂单 2 000 手，这时市场买单挂上 500 手，买一挂单这时是 2 500 手。随后主力撤掉 2 000 手买单，随之再挂 2 000 手，买一还是保持着 2 500 手，买单数并无变化，但市场挂上的 500 手买单已经排在前面，必然先成交。

频繁运用类似挂单再撤单的手法，主力完全可以轻松减掉需要减掉的仓位。另外，主力还可以通过买盘挂单不断有大买单出现的假象来稳定市场情绪，避免引发恐慌盘大批出逃。

这里所举的例子只是异常挂单一个简单的片段，意在使交易者举一反三，在实战中读懂盘口。

八、怎样分析成交回报

在软件数据栏（行情信息区）的下方，是个股的分时成交明细，分时成交明细也称成交回报。

在分时成交明细里，可以看到个股每一分钟成交的情况，如图 2-14 所示。

14:54	4.66	9	S	1
	4.67	514	B	10
	4.67	656	B	38
14:55	4.66	2	S	1
	4.66	40	S	5
	4.67	50	B	5
	4.66	8	S	2
	4.66	3	S	1
	4.66	9	S	2
	4.66	1	S	1
	4.67	491	B	17
	4.67	432	B	12
	4.66	5	S	1
	4.67	1	B	1
14:56	4.66	27	S	3
	4.66	1	S	1
	4.66	2	S	1
	4.66	70	S	2
	4.67	32	B	5
	4.67	54	B	5
	4.67	19	B	3
	4.67	8	B	3
	4.67	14	B	2
	4.67	28	B	3
	4.67	9	B	1
	4.67	56	B	3
	4.67	116	B	9
15:00	4.67	1875		107

图 2-14

在键盘上键入 01 后回车，可以看到个股从开盘到收盘每一分钟成交的情况。

研究分时成交明细时，可对照买卖挂单的情况，以及具体价格关口的压制与支撑进行综合分析，从资金成交的细节中发现主力的意图。

九、快速提升看盘能力的技巧

新手想要在短时间内快速提升自己的看盘分析能力，需要进行以下 4 个方面的强化训练。通过这些训练，可以快速扩展股票相关的信息储备，并形成无意识状态下条件反射的能力。

（一）复盘

复盘是指分析研究当日或过往的历史盘面数据，既能温故而知新，还可发现主力运作个股的轨迹，了解主力所处的阶段和大致成本。

复盘的作用在于：结束一天的实时交易后，重新浏览个股走势，复读当天重要的盘面技术信息。在实时交易中，有些内容限于时间，不便深入分析，复盘时则可以静下心来仔细研究。

在复盘过程中，对当天市场热点、板块联动、大盘总体趋势等都应有一个大概的判断，并做好后一交易日的投资计划。

（二）盘面速读能力训练

对实时交易时出现在涨跌幅榜的个股、板块以及大盘分时走势，即时做出趋向判断，并不断验证其正确性。如果实际走势与自己的判断不符，则要立即分析原因，或记录下来等待复盘时研究。每天要大量重复进行这种即时判断、即时验证的训练。

（三）盘口记忆能力训练

实时交易时，要认真观察和记忆重要目标个股的盘口数据特征。比如，分时走势特点，开盘、收盘有无异常，盘中出现最高价、最低价时的特征，量价关系正常与否等情况，要仔细观察和记忆。实时交易结束后，将目标个股的这些重要信息在脑海中反复回忆。

（四）强化条件反射训练

对一些重要图形和数据进行反复记忆和研究，比如，底部启动、见顶下跌时的分时图、K 线图、量能状况以及技术指标。可以通过炒股软件的回放功能，逐一分析一些重要点位出现时的技术特征，以此不断储备类似的盘面信息，强化条件反射的能力。

第三节　如何使用分时图

一、分时图 3 条线的含义

分时图的坐标可以分为普通坐标、10% 坐标、满占坐标等。交易者通常使用的是默认的普通坐标，也可根据自己的看盘习惯和喜好来选择。

分时图上的多条横线代表价格和相应的涨跌百分比，竖线代表交易时间，通常每一条竖线的间隔为 30 分钟。

分时图主要由即时走势、成交量、技术指标构成。其中，分时图最下方是技术指标图，包括量比、资金博弈、资金驱动力等。交易者可选择使用或隐藏，毕竟过度关注指标变化，反而容易忽视价格的真实波动。通常来说，在验证判断结论时，技术指标图可以起到一定的辅助作用。如图 2–15 所示。

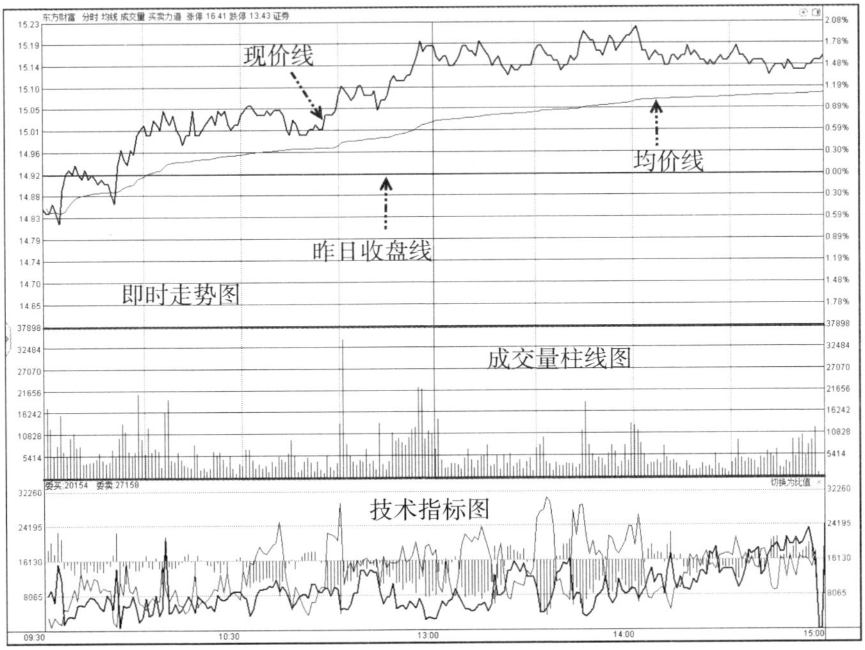

图 2–15

技术指标图的上方，是成交量柱线图，显示盘中即时成交的量能变化情况。如图 2-15 所示。

成交量柱线图的上方，是即时走势图。这里有分时图中最重要的 3 条线，即昨日收盘线、均价线、现价线。如图 2-15 所示。

昨日收盘线是指以前一交易日的收盘价所画的横线。若现价线低于这条线，则说明股价相比昨日下跌；反之，若现价线高于这条线，则股价相比昨日上涨。

均价线是指由每分钟的平均成交价格相连构成的曲线。每分钟的成交均价 = 每分钟的累计成交金额 / 每分钟的累计成交量。在个股分时图上，均价线一般用黄色来显示。

现价线是指由每分钟最后一笔成交价格相连构成的曲线。在个股分时图上，现价线一般用白色来显示。

二、多日分时图的作用

在很多炒股软件上，都有多日分时图这个选项。在分时图上点鼠标右键，就会出现选择菜单，交易者可根据需要选择不同时长分时图。图 2-16 中选择的是最近 20 日的分时走势。

图 2-16

单日分时图展示当日的分时走势，而日间的价格波动往往过于短暂，难以尽现主力资金的运作轨迹。虽然K线图可以展示较长时间周期的价格走势，但就反映细节波动的连贯性来说，多日分时图则是一个理想的选择。

一个相对较长时间内的细节波动走势，其间的高点、低点形成的“峰”与“谷”，以及价格在这些“峰”与“谷”上受到的压制或支撑以及突破，都是分析价格趋向的关键因素。

虽然分时走势上对于“峰”与“谷”的突破仅具有短线意义，但将其与其他技术因素综合分析，则可以更清晰地认识和理解个股的趋势全貌。

三、分时图实战技巧

在对个股分析研判的过程中，分时图是一个不可或缺的组成部分。尤其对短线或波段交易者来说，能够表现出价格即时变化的分时图，是一扇了解个股强与弱、呆滞与灵动的窗口，非常有利于甄选短线个股。

必须说明一点，分时图有其优越处，也有其缺憾处。某一日分时走势强势，并不能代表这种强势必然具有持续性。

实战中应用分时图，主要是从形态和量价匹配的角度展开。

谈到量价，可能有人会说“上涨放量，下跌缩量”，并将这种量价匹配当成唯一正确的原则。

“上涨放量，下跌缩量”是一种最常见，也最为大众认可的量价配合原则。但正因为其在市场上受到高度认可，往往成为主力最常用的诱多或诱空手段。

其实在实战操作中，上涨时一旦放出大量，往往就到了转折的节点。有经验的短线交易者都知道：放巨量急涨后，当日低价买回或次日低价买回是大概率事件。

量价配合不但在分时图中如此，在K线图中也是如此。灵活认识量价变化，不能人云亦云，也不能按图索骥。真实的量价匹配原则，是关注价格变化并探知其中的逻辑关系。

（一）双线顺势

当现价线持续在昨日收盘线、均价线上方运行，成交量保持稳定或温和增大时，表明市场预期较好，多方信心不断增加，早前介入的大部分交易者都有盈利。

虽然昨日收盘线是一条静态横线，但当现价线和均价线运行在其上方或下方时，这条线是否能体现出一定的支撑或压制作用，对分析盘间价格运行趋向具有重要的参考作用。

如图 2-17 所示，现价线大部分时间运行于均价线和昨日收盘线上方，成交量稳定并有渐次放大的趋势，显示市场资金看多信心较足，并逐渐加入多头行列中。昨日收盘线对现价线和均价线的支撑是明显的，在这种情况下，均价线和现价线顺势向上，只要这种双线顺势的情况不改变，多方的强势就一直存在。

下跌过程中的情况也很类似，当现价线持续运行在昨日收盘线和均价线下方时，表明市场预期较差，资金正陆续流出，早前介入的大部分交易者都亏损，只要这种双线顺势的情况不改变，空方的强势就一直存在。

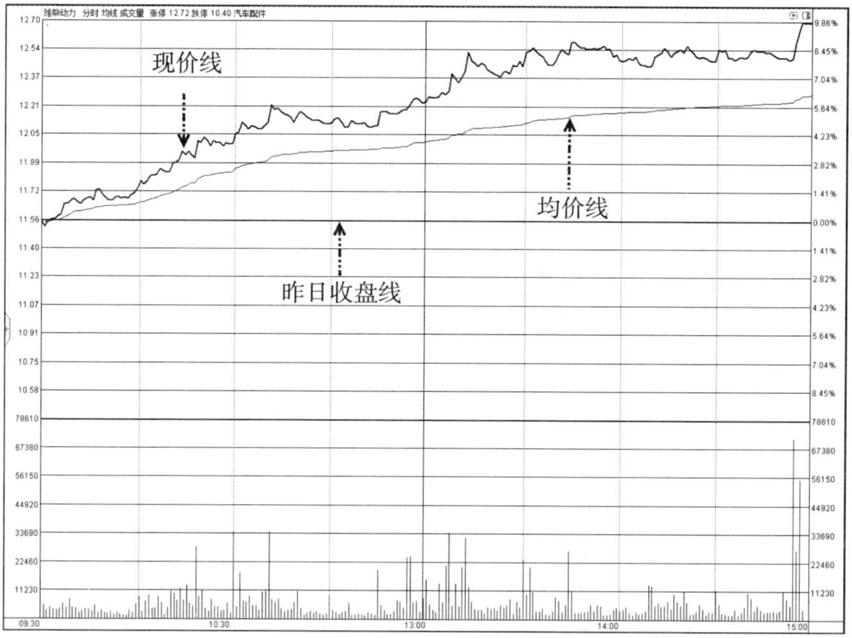

图 2-17

（二）乖离引发股价转向

现价线大角度急速上涨，与均价线瞬间拉开较大距离，之后均价线不能迅速向现价线靠拢，当二者之间出现较大乖离时，则现价线极有可能会出现折返走势。

如图 2-18 所示，该股午后开盘，现价线急速上涨，下方的均价线缓慢追随。至 A 处时，现价线回落，均价线转为横向移动的态势。现价线和均价线已经失去双线顺势，显示走势进入盘整态势中。

现价线和均价线之间乖离过大，显示资金高位持续追涨的意愿不断降低，市场交易者普遍存在畏高怕套的心理倾向。如图 2–18 中 A 处之后，现价线回落，成交量一路缩减，正是这种心理倾向不断放大的结果。

过大的乖离可能引发股价转向，但并不意味着必然会引发转向。实战中，也有热门的强势个股现价线急速上冲与均价线瞬间出现较大乖离后涨停封板的情况。技术的关键点在于资金买入是否能够持续。

从概率学的角度来说，现价线上涨，均价线紧密跟随，二者乖离保持在正常范围内，则股价后市继续强势运行的可能性较大。

图 2–18

现价线和均价线如影随形地（小乖离）同步上行，再加上成交量相配合，则是强势个股启动初期在盘口上的明显特征。

在下跌过程中，当现价线持续下跌，均价线在其上方跟随下行时，说明有资金意欲兑现离场，价格仍将继续下跌。

当现价线突然大角度急速下跌，均价线并不迅速跟进而呈走平态势，二者乖离较大时，价格可能发生幅度不等的反弹。

现价线和均价线之间的乖离，其实是源于二者之间不同的计算方法。可将均价线看作当日参与者的平均成本，当现价突然远离平均成本时，就会给市场带来恐慌。

大多数时候这种恐慌能够为主力掌控，因此成为其常用的一种做盘手法。但在某些情况下，恐慌情绪大面积蔓延，并不是主力所能把握的，就会出现大范围下跌。

现价线和均价线之间的乖离过大后，几乎都会出现反弹，但重点在于反弹的幅度和持续性。

实战中，如果在反弹时成交量放大又迅速萎缩，之后又难以持续放大，那么价格即使出现反弹，其力度也会很弱，时间也会很短暂，反弹后重回下跌的可能性较大。

（三）横向震荡

早盘时，现价线在均价线和昨日收盘线附近横向震荡。此时，即使大盘下跌，现价线与均价线仍旧维持这种波动，并未受到太大影响，则在量能放大之际，发力上涨的可能性较大。

目标个股这种方式的横向震荡，其波动幅度越小越好，同时成交量维持低量，和现价线、均价线的微幅波动相匹配。但有个前提条件，即目标个股不是长期冷门股或成交清淡的权重股，最好是有主力介入操作，而目前处于回落调整期的个股。出现这种横向波动，极有可能成为转跌为涨的短线拐点。

现价线、均价线的横向波动不可远离昨日收盘线，波动重心在昨日收盘线之上最佳。如果现价线、均价线横向波动于昨日收盘线下方，则后市变化难以判断。

实战中，如果大盘或个股普遍下跌，目标个股经多日下跌后，当日保持这种横向震荡，则后市起涨的概率更高。

（四）缺口

当日价格大幅高开或低开后，都会在分时图上显现出一个无交易的空白空间，这个空白空间就是缺口。

幅度较小的缺口，在分时图上多数会被价格的波动回补掉，而幅度较大的缺口回补与否，能够显示出盘中资金的趋向性选择。当然，这种选择可能仅仅是短期的。

如图 2–19 中 A 处该股低开后，均价线从低位跟随现价线回升，市场多方人气有所回升，市场资金开始尝试买入，回升中均价线对现价线形成支撑。之后，现价线涨至昨日收盘线将缺口完全回补，同时得到昨日收盘线支撑，在双线顺势向上形态下，价格转入稳定上涨阶段。

实战中，缺口回补后价格突破昨日收盘线压制向上涨升，是价格进入短期强势的标志。但需要注意这种短期强势的持续性如何。

强势是否可持续，最直观的外在表现就是成交量。早市开盘补缺有较大量能存在，可在之后的上升中量能不断缩减，显示场外资金缺乏追涨热情，大概率只是存量资金制造的假强势状态。

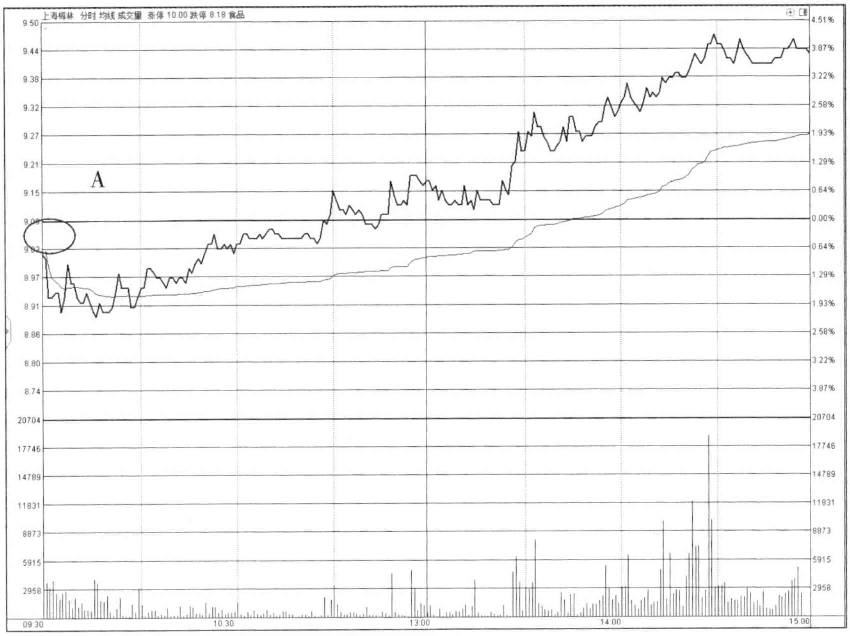

图 2–19

第四节　风险控制

一、做好资金与仓位管理

资金和仓位管理，是在实际操作中交易者必须要有的风险控制手段。不同风格的交易者有不同的做法，实战中可根据自己的操作特点，选择适合自己的资金和仓位管理规则。

资金和仓位管理包含 2 个方面，即资金比例控制和投入风险控制。

（一）资金比例控制

资金比例控制是指每笔交易投入资金占总资金的比例，以及借款和融资额占总资金的比例。

股市新手，在自己的总资金中最好不要有借款或融资来的资金。经验丰富且有一定资金使用和管理能力的交易者，借款或融资所占总资金的比重，也应根据行情发展的不同阶段，控制在一定比例之内，防范因出现意外情况导致爆仓。

对融资资金的使用，应以易于变现和高周转率为原则。如果在资金与仓位上交易者缺乏必要的控制，那么很可能牛市还在继续上涨，而你早已爆仓出局。

现在很多交易者开通了融资融券功能，主力会适应新形势变化，故意加大盘中震荡和阶段性洗盘的力度，致使行情的变化节奏和以往截然不同。

融资尤其是满仓超配融资，是很容易被主力洗盘洗掉的。以前主力洗盘，用各种花样百出的骗线、骗量来洗盘，逼迫散户出局。现在是“两融”时代，主力已经改变操作策略，让交易者明明知道是洗盘的情况下也会被强行洗掉，因为很多交易者等不到主力拉升的那一天就爆仓了。就算不是超配融资、满仓融资，也经不住主力波段性洗盘，除非有更多的后续资金来追加保证金。

在每一笔交易中，交易者投入资金的比例，应根据市场情况、行情阶段和交易品种的不同有所变化。

比如，牛市中的短线交易，单笔交易可用 30% 甚至更多的资金；熊市中，则应以 10% 的仓位为上限；对于长线投资品种，在底部时可多次分批吸筹，逐渐增加仓位。

一个成熟的交易者，应该有意识地限制自己每次的交易金额，毕竟股票交易的风险就在于无法准确地预知结果。为了未来能够继续交易，任何时候都不能有赌徒的心态。

以风险投资著称于世的金融大鳄索罗斯曾说：“承担风险无可指责，但同时记住千万不能孤注一掷。”

（二）投入风险控制

投入风险控制是指对每一笔投入交易的资金，都应有一个防止风险扩大的手段或措施。执行投入风险控制措施，是交易者在市场中长久生存下去的保障，也是交易中的重要原则。投入风险控制可以采用以下 3 种措施。

1. 止损

有一个交易谚语，即“不怕错，最怕拖”。股票交易一旦出现错误，应当及时处理，不能犹豫、拖延，否则随着风险的进一步扩大，将导致无法收拾的后果。

投资界有一个“鳄鱼原则”，是以鳄鱼吞噬猎物的方式打比喻：猎物越挣扎，鳄鱼的收获就越多。如果鳄鱼咬住你的脚，你唯一的选择就是断掉一只脚以求逃命。在股票交易中，当出现趋势性的判断错误时，理性的做法就是马上止损，无论你亏了多少。

很多交易者被套后，往往盲目地逐次补仓，如果行情是趋势性变化，补仓只能是越套越深。当然，不能完全否定补仓的作用，在非趋势性变化的前提下，补仓摊低成本也是一个不错的方法。同样，在趋势性转折带来的下跌行情中，止损是唯一的选择，这时交易者应该明白，赔钱和赚钱都是交易的组成部分。

2. 止盈

止盈是一种懂得收获的智慧。

当行情连续暴涨时，交易者应该考虑的不是如何赚得更多，而是如何保证真正收获收益，不让到手的利润变成纸上富贵，这时就需要止盈。

很多人都在牛市中赚过钱，但往往都是纸上富贵，还未来得及兑现，便随着行情的下跌化为乌有。止盈是交易者收获成功、保住胜利果实的有效手段。贪婪和恐惧都会使人发疯，让人不能以正常的心态和心智应对出现的变化。从交易心理的角度来说，做到止盈比执行止损困难得多。

3. 加仓

加仓的前提是行情或股价并未出现过大幅暴涨，仍处于上涨的初始阶段。在实际操作中，很多人只看到盈利，却看不到风险，往往习惯在连续暴涨后加仓，希望扩大盈利。但在这种情形下加仓，很难得到期望的结果。

资金与仓位管理是交易者取得成功的关键因素之一。在股市中搏杀，既有得到，也有失去，其中的关键点在于：得到时懂得及时收获，失去时及时认输出局。

二、只买“池子”里的股票

不少交易者买入的股票，都是在涨幅榜或者 5 分钟涨幅排名中出现的个股，因为出现在这里的都是即时强势股票。

“买股当买强”的说法并没有错，涨幅榜或者 5 分钟涨幅排名也确是观察热点个股的窗口。但是，并不等于这里出现的股票都是可以随意买入的。

没有时间分析，仅凭个股一时强势就决定买入，如果买入的是即将退市的股票，那么就会遭受重大损失。

率意而为的交易能带来什么后果，不可预估。如果这是一个人长期选股买股的方式，那么可以肯定他的投资收益不会太理想，因为久赌必输。

成熟的交易者，都会建立一个“股票池”，里面都是精挑细选的个股，当然包括出现在涨幅榜或者 5 分钟涨幅排名中的个股。

选入到“股票池”的个股，并不意味着必然就要买入。买入需要一个从技术面到基本面综合分析研判的过程，淘汰其中风险因素较大的个股，留下符合要求的。再经过一段时间盯盘，来熟悉股性和主力操作特点。当新的交易时机到来时，才会最终确认买入。

只买“池子”里的股票，是交易者有效回避市场风险的重要方式，这也是有别于赌徒的一种有计划的理性操作方式。

具体来说，对整个交易过程，交易者都应有一个相对完善的计划。

（一）资金额度

将要投入的总资金额度和资金使用规则、步骤以及预备资金的留置额度，都是计划的重要部分。同时，在资金的使用周期上，应有一个明确界定，尽量把可能发生的意外情况考虑在内，避免在投资过程中出现意外情况，打乱原定的资金使用计划，使整个交易程序受到干扰。

（二）投资时机

在投资计划中，要对买入和卖出的时机、价格确定一个大致的范围。当然，这个计划因交易者的风格不同，也会有不同的变化。

（三）投资周期

对整个投资周期的长短，交易者应有一个预期，但是投资周期是动态的，要随着一些交易条件的变化而不断变化，机械地设定投资周期并不可取。当然，投资周期不能违反资金使用周期的要求，一旦资金上出现问题，会导致一系列严重后果。

（四）收益预期

在每一次有计划的交易之前，设定交易标的盈利预期是一个重要因素。设定的盈利预期过高或过低，都会导致在之后的持仓过程中出现被动。一个合理的盈利预期，往往是综合分析基本面和技术面之后的产物。

（五）止损离场

投资计划要尽可能全面，包括如何应对意外事件，如何应对投资失利。既然是计划，就必然要面对未来可能发生意外情况，包括投资成功，也包括投资失利。有了这个计划，遇到意外情况时，因为对于如何离场、如何止损事前都有安排，交易者不至于慌不择路或者茫然无措。

三、绝对不能犯的错误

（1）看不懂，没把握时，坚决不进场。持币时自己说了算，持股时则是市场说了算。当你对市场没有把握时，还是算了吧。

（2）如果牛市中都害怕股票下跌，则说明你选择做股票是个错误。

（3）心态若是出现问题，技术就是云烟。

（4）股市如世事一样无常，当你不信某种情况可能会发生时，这种可能就会成为现实。

（5）在股市中，无论测量高点还是低点，实际点位总是和测量点位有差距。如果用哲学来替代数学，也许精确度会更理想。

（6）当思想不能自由飞翔的时候，困境就会不期而遇。

（7）交易中，追求准确性和成功率，就必须要牺牲盈利幅度。鱼与熊掌兼得的人不知世间有没有，如果有，那么他应该比巴菲特还富有。

（8）觉得比市场所有人都聪明的时候，犯错就会在眼前。

（9）价格正像飞翔的风筝，即便线牵在某个人的手里，轨迹却不是他能掌控的。

（10）涨时重势，跌时重质。

（11）当大众的观点一边倒时，大胆反向操作。

（12）耐心是致胜的关键，信心是成功的保障。频繁换股是二者都不具备的表现。

（13）龙头板块是中级以上行情的特征，没有龙头，说明行情不会太大。

（14）不论什么股票，都有让你赚钱的机会，关键是看介入的时机是否恰当。

（15）价格的涨和跌互相依存，没有空头，多头何以独活?

（16）趋势不明不要轻易满仓，这样有利于保持心态平稳和理性分析。

（17）连续盈利时，切忌得意忘形，切忌过度放大自信。

（18）连续失利时，要退出休整，将心态调整平稳后再决定是否入场。

（19）涨势不停歇，守仓不猜顶。一旦有变，放弃幻想，落袋为安。

（20）赚容易赚到的钱，不求买到最低，卖到最高，只做趋势明确的行情。

（21）不怕错，就怕拖。切忌小亏拖成大亏。

（22）股市上的钱赚不完，却可以亏完。

（23）最大的利好是超跌、超卖，最大的利空是超涨、超买。

（24）“强者恒强，弱者恒弱”，择强汰弱是明智的选择。

（25）该跌不跌，理应看涨；该涨不涨，坚决看跌。

（26）市场大跌是测试个股股价支撑力度的好时机，不要放弃这个难得的选股时机。

（27）大势不明时，有赚就比亏好，不要等到亏损时才斩仓。

（28）连出利好却不涨的股票，小心下跌；连出利空却不跌的股票，将会上涨。

（29）不要挑战市场，切忌和行情赌气，因为输的一定是你。

（30）做交易，资金少点儿没关系，智慧少点儿关系很大。

（31）犯错并不可耻，承认错误是件值得骄傲的事情。可耻的是错误已经显而易见了，却不去修正。

（32）精挑细选的股票，不要轻易放弃。

（33）不能指望长期获胜，只要对的时间比错的时间多就是成功。

（34）不在大涨之后买进，不在大跌之后卖出。

（35）大家都知道的利空或利好，发布日就是过期日。

（36）每天都想赚钱的人，最后一定亏钱。

（37）分析行情要用自己的脑子，不是软件，因为软件都是“傻瓜”软件。

（38）心浮气躁，身体带病，饮酒之后，不要做任何交易决定。

（39）最忌在急需用钱时进场赌一把。

（40）不能承受目标股最差的那种意外发生，就不要买入。

第三章

K 线买卖点分析

第一节　K 线图基础

一、K 线图的来源与演化

K 线图又称为蜡烛图或阴阳烛或酒田图形，是日本德川幕府时代的米市商人本间宗久用来记录米市行情、分析价格波动的一种方法，后来逐渐被引入到股市及期货市场的分析与应用上。

有人认为，蜡烛图并非本间宗久本人发明，而是经过多人在理论与实践上的不断积累逐渐发展和完善而来。

在日本，K 线称为“罫（日文发音 KEI）线”，西方以 KEI 的英文第一个字母“K”直译为“K”线，K 线一词由此而来。

后人根据本间宗久的理论，总结和发展出“酒田战法”，其核心精神为：三山、三川、三空、三兵、三法。

三山：K 线的 3 种头部卖点，包括三尊头、两尊头、圆头。三尊头相当于现在的头肩顶，两尊头相当于 M 顶。

三川：K 线的 3 种底部买点，相当于现在的头肩底、W 形底以及 V 形底。

三兵：以 3 根 K 线组合而成的买卖点，当 3 根红 K 线（或黑 K 线）形成一底（或头）比一底（或头）高（或低）的形态时，则此红三兵为买入信号（黑三兵为卖出信号）。

三空：连续 3 个向上跳空上涨或向下跳空下跌的形态。上跳三空为强势涨升信号，下跳三空则为下跌信号。

三法：应该卖、应该买、应休息。三法是酒田战法的核心。交易不但包括买和卖，还包括休息和等待。当势态复杂难辨时，应等待更加明确的信号出现。

1990 年，美国人史蒂夫·尼森以《阴线阳线》一书向西方金融界展示了蜡烛图等日本证券技术分析手段，在西方金融界引起了轰动。史蒂夫·尼森因此被西方金融界誉为“K 线分析之父”。

时至今日，K 线理论仍旧广泛应用于股票、期货、外汇等证券投资市场，成为交易者喜爱和习惯使用的分析工具。

二、K 线的构成

K 线由 4 个部分构成，即开盘价、收盘价、最高价、最低价。如图 3–1 所示。

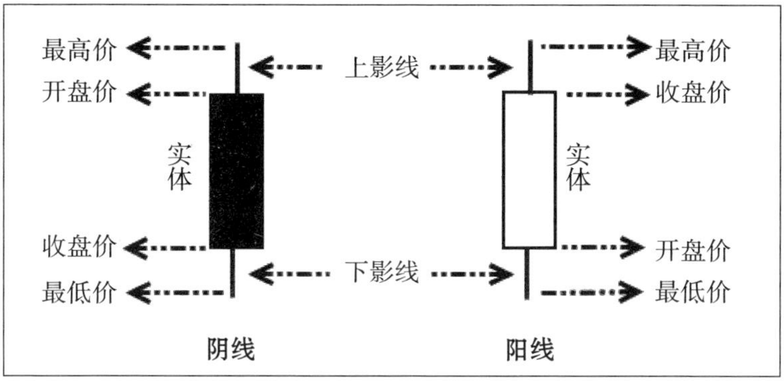

图 3–1

（一）开盘价

开盘价会直接影响到 K 线实体的大小或价格的涨跌，是多空双方激战的开始。

（二）收盘价

收盘价直接确定 K 线实体的大小或价格的涨跌，是多空双方激战的结果。

（三）最高价

最高价是多方能够挑战的价格最高区域，实体比上影线更能体现多方能量在这一交易时段占有优势。

（四）最低价

最低价是空方能够挑战的价格最低区域，实体比下影线更能体现空方能量在这一交易时段占有优势。

（五）K 线实体

开盘价和收盘价之间存在的空间，就是 K 线的实体。部分 K 线因开盘价和收盘价一样，并不具有明显的实体部分，如一字线、T 字线、十字线等。

（六）影线

当最高价或最低价并不是开盘价或收盘价时，就会出现影线。在 K 线绘制上，通常用一根向上或向下的细线表示。实体上部的影线为上影线，实体下部的影线则为下影线。

并不是所有的 K 线都具有上影线或下影线。有些 K 线开盘价就是最高价或最低价，收盘价就是最低价或最高价，所以没有上影线或下影线。

T 字线、十字线的开盘价和收盘价在同一价位，不具有明显的实体部分。T 字线仅有上影线或下影线，十字线则上下影线都有。

（七）一字线

一字线较为特殊，其开盘价、收盘价、最高价、最低价都在同一价位，即不具有上下影线，也不具有明显的实体。

三、K 线的类别

（一）从价格涨跌上划分

K 线可以分为阴线、阳线、平线。如图 3–2 所示。

阴线是指当日收盘价低于开盘价的 K 线形态。

阳线是指当日收盘价高于开盘价的 K 线形态。

平线是指当日收盘价、开盘价处于同一价位的 K 线形态。

需要说明的是，上述 3 种 K 线形式都是以当日价格涨跌为基准进行划分的，并未对比上一交易日的收盘价。阴线并不必然在价格上就低于上一交易日的收盘价，阳线并不一定在价格上就高于上一交易日的收盘价，平线并不必然意味着相比前一交易日价格无涨跌。

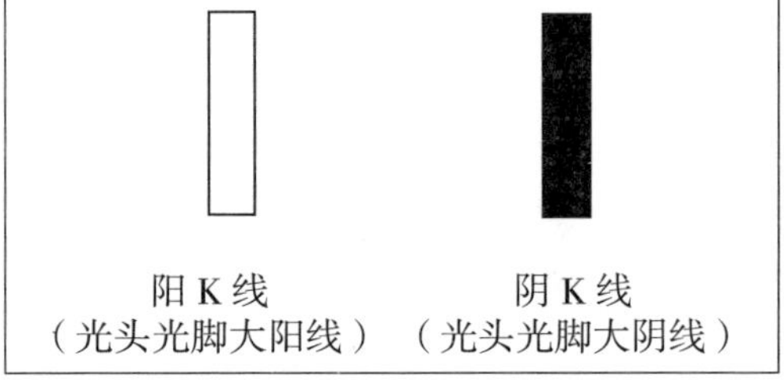

图 3–2

如图 3–3 中 A 点所示，当日为阴 K 线，但这个阴 K 线的收盘价仍旧高于前一交易日的收盘价，所以当日价格仍旧上涨超过 2%。

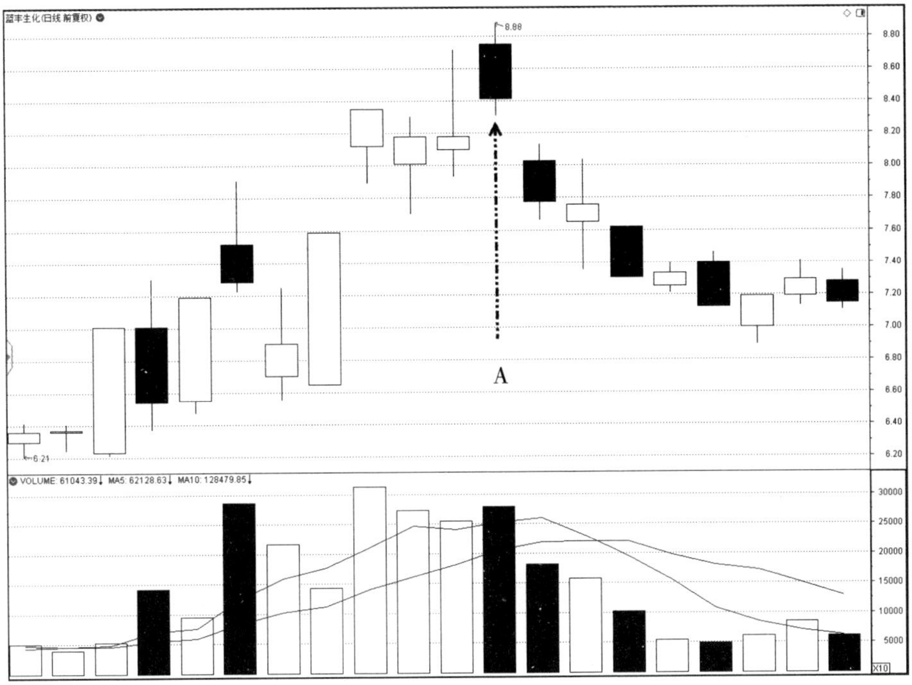

图 3–3

（二）从时间上划分

K 线可分为 1 分钟 K 线、5 分钟 K 线、10 分钟 K 线、15 分钟 K 线、30 分钟 K 线、60 分钟 K 线、日 K 线、周 K 线、月 K 线等。分钟 K 线反映的是股价超短期的走势，日 K 线反映的是股价中短期的走势，周 K 线、月 K 线反映的是股价中长期的走势。

1. 分钟 K 线

分钟 K 线是指一根 K 线的时间单位为分钟，如 1 分钟 K 线、5 分钟 K 线、15 分钟 K 线、30 分钟 K 线、60 分钟 K 线等。

分钟 K 线的优越之处在于，将较长时间单位如日 K 线进行分解，能够较详细地了解到当日交易中的细节，有利于更好地分析判断主力运作的意图和轨迹。

分钟 K 线有其优越性，也有其缺憾处，正因为其细化了当日交易中的细节，反而可能使部分交易者囿于价格的细微波动，更容易受到不良心态的影响，随之做出错误的判断。

2. 日 K 线

日 K 线是指一根 K 线的时间单位为 1 个交易日，日 K 线是最为常用、也最为人们熟知的 K 线类别。日 K 线反映的是价格的中短期走势，在应用上较为广泛，对短线交易、波段交易甚或是中长线交易都有一定的参考和分析价值。但日 K 线也是最容易为主力所掌控、主力最乐于施展障眼法的 K 线类别。

3. 周 K 线、月 K 线

周 K 线、月 K 线是指一根 K 线的时间单位为 1 周或 1 个月，这两种 K 线主要用于价格的中长线分析。

周 K 线、月 K 线因其时间跨度较大，主力“做线”的难度和成本较高，所以相对日 K 线来说，出现骗线的概率较小，因而这两种 K 线具有相对稳定、真实的优点。但是，周 K 线、月 K 线的缺憾也是显而易见的，其对行情启动阶段的反应具有滞后性。

通常来说，周 K 线、月 K 线主要用于认定价格运行趋势，同时，利用相应均线的支撑或压制，可以对股价短期突破的真实性进行测试。

（三）从形态构成上划分

1. 大阳线

从形态上来说，大阳线是指开盘在最低价附近，收盘在最高价附近，实体较长的阳 K 线。如图 3-2 所示。

没有上下影线的大阳线，又称为光头光脚大阳线，这种类型显示多方具有压倒性优势。

具有上影线的大阳线，显示多方虽然强势，但仍旧遇到空方较大抛压或多方主动后撤。

具有下影线的大阳线，显示多方有一个由弱转强的过程，但这个下影线如果出现在尾盘，则可能意味着多方阵营并不稳固，后市存在变数。上下影线都有的大阳线，其意义与上述二者大同小异。

一些个股全天走势平淡无奇，尾盘突然拉升报收大阳线，这种具有偷袭性质的大阳线，多是受到消息面的影响或主力刻意操控，后期走势往往诡异多变。

2. 大阴线

大阴线是指开盘在最高价附近，收盘在最低价附近，实体较长的阴 K 线。如图 3-2 所示。

没有上下影线的大阴线，称为光头光脚大阴线，显示空方占据主导性地位。

具有上影线的大阴线，显示多方虽然出现过抵抗，但仍旧完败于空方强大抛压或是空方虚晃一枪制造的多头陷阱，意在最大程度地绞杀多方力量。

3. 中阳线、中阴线、小阴线、小阳线

K线实体部分的大小，显示的是多空双方所占优势的比例。

K线实体越大，则越能明确哪一方占据优势地位。相反，K线实体越小，则说明双方力量对比越接近或处于蛰伏阶段，隐藏实力，待机而动。

中阳线和中阴线，在K线图中具有趋向继续的意义，就像股票谚语中所说：空头不死，多头不止。

小阳线和小阴线，这两种K线表面上似乎显示多空双方势均力敌，处于胶着拉锯状态，但随着时间的推移，隐忍实力、有所准备的一方必然会露出狰狞面目，突然发起雷霆一击。

"物极必反"不仅表现在大阳线、大阴线上，也表现在小阳线、小阴线上。最强势和最弱势总是处于转化之中，强势走向极端，则必然转弱，反之亦然。阴阳循环相生，不熄不灭，市场就在阴阳相争中持续运行。

4. 十字线、一字线、T字线、倒T字线

十字线的开盘价、收盘价都在同一价位，盘中既出现过上涨，也出现过下跌，所以拥有上下影线。如图3-4所示。

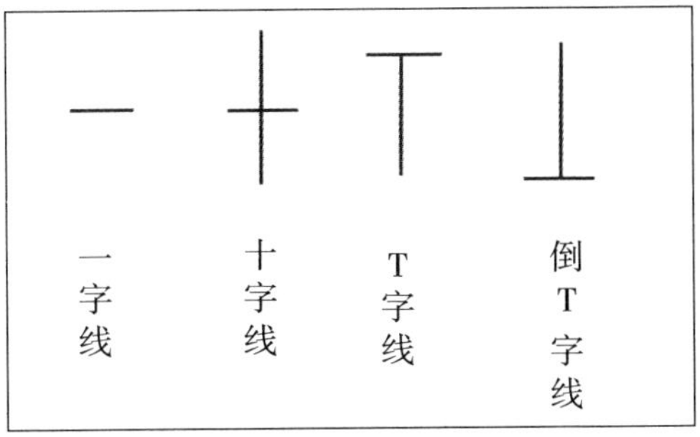

图3-4

如果开盘价和收盘价并不一致，但K线实体非常小，则称为十字星。

十字线和十字星相差很微小，所以技术意义基本相同。十字星如收盘价高于开盘价，则为阳十字星，收盘价低于开盘价则为阴十字星。

无论是十字线还是十字星，显示的技术含义都是多空双方都未能扩展自己的优势，局面更趋于平衡。

一字线的开盘价、收盘价、最高价、最低价都在同一价位，既不具有上影线和下影线，也不具有明显的实体。如图 3–4 所示。

一字线大多出现在开盘即涨停或开盘即跌停的极端走势上，代表多方或空方具有绝对主导地位。

T 字线是指开盘后价格出现下跌，但在收盘时价格重新回到开盘时的价位，开盘价和收盘价相同的 K 线形态。如图 3–4 所示。

倒 T 字线是指开盘后价格出现上涨，但在收盘时价格重新回到开盘时的价位，开盘价和收盘价相同的 K 线形态。如图 3–4 所示。

5. 锤头线、倒锤头线

锤头线是指开盘后价格出现下跌，但在收盘前价格重新回到开盘价上下的 K 线形态。收盘价高于开盘价的，为阳锤头线；收盘价低于开盘价的，为阴锤头线。部分锤头线有较短的上影线。如图 3–5 所示。

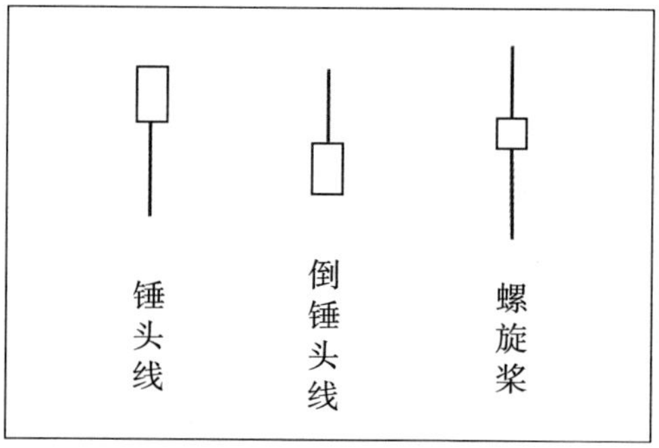

图 3–5

倒锤头线是指开盘后价格出现上涨，但在收盘前价格重新回到开盘价上下的 K 线形态。收盘价高于开盘价的，为阳倒锤头线；收盘价低于开盘价的，为阴倒锤头线。部分倒锤头线有较短的下影线。如图 3–5 所示。

6. 螺旋桨

螺旋桨是指同时具有较长的上下影线，实体部分呈小阳或小阴的 K 线形态。如图 3–5 所示。

较长的上下影线显示盘中多空争斗颇为激烈，双方在相对较大的价格空间内反复拉锯，但最终并未显现出某一方有明显的优势。

第二节　K 线买入形态

一、穿头破脚

穿头破脚是指一根中大阴线之后，第二根为大阳线，且将前一根中大阴线完全覆盖在自身的实体之内。如图 3-6 所示。穿头破脚显示出多方强劲的反攻势头，是强烈的多头买入提示信号。

在穿头破脚形态中，大阳线覆盖前一根阴线的幅度越大，则多方攻势越强烈，做多信号越明确。如果当天的 K 线实体能够覆盖前面好几天的 K 线，那么提示信号更为强烈。

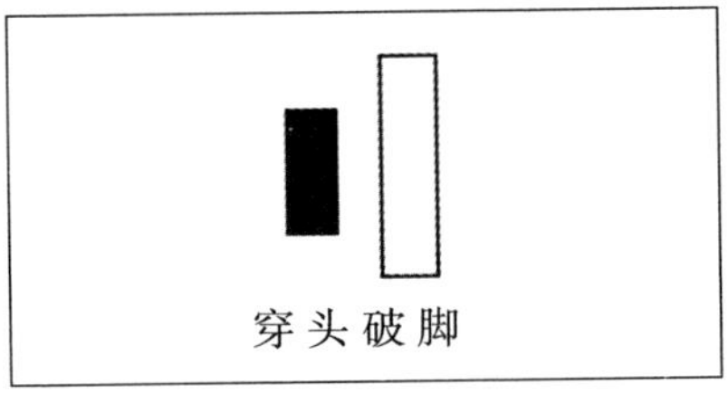

图 3-6

判断穿头破脚的技术要点如下。

（1）下跌趋向已维持较长时间，或具有相对较大跌幅。

（2）第二根大阳线低开高收，将第一根阴线完全覆盖。

（3）第二根大阳线的成交量呈温和放量的态势。

如图 3-7 中 A 区域所示，一根中阴线之后，次一交易日股价却低开高走报收大阳线，将前一根阴线完全覆盖，构成穿头破脚组合，多头由此展开一波向上的攻势。

形成穿头破脚组合时，多方的反攻具有一定的突然性。原本处于下跌趋向中，但主力资金突然发力改变原有运行格局，因此不会有太多的市场资金大规模参与，组合出现当天的成交量一般不会过大。

温和放量是穿头破脚形态第二根大阳线理想的放量形式。如果是巨量或阶段性大成交量，则后面出现调整或走成失败型的几率比较大。

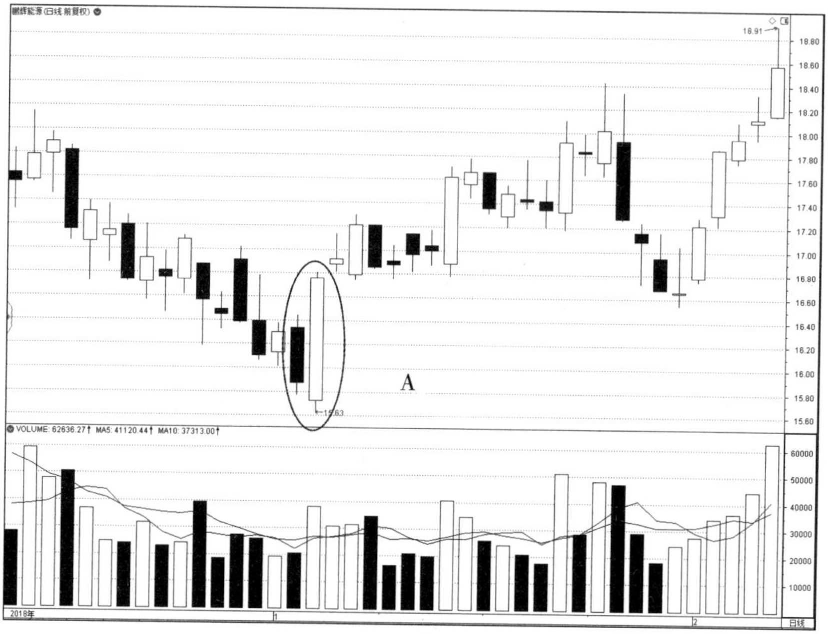

图 3-7

二、跳低回收

跳低回收是指股价反弹过程中突然大幅低开，但收盘时不但收复失地，而且有一定涨幅。如图 3-8 所示。跳低回收是反弹持续的买入提示信号。

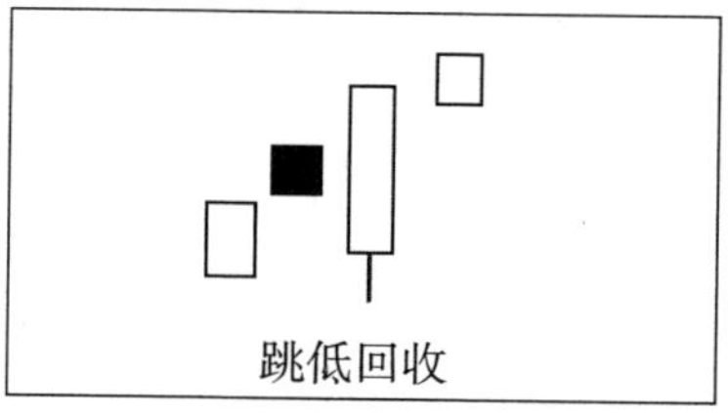

图 3-8

经过大幅下跌后，多头主力重拾升势之初，K 线大幅、反复震荡是难免的。在这个阶段，刻意低开或借助利空大幅低开，都是常见的震荡做盘手法，毕竟低点的筹码是珍贵资源。让散户在低点卖出“带血的筹码”，也体现了主力“吸血鬼”的本色。

判断跳低回收的技术要点如下。

（1）经过大跌后，出现在底部构筑阶段或上涨趋向的初期。

（2）跳低回收后应能延续温和增量上涨。

跳低回收是一种比较“狠”的震仓手法。除非是“死猪不怕开水烫”的锁仓者，低点买入的交易者大多禁不住主力的这种“折腾”，他们往往会选择出局，毕竟反弹并未完全展开，谁也不敢肯定跌势不会重来。

如图 3–9 中所示，股价回升过程中，A 区域股价突然大幅低开，低开后下探的最低点几乎覆盖了前面三根 K 线的实体。

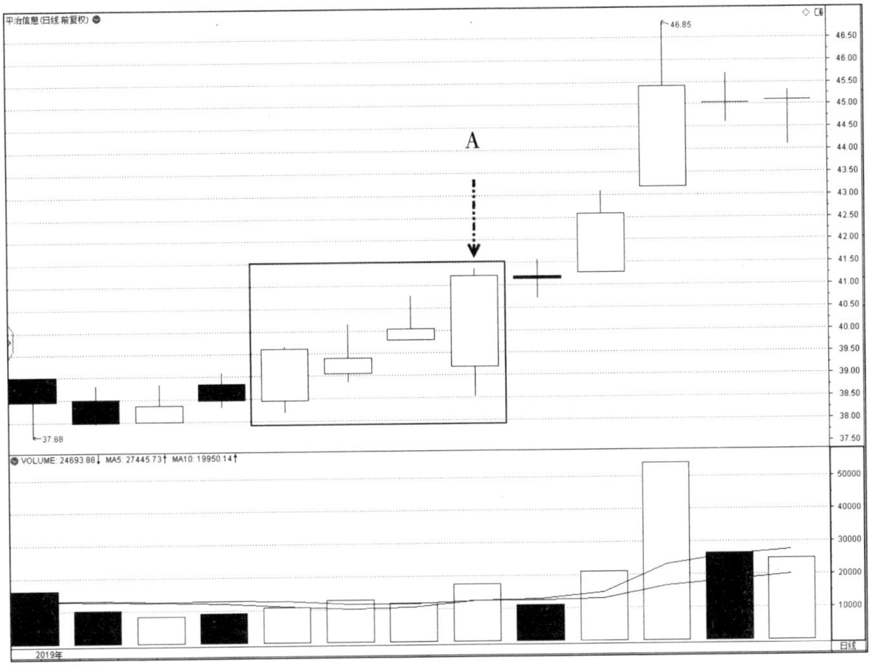

图 3–9

跳低回收当天的成交量一般不会过高，因为真正的低点没有多少敢买入的。敢于抄底的本来就是少数，所以被震仓震出去的也就没多少。前期被套的，在这个阶段通常还在装死，因为价格反弹的不够高，所以很少有人会选择这时卖出。

交易者如果在图 3–9 中 A 区域之前已经买入该股，A 区域出现跳低回收走势时，就是测试个人短线水平的时候。

如果在恐慌情绪控制下清仓离场，那么至少说明不适合在市场恶劣环境下进行短线操作。

在股价出乎意料地出现急跌时，敢于和善于选择时机买进，是短线交易者的基本功。这个操作不能建立在盲目好动的基础上，而是有计划的、狙击恐慌杀跌的一种操作手法。当然，在大部分市场环境下，这样的交易者都可以生存。

可能有人会问：如果买入后股价继续下跌怎么办？对于技术操作者来说，在市场环境恶劣的阶段，仓位永远都处于流动的状态，做 T+0 或认错出局都是常规性的应对方法。如果你无法认同这一点，还是尽量避免短线交易。

三、曙光初现

曙光初现是指一根中大阴线后，第二根低开高走的中大阳线侵入前根中大阴线实体之内。如果将跌势或阴线比喻成黑夜，那么一根多头强力反攻的中大阳线，就像黎明过后天边隐隐显现的曙光，故名曙光初现。如图 3-10 所示。

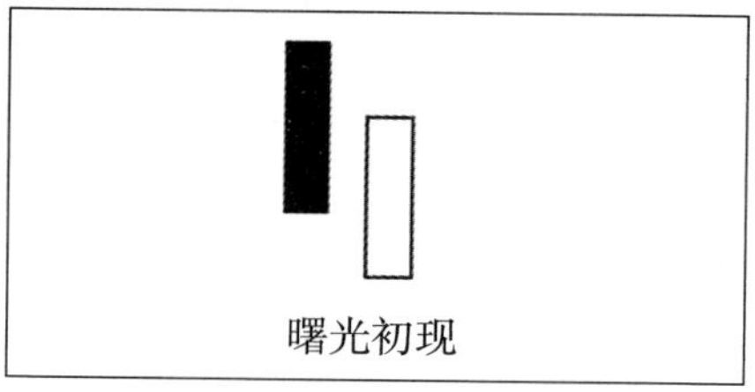

图 3-10

判断曙光初现的技术要点如下。

（1）下跌趋向已维持较长时间，或具有相对较大跌幅。

（2）中大阳线侵入前根中大阴线实体的比例越大，多头买入提示信号越强烈。

曙光初现的多头信号提示强度低于穿头破脚。这个组合成型于跌势之中，具有一定的突然性，同时也因为其未能覆盖前一根阴线，盘面上多头发起反攻的力度不如穿头破脚。

需要注意的是，出现曙光初现组合后，如果价格继续升势，那么成交量必须有一个增量的过程，否则极有可能走出失败形态。如图 3-11 所示，A 区域出现曙光初现组合后，股价呈盘升态势，成交量随之不断放大。

四、红三兵

红三兵是指连续三根上涨的小阳线，每天都创价格新高但并无跳空缺口（包括盘中回补）。如图 3-12 所示。三根上涨的小阳线就像战斗中的尖兵，在悄无声息中拉开多头进攻的序幕。

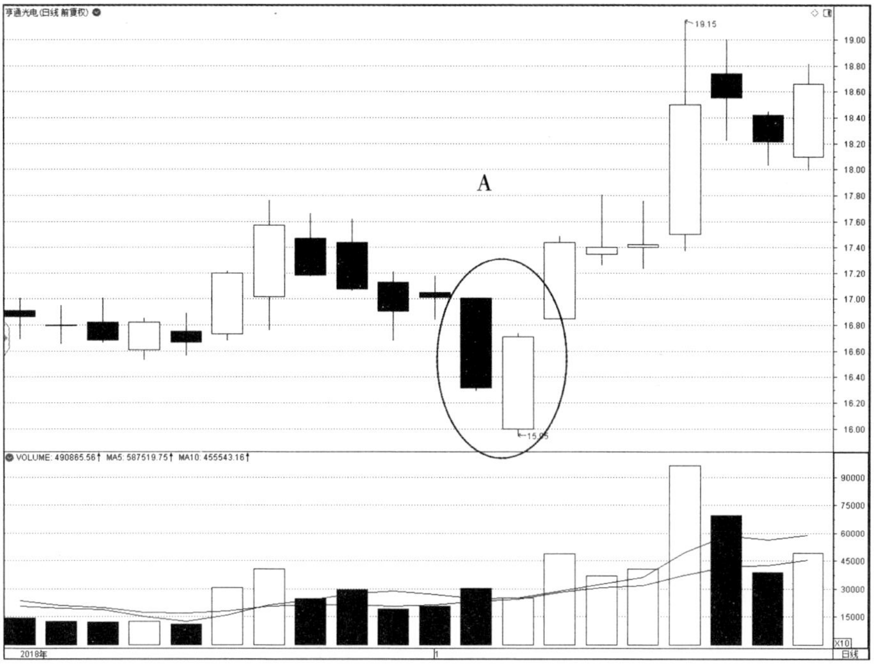

图 3–11

判断红三兵的技术要点如下。

（1）出现在大跌之后的底部区域或盘整区域。

（2）三根小阳线依附向上的 5 日线上升，成交量同步依次放大。

（3）短中期均线系统应为多头排列。

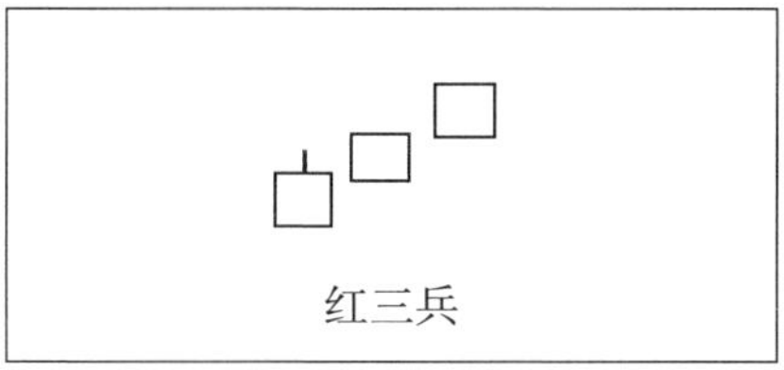

图 3–12

之所以强调红三兵组合和短中期均线系统的配合，原因在于避免骗线。下跌过程中也会出现连续三阳线或多阳线，但多数表现为弱反弹过程，随时可能转升为跌。而在站稳短中期均线系统后，在量能的配合下，红三兵组合往往能够带来一波升势。

在底部区域或盘整阶段出现红三兵，意味着蛰伏多日的多方已蠢蠢欲动。同时可以观察在股价下跌过程中和红三兵出现后，成交量是否存在一个逐步缓慢缩减到温和放大的现象。如果存在这种现象，那么随着股价继续延续升势，量能渐次增大，趋向的扭转就会逐渐显现出来。红三兵形态出现在长期、大幅下跌趋势运行的末期，其提示见底的可信度较高，在下跌中段出现时，则往往会成为下跌中继形态。

五、漫漫小阳线

漫漫小阳线是指经过大幅下跌后，在相对低位区域连续出现多根小阳线。如图 3-13 所示。和低位小阴价不跌组合一样，漫漫小阳线组合也多出现在中大盘股票上，但提示多头信号的强度高于低位小阴价不跌组合。

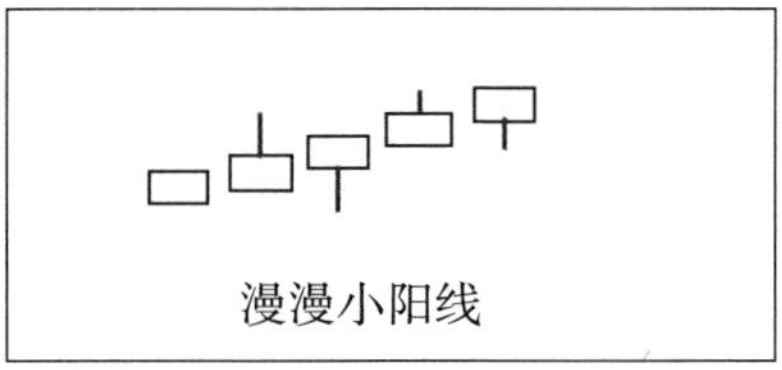

图 3-13

判断漫漫小阳线的技术要点如下。

（1）出现在经过大跌后上涨趋向形成的初期。

（2）多根小阳线呈缓慢、小角度向上的运行态势，成交量同步温和增加。

漫漫小阳线因其量价均缓慢向上运行，并没有量价骤增暴涨的现象，往往不为市场关注。同时，连续小阳线上下振幅有限，买点和卖点不易选择，因此追涨资金并不踊跃，主力因此得以吸足筹码并蓄势待发。

这种 K 线组合显示多方正在构建底部，积蓄上涨动能。漫漫小阳线如出现在股价相对高位区域，极有可能是主力制造的多头陷阱，往往小阳线连涨数十天，却抵不上一根大阴的下跌幅度。

如图 3-14 中所示，该股跌势完结后，于 A 点出现连续的小阳线，形成小角度向上爬升的态势。漫漫小阳线组合的个股，并不适合性格急躁的交易者，连续多日的小幅度震荡和爬升，基本会让短线客耐不住寂寞而离场，他们很难获得较好的收益。这类个股比较适合波段交易者，介入时应遵循低吸的原则，避免追涨。

虽然漫漫小阳线组合走势缓慢，上升角度相对较小，但并不意味着中间不会出现挖坑。例如，图 3–14 中 A 区域之后就出现一个回档或称挖坑的低点。如果交易者在这种图形个股上追涨，高点介入遭遇挖坑，则在判断上容易出现错误。

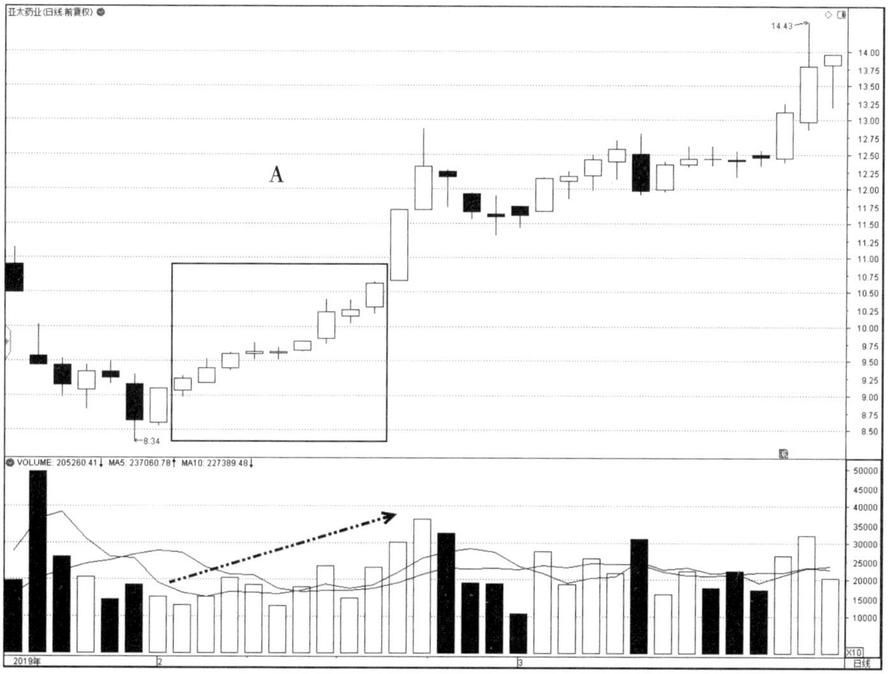

图 3–14

第三节　K 线卖出形态

一、穿头破脚

穿头破脚是指第一根 K 线为中大阳线，第二根为大阴线，且将前一根阳线完全覆盖在自身的实体之内。如图 3–15 所示。

穿头破脚组合发出股价转折的卖出信号极为强烈，对于多头具有极大的杀伤力。

这种空头组合有一定的迷惑性。比如，第二根大阴线的高开颇具欺骗性，让交易者认为股价正在延续前一日涨升的势头。这就让看盘经验欠缺的新手，很难在极短的时间内发现价格存在滞涨等不利因素，因此不会迅速卖出，等到穿头破脚组合完全成型时，价格上的损失已经非常可观。

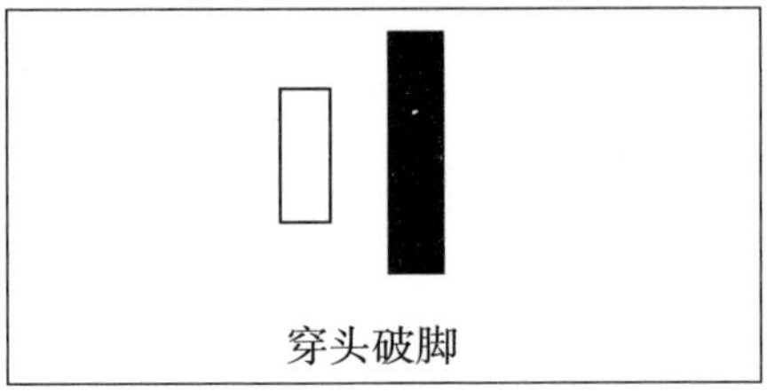

图 3-15

穿头破脚这种 K 线组合在价格长期底部区域出现，或有主力制造骗线的可能，但在价格高位出现，则代表资金疯狂兑现，大肆出逃。如果穿头破脚形成当天成交量巨大，则见到重要顶部的几率极高。

判断穿头破脚的技术要点如下。

（1）上涨趋向已维持较长时间，或具有相对较大的涨幅。

（2）第二根阴线的开盘价和收盘价，完全覆盖第一根阳线的开盘价与收盘价。

（3）第二根阴线的实体越大，趋向发生扭转的信号越强烈。

（4）第二根阴线的成交量较大。

出现穿头破脚后，趋向扭转是大概率事件，所以当日未能减仓或做空的交易者，可以在之后的交易日择机操作。

如图 3-16 所示，股价连续大幅涨升后，至 A 区域再次报收涨停板（A 区域第一根阳线）。次日股价高开后冲高回落，随着抛盘的不断增加，最终报收大阴线，并将第一根阳线完全覆盖。这根大阴线的最高价触及涨停板，最低价也就是收盘价封住跌停板，当天成交量也创出阶段新高。

二、揉搓线

揉搓线是由一根 T 字线和一根倒 T 字线组成。如图 3-17 所示。两根 K 线的下影线和上影线，说明价格经历过相对激烈的上下颠簸，持仓者的心态接连不断地受到来自多空两个方面的揉搓。

判断揉搓线的技术要点如下。

（1）上涨趋向已维持较长时间，或具有相对较大的涨幅。

（2）两根 T 字线的影线越长，其空头信号强度越高。

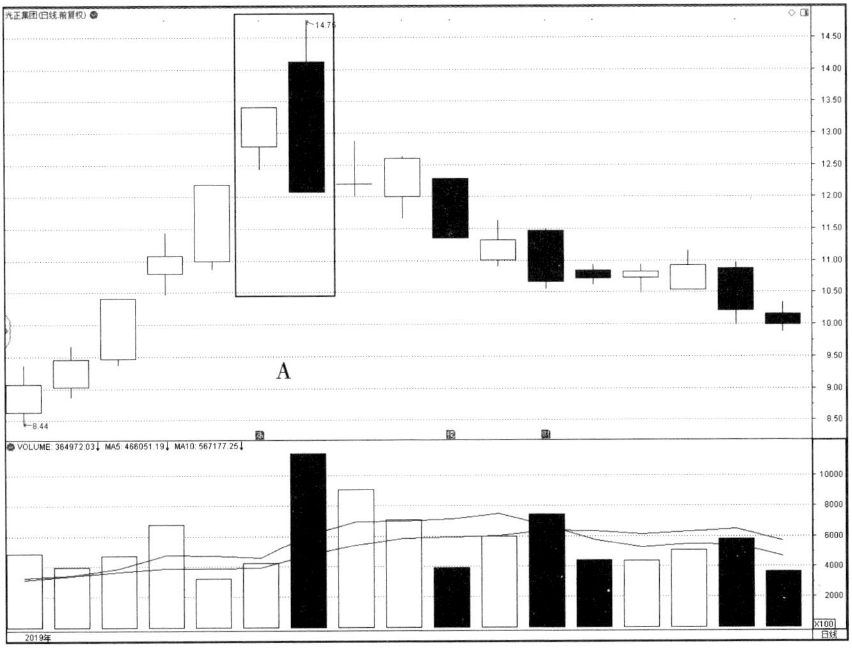

图 3-16

标准形态的揉搓线并不常见，但一旦出现，其准确性较高。揉搓线的变形形态主要有以下两种。

（1）不是标准的 T 字线或倒 T 字线，有较短小的上影线或下影线，或略有实体存在。

（2）T 字线或倒 T 字线的上下影线相对较短，这种揉搓线在涨升途中出现较多，通常不具有较强的做空信号，多为盘整形态。

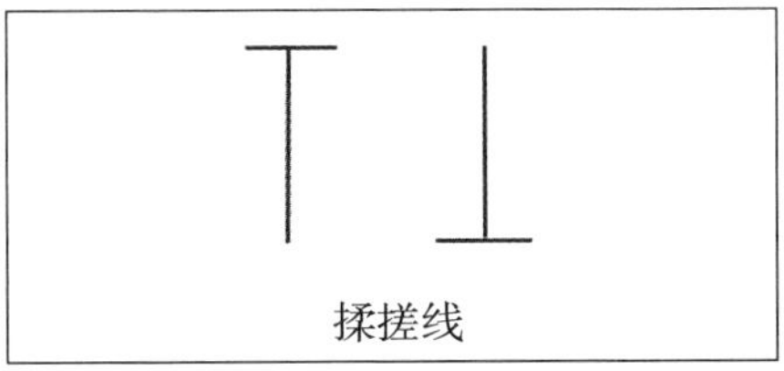

图 3-17

标准揉搓线的上下影线都很长，因为只有经过相对较大幅度的上下震荡，才能达到主力控盘的目的：第一根 T 字线代表价格有一个先下后上的过程，部分持仓者会为没在下跌时卖出而庆幸，“看看，又涨回来了吧，就知道是主力洗盘”。卖出者看到价格最终转跌为升会很沮丧，部分激进的交易者会选择尾盘追回或第二天买回来。

当出现第二根倒T字线时，无论是继续持仓还是追高被套的人都不会太惊慌，因为大部分人仍会认为主力在洗盘或仅仅是突破时遇到压制，“收回来的拳头，打出去才会有力量”，人们总会找到类似的话来自我安慰。在大幅涨升之后的价格高位，出现上下影线都很长的揉搓线，预示着一波涨势接近终点。

三、倾盆大雨

倾盆大雨是指一根中大阳线后，第二根K线低开低走，且收盘价明显低于前一根中大阳线的开盘价。倾盆大雨与穿头破脚相比，其提示的卖出信号强度相差无几。如图3-18所示。

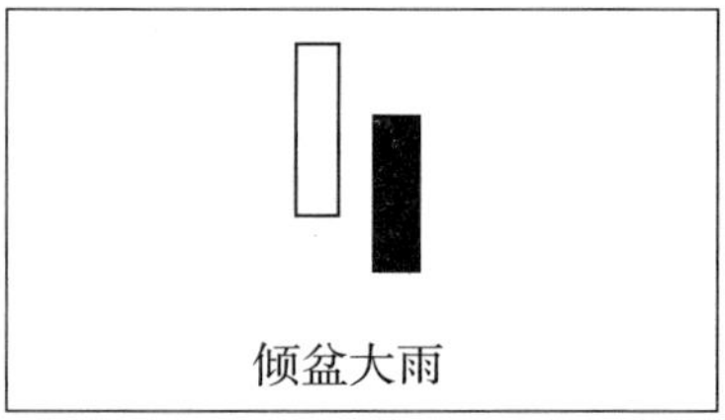

图3-18

判断倾盆大雨的技术要点如下。

（1）上涨趋向已维持较长时间，或具有相对较大的涨幅。

（2）两根K线的实体越大，则空头信号越强烈。

（3）第二根阴线收盘价低于第一根中大阳线开盘价越多，则其空头信号越强烈。

如图3-19中A区域所示，第一根阳线以涨停板报收，次日却大幅低开低走，最终报收跌停大阴线。

图中该股出现倾盆大雨形态后，股价并未立即展开大幅下跌，而是在倾盆大雨形态下方徘徊多日，随后才进入到跌势之中。这种看起来较为纠结的走势，其实是主力为多出一些货、多套一些人刻意营造的“明天还会继续反弹”的假象。

对于倾盆大雨这种类型的K线组合，要充分认识到其具有的极为凶悍的杀伤力，价格高位出现这类K线组合，短线持仓者不应抱有幻想，及时减仓是较佳选择。出现倾盆大雨后，即使不是最终趋势的拐点，也大多会引发一波较大幅度的回落。

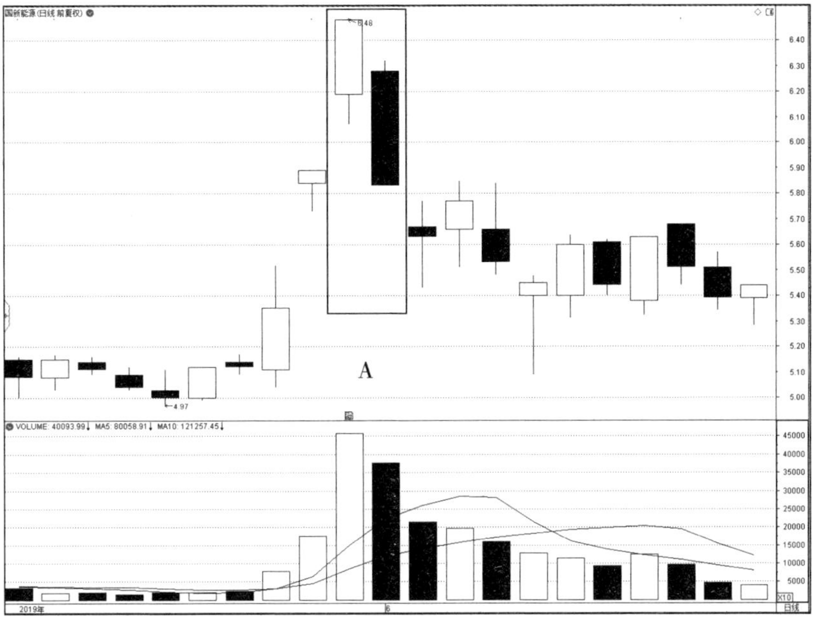

图 3-19

四、跳高出逃

跳高出逃是指在下跌初中期，连续的小阴线、小阳线后，突然出现一根高开低走的中大阴线，之后价格仍旧恢复原有的运行节奏和状态。如图 3-20 所示。顾名思义，跳高出逃是主力资金借助突然性的高开来迷惑和吸引市场追涨资金，以达到自己减仓的目的。

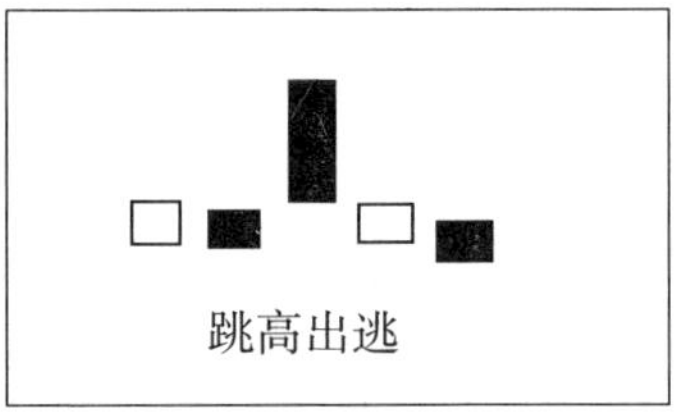

图 3-20

判断跳高出逃的技术要点如下。

（1）经过连续上涨后，价格转入跌势的初中期。

（2）高开低走中大阴线之前和之后的 K 线，多以小阴线、小阳线为主。

（3）高开低走的中大阴线高开幅度较为明显。

（4）高开低走的中大阴线具有相对较大的成交量。

跳高出逃这种K线组合多出现在跌势初期阶段，因为这个阶段跌势尚不明显，空头并没有显示出占据绝对的主导地位，市场各方对于后期走势仍旧存有不同的看法。所以，选择这个阶段以高开的方式来完成减仓任务，对于主力来说相对容易达到目的。

跳高出逃具有较大的隐蔽性和迷惑性，主力采用这种手法来减仓，不仅不会引起恐慌，有时还会勾起人们对市场的无限遐想。

五、三只乌鸦

三只乌鸦是指一根中大阳线之后，连续出现三根阴线，每根阴线高开低收，或虽未高开但有较长上影线，最终三根阴线几乎或已经将第一根大阳线全部覆盖。如图3-21所示。

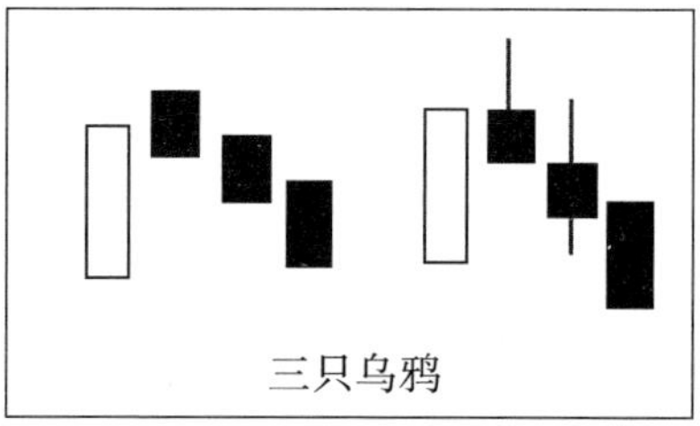

图3-21

判断三只乌鸦的技术要点如下。

（1）上涨趋向已维持较长时间，或具有相对较大的涨幅。

（2）三根阴线每一根都是高开低收，或虽未高开但有较长上影线。

（3）三根阴线整体几乎或已经覆盖第一根中大阳线的开盘价。

三只乌鸦的形态颇具迷惑性，每一根高开低走的阴线或其较长的上影线，最初都会给交易者“今天开始大涨”的感觉，但每天都会以交易者的失望告终。

因为高开的缘故，单根阴线虽然实体不小，但股价跌幅并不太大，所以不会引起太大的恐慌。但三天累计下来，持仓者会发现第一根中大阳线带来的涨幅几乎被蚕食殆尽。

到了这时，持仓者往往更不愿意减仓。“赚了都没卖，不赚或亏了更不卖，等赚了再说”，这是最为常见的交易心理误区，殊不知真正的大跌此刻才刚刚崭露头角。

如图 3-22 中 A 区域所示，一根带上影线的大阳线过后，连续出现三根高开低走的阴线，最后一根阴线的最低点已跌破大阳线的开盘价。

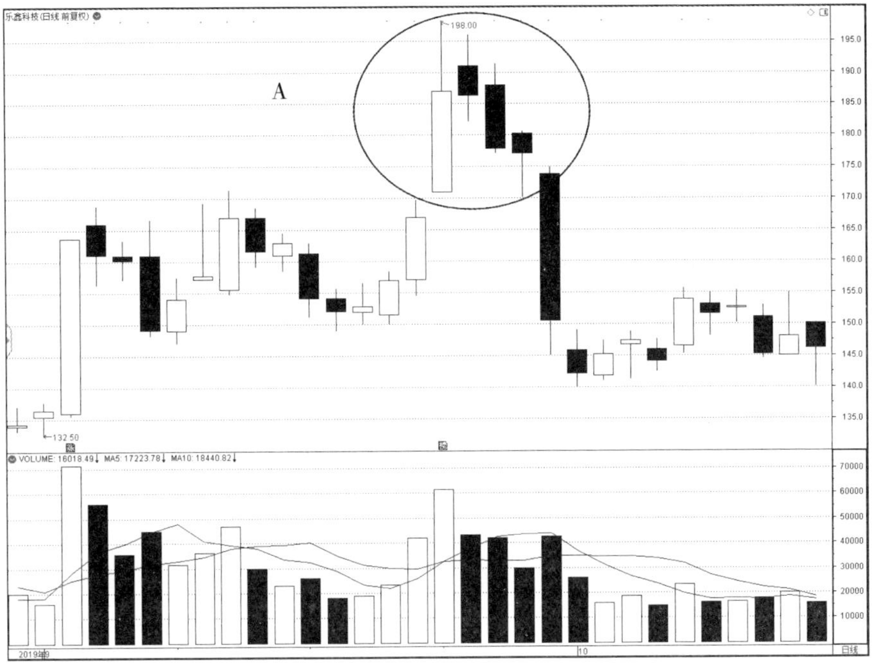

图 3-22

这种形态组合比较难以判断，交易者往往会错失在犹豫之中。对于经过长期或大幅上涨的个股，一旦出现这种形态，交易者不妨先减掉部分仓位，以防股价转折带来风险。

第四节　K 线底部形态及买点

一、尖底的特征及买点

尖底是指在下跌趋势中，价格以陡峭的角度向下快速跌落，达到某一低点后又突然逆转而上，以相似的速度和角度开始上升。因价格由急跌迅速转化为急升，运行角度像英文字母“V”，所以也称为 V 型底。如图 3-23 所示。

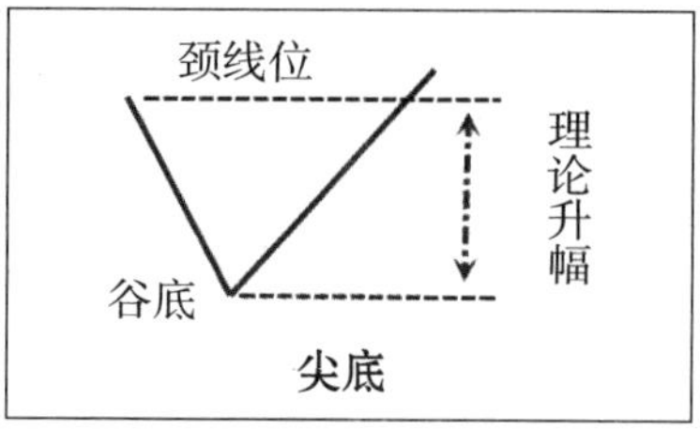

图 3-23

理论上认为，尖底成立后的基本升幅，可能不会小于尖底起点和谷底之间的距离。

尖底的起点是指最后一波急跌开始时的价位，这个价位也被称为颈线位。当价格突破颈线位并能够再续升势时，即认为尖底底部成立。

如图 3-24 所示，该股在一波快速下跌过后，股价反弹出现迅速上涨，突破颈线位后股价继续升势。

尖底是价格的一次快速探底过程，时间大多极为短促，价格从跌到涨转换较为迅捷。通常来说，形成尖底的过程中不会出现明显的盘整，但颈线位上下会遇到阻力，这时就是验证尖底是否成立的关键时刻。

在尖底的整个构筑过程中，价格下探的这个部分，成交量一般都呈现缩量的态势，而在由跌转涨的过程中，成交量会出现温和放量的现象。有些个股在突破颈线位后，会出现回抽确认支撑的动作，这时的成交量可适度缩小，但要比下跌阶段的量能大。

突破颈线位后的升势中，成交量不能出现持续缩减的状态，否则很可能走出尖底的失败形态，也就是多头陷阱。

二、双底的特征及买点

双底是指价格下跌到某一低点后转为上升，升至一定高位时再度出现下跌，这次下跌在前低点附近止跌企稳，随后价格又转为上升并突破最近高点（颈线位），回抽颈线位确认得到支撑并证明突破有效，双底成立。双底也称为 W 底。如图 3-25 所示。

双底形态中，两个谷底之间的弹升高点被称为颈线位。当价格突破颈线位后得到支撑则突破有效，即认为价格底部成立。

双底的理论升幅测量，为颈线位至两个谷底平均值之间的距离。理论上认为，双底成立后的基本升幅，可能不会小于这个距离。双底的两个低点并不一

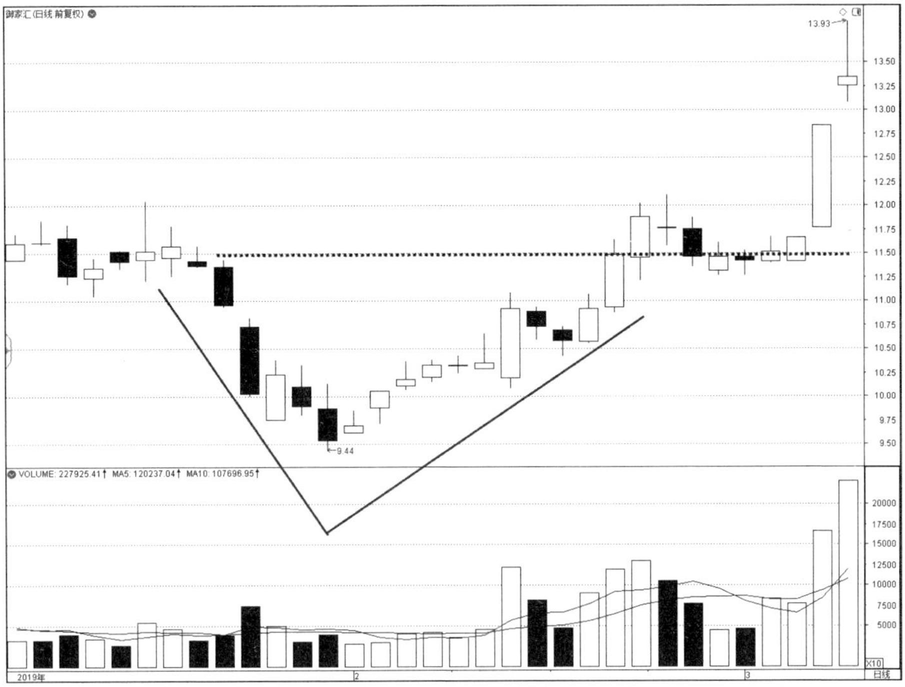

图 3-24

定都在同一价位上，测量升幅时可取其平均值。

底部形态构筑的复杂程度、时间周期以及形态出现的位置，与其之后的涨幅和上涨持续时间具有重要的关联。

一个构筑时间长、构筑过程复杂、在长时间或大幅下跌之后出现的底部形态，一旦有效突破颈线位，其迎来的可能就是趋势上的扭转。

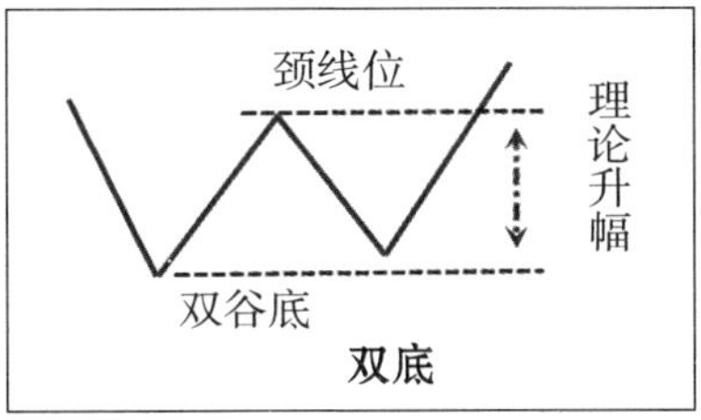

图 3-25

如图 3-26 所示，该股在长期跌势之后开始构筑双底形态，两底之间时长超过半年，之后股价突破颈线位，走出趋势反转的上涨行情。

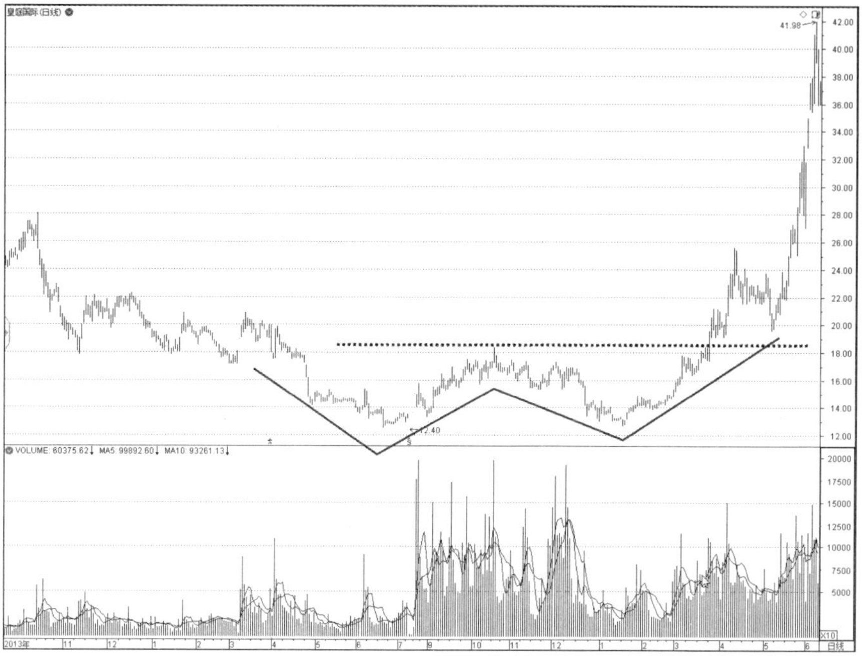

图 3-26

在股价超跌后，短期内构筑的简单底部形态，其升幅和上升持续时间可能就不会太理想。同时，对于这种底部形态，还需要防备主力制造多头陷阱（即假突破）等带来的风险。但若股价前期经过长期或大幅下跌，则仍有可能走出反转形态。

在双底构筑过程中，其第一个低点（左侧底）的成交量，通常不会有明显的变化或有零散放量，但整体上还是处在下跌阶段的常量状态。

当价格开始弹升并构筑颈线位时，成交量呈现温和聚量。之后价格再次回落（右侧底）时，成交量随之缩小，但仍大于下跌阶段的常量。价格再次上升并突破颈线位时，这里的成交量应该是最大的，并呈现明显的聚量状态。

整个双底构筑过程中，成交量是由低到高分布的，这种分布方式符合量价关系的同时，也能够显示出资金的回归路径。

三、三重底的特征及买点

三重底是指价格下跌到一定低点后出现上升，随后价格又转而下跌，跌至前低点上下时再次回升，这次回升到前高点附近时又一次下跌，价格跌至前两次低点附近时，最强烈的升势开始，股价突破前两次形成的高点平均值（颈线位），在颈线位之上得到支撑，则三重底成立。如图 3-27 所示。

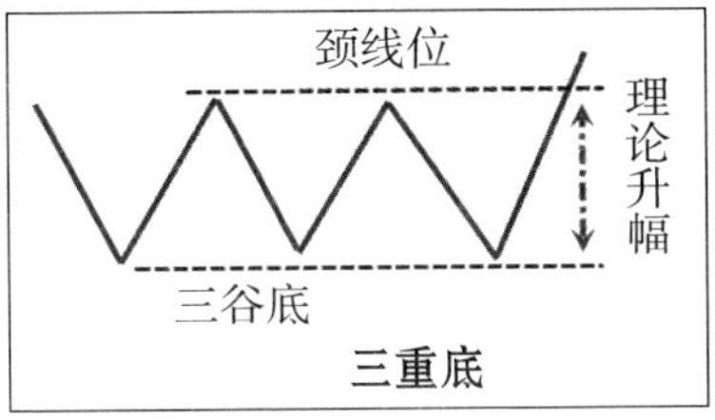

图 3-27

三重底的理论涨幅测量，为三次下跌低点平均值至两次上升高点平均值之间的距离。理论上认为，三重底成立后的基本涨幅，可能不会小于这个距离。两次上升高点平均值被称为颈线位。实战中，在形态构筑上，三重底具有多种多样的变形，远不如图 3-27 中那样容易辨别。

从形态构成上分析，三重底比双底更为可靠，其蕴含的做多意义更强烈，但对持仓者来说所受的折磨也更多。二者很相似，只是三重底多了一次回落和上升的过程。不要小看这个过程，多一次下跌和回升，意味着对交易者的心理又多了一次野蛮的蹂躏，很可能会成为压垮骆驼的最后那根稻草。

不少持仓者可能承受住了前两次的价格大幅波动，却会在最后一次下跌中抵抗不住心理压力，有的还会在最后一次下跌完成后的价格回升途中清空仓位或反手做空。个中原因出在心理上，价格虽然回升，但持仓者的心理并不能同步，空头阴影仍旧厚重，很多投资者心里会有个声音一直在说："不借着反弹卖个好价，难道等着股价再回来！"

如图 3-28 所示，该股股价急跌过后出现反弹，反弹高点在尖底颈线位上，但股价未能继续升势。尖底构筑失败后，股价下跌但未创下新低就再次上涨，这为市场点燃了构筑双底的希望之火。

然而，市场普遍期望的，往往都不会成为现实。随后股价再一次下跌，这次下跌是失望和恐惧相互汇聚的过程，多数人会选择在此时离开。图中小圆圈标示处可以看到一根带极长下影线的锤头线，这是该股启动上升行情前的最后一个低点。这个长下影锤头线形成的低点必然是血淋淋的，长长的下影线可以看成是屠杀散户的尖刀。

三重底的第三次上升突破颈线位时（见图中大圆圈标示处），股价在颈线位上下的大幅波动，必然会使交易者的心理再受煎熬，能够持仓不动的怕是少数，这也是少数人能够赚大钱的原因。

图中大圆圈标示处，股价突破颈线位时的成交量，是构筑底部结构以来最集中、聚量最明显的地方，这种量价关系是突破形态的最佳配合。

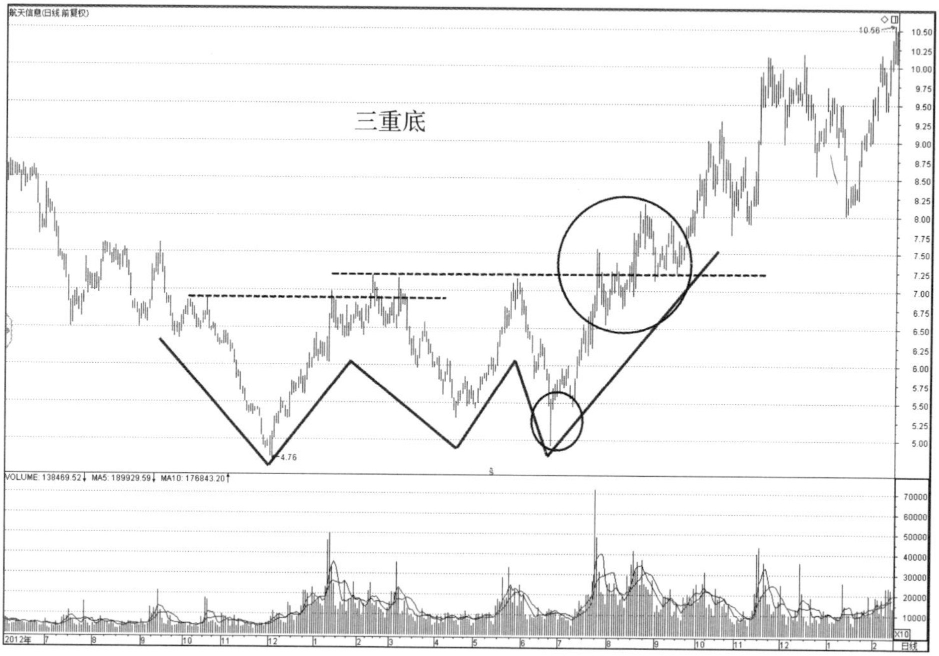

图 3-28

四、头肩底的特征及买点

头肩底是指价格下跌到一定低点后出现上升，随后又转为下跌，并跌破前低点创出价格新低，之后开始回升，至前高点附近时价格又一次下跌。但这次下跌并未刷新价格低点就开始回升，并突破前两次回升形成的高点平均值（颈线位），回抽确认在颈线位之上得到支撑后，头肩底成立。如图 3-29 所示。

头肩底的理论升幅，为两次回升高点平均值和头部低点之间的距离。理论上认为，头肩底成立后的基本升幅，可能不会小于这个距离。两次回升高点平均值被称为颈线位。

头肩底是较为复杂的底部形态，所以一旦构筑成功，其未来的升幅往往会超过理论幅度。头肩底形态具有不同的时间周期，不同时间周期的同一形态，未来价格的表现会有较大不同。

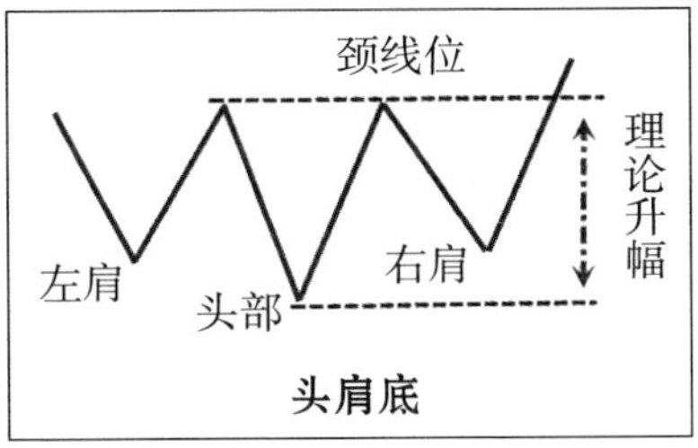

图 3-29

图 3-30 展示的是一个构筑时间周期相对适中的头肩底形态，这个形态的构筑和确认过程极其复杂。从图中可见，该股突破颈线位后，出现一波急速涨升，似乎一切顺风顺水，持仓的交易者可能认为后市无忧。

但是该股突破颈线位后的急升幅度，基本达到理论升幅后便发生转折，这种走势无疑会使持仓者认为该股升势已经终结，多会选择卖出。

之后，该股股价回落到颈线位之上，开始出现反复折返，让交易者对后市走势琢磨不透。持仓者会动摇持仓信心，观望者会逐渐失去兴趣。

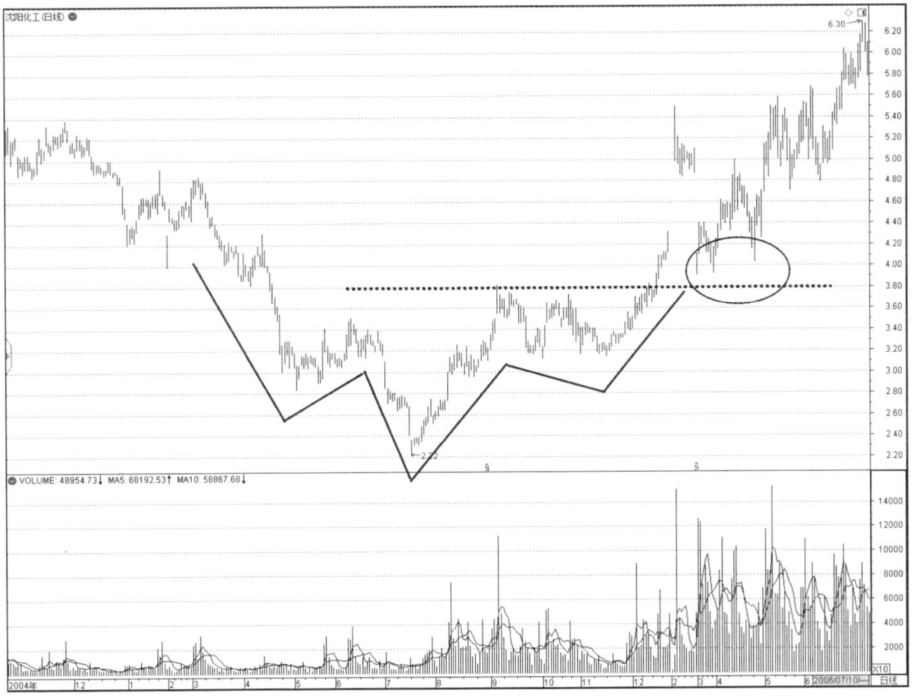

图 3-30

该股大幅度的震荡，其实只是在确认突破颈线位的有效性，或者说测试颈线位的支撑力度。整个底部形态构筑得是否足够扎实，决定着之后的上升高度。底部形态的构筑过程中，震荡幅度越大，次数越多，未来的升幅通常就越大。

从主力操作角度来说，股价在相对低位的凶狠震荡非常有益于筹码的集中。在价格进入拉升期之前，打击持有者的信心，不断垫高参与者的持仓成本，会使主力今后的日子比较好过。

当一个底部形态获得突破之后，筹码往往具有一定的集中度，这时的震荡不仅仅是为了提升筹码的集中度，还有其他方面的需要。比如，主力通过大幅震荡来降低自身成本，增加个股的活跃度，测试和消化上方压力盘，等等。脱离底部形态后，股价的震荡次数会减少，升速会加快。

头肩底形态的成交量分布，和其他底部形态很相似，即成交量通常是由低到高的方式分布。在一个构筑时间周期较长的头肩底形态中，左肩和头部的成交量可以略有放大或基本呈下跌期间的常量态势。但在价格突破颈线位时，必须有成交量明显放量和聚量的过程。如图 3–30 所示。

如果股价在颈线位上下震荡时，成交量仍旧不温不火地处于前期低量态势，那么就要注意可能会出现形态上的假突破。

五、圆弧底的特征及买点

圆弧底是指价格下跌和之后的上升，构成了一个弧顶在下的圆弧形状。如图 3–31 所示。

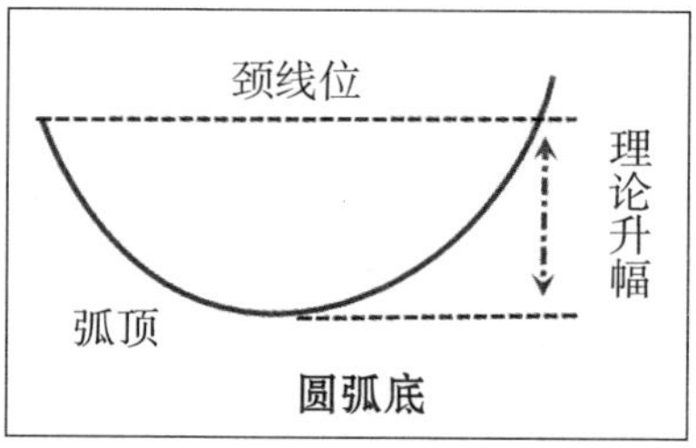

图 3–31

圆弧底理论上的升幅测量，即起点和弧顶之间的距离。理论上认为，圆弧底成立后的基本升幅，可能不会小于起点和弧顶之间的距离。圆弧底的起点是指最后一波下跌开始时的价位，这个价位被称为颈线位。

实战中的圆弧底，不一定是标准的半圆形，但在分析和观察其价格运行重心时，会发现呈圆弧形状。圆弧底的构筑过程一波三折，弧顶区域的 K 线形态多为小阴小阳，最低点不一定就会出现在弧顶。

实战中，股价以下弧线角度下跌时，不要做任何猜底、赌底的交易行为，未能从跌势中恢复过来的股价，会将一切多头碾得粉碎。同样，股价呈上弧线上涨的态势时，也不可轻易选择卖出。

时间周期较短的圆弧底，其下跌和弧顶震荡时间都较短，持仓者可能相对容易承受。在一些时间周期较长的圆弧底构筑过程中，则很少有人能够持仓坚持到上弧线阶段的到来。

过早在下弧线和弧顶区域介入的交易者肯定较为煎熬，面对无休止的下跌过程，很难守住仓位。即使在波动中艰难地反复做 T+0 交易，过长的做底时间也会使其怀疑股价是不是还有美好的未来。

如图 3-32 所示，该股在构筑圆弧底的过程中，下弧线阶段是绵绵不绝的下跌，买入的交易者很难能够坚守。对于这种圆弧底形态，交易者可以选择在颈线位突破之后介入做多，或者至少要等到股价走出上弧线阶段。

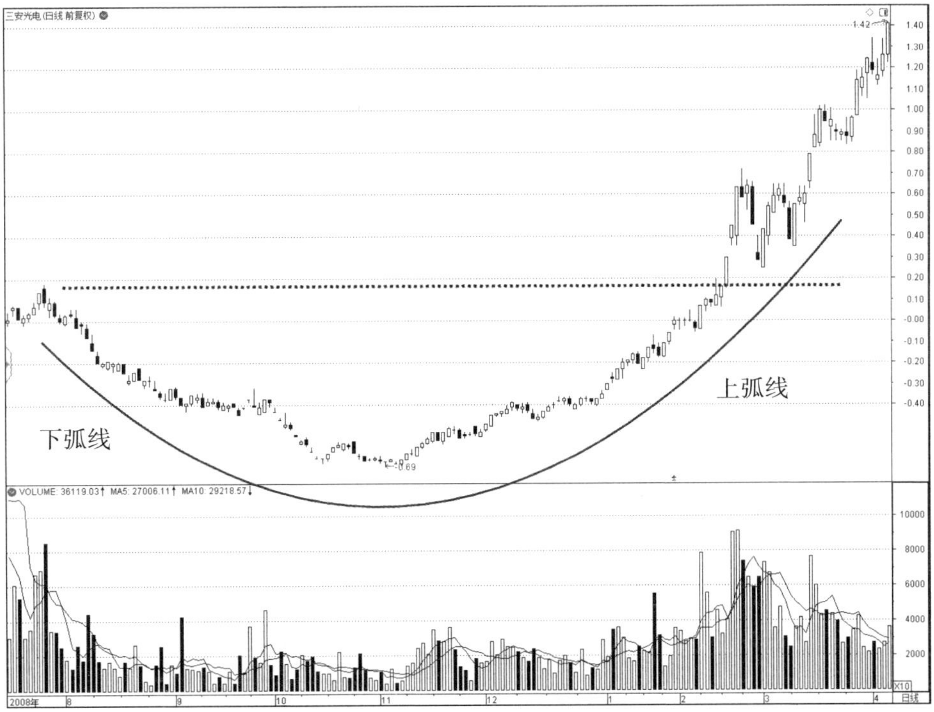

图 3-32

圆弧底在量能上有个极为重要的条件，即突破颈线位后成交量不能出现明显的萎缩态势。突破颈线位后，如果成交量大幅萎缩，同时股价并不能稳定保持在颈线位上方，说明做多能量已经难以为继。出现这种情况之后，量能如继续萎缩，股价重心下移，则选择卖出是一个较为稳健的做法。

第五节　K 线顶部形态及卖点

一、尖顶的特征及卖点

尖顶是指在上升趋势中，价格以陡峭的角度向上快速涨升，达到某一高点后，价格突然急转直下，以相似的速度和角度开始下跌。因价格由急升迅速转化为急跌，运行角度像倒置的英文字母“V”，所以也称为倒 V 型顶。如图 3-33 所示。

理论上认为，尖顶成立后的基本跌幅，可能不会小于尖顶起点和峰顶之间的距离。

尖顶的起点是指最后一波急升开始时的价位，这个价位被称为颈线位。当价格跌破颈线位而不能有效收复时，即认为价格顶部成立。经过长时间大幅上涨之后，价格出现急升和急跌的现象，极易形成尖顶。成交量上，在峰顶涨跌转换之时，股价大都有一个集中放量的现象。

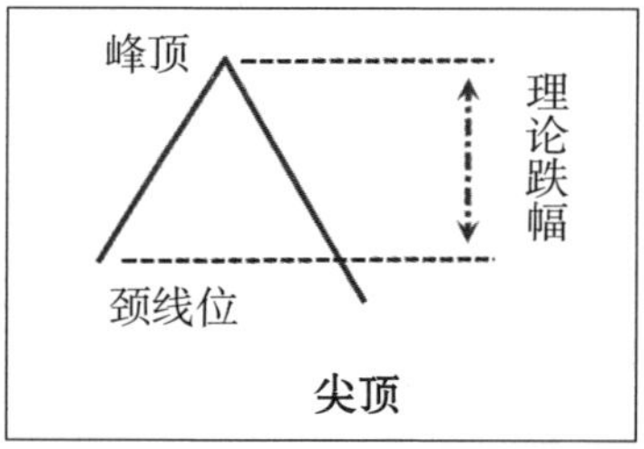

图 3-33

如图 3-34 所示，经过长时间大幅上涨之后，该股股价见顶回落，跌破颈线位后不能成功收复，表明尖顶成立。

尖顶形态具有迅捷性和凶悍性的特点，因而存在着很大的交易风险。跌破颈线位后，有些个股会有反抽颈线位的反弹。但是，反抽颈线位的动作并不是必然存在的。图 3-34 中就不存在这种反抽，而是突破颈线位后持续下跌。

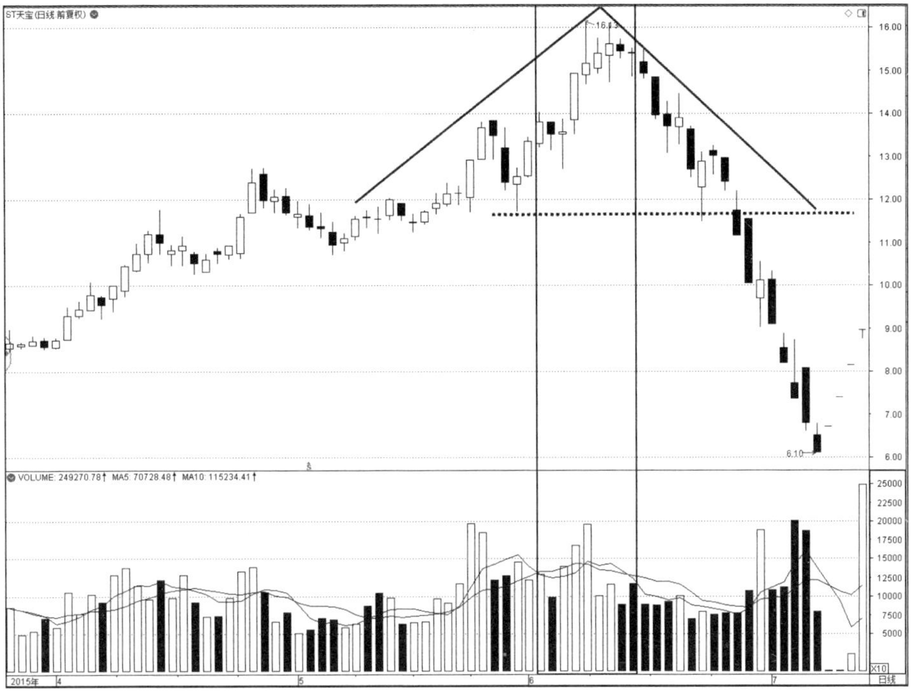

图 3-34

同样的顶部结构，个股的情况不一样，其蕴含的下跌能量也具有较大的区别。比如：一波反弹结束后出现尖顶，其具有的下跌动力远远比不上上升趋势结束时的尖顶。如果尖顶出现在上升趋势的初中期，那么只是震荡盘整形态，可能很多个股连理论跌幅都达不到。

二、双顶的特征及卖点

双顶是指价格上升到一定高点后回落，回落后价格又开始上涨，但这次上升到前一高点上下时再次下跌，并跌破前次回落低点（颈线位）。如价格不能在短时间内成功收复颈线位，则双顶形态成立。双顶形态与英文字母“M”较相似，所以也被称为 M 顶。如图 3-35 所示。

双顶的理论跌幅，为回落低点和双峰顶之间的距离。理论上认为，双顶成立后的基本跌幅，可能不会小于这个距离。双峰顶之间的回落低点被称为颈线位，当价格跌破颈线位而不能有效收复时，即认为价格顶部成立。

个股双顶形态出现的位置，与之后的跌幅和下跌持续时间具有重要的关联性。

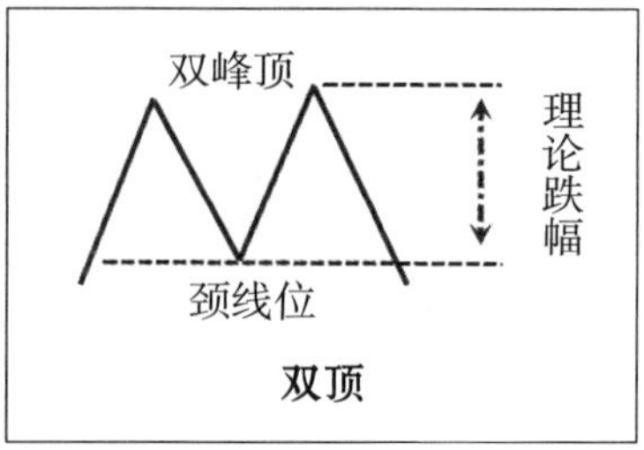

图 3-35

个股长期上涨或者大幅度上涨过后，如果成功构筑双顶形态，那么多数都会形成趋势反转，未来的跌幅将极为可观，下跌持续时间也会较为漫长。由反弹行情形成的双顶形态，其跌幅不会太大，持续时间也不会太长。

如图 3-36 所示，经过长期大幅上涨后，该股构筑了一个双顶形态，当股价跌破颈线位后，双顶形态成立，随即股价进入一轮迅猛的下跌过程中。

图 3-36

三、三重顶的特征及卖点

三重顶是指价格上升到一定高点后回落，回落后价格又开始上涨，上升达到前高点上下时再次下跌，而跌至前低点附近价格又一次上升。这次上升到达前两次高点附近价位时，价格再次下跌，并跌破前两次形成的低点（颈线位），且不能在短时间内成功收复，则三重顶成立。如图 3–37 所示。

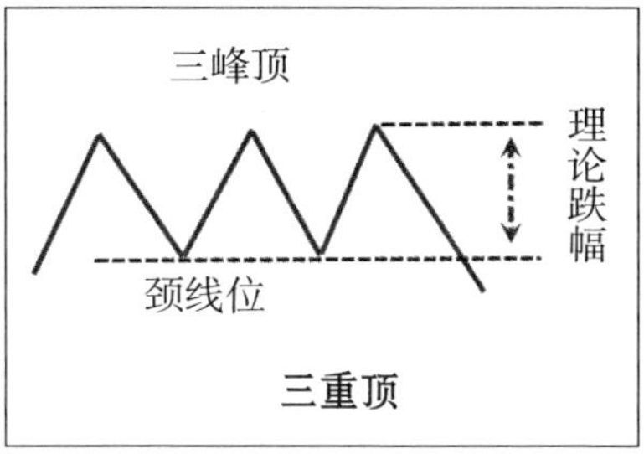

图 3–37

三重顶的理论跌幅，为两次回落低点平均值（两次回落低点不一定完全相同，可取其平均值）和三峰顶高点平均值之间的距离。理论上认为，三重顶成立后的基本跌幅，可能不会小于这个距离。三峰顶之间的回落低点平均值被称为颈线位，当价格跌破颈线位且不能有效收复时，即认为价格顶部成立。

三重顶比双顶多了一次上升的过程，既多消耗了一次多方能量，也增加了对追涨资金的迷惑性，因此三重顶比双顶更具杀伤力。三重顶如三座大山压在多头身上，多头想再次翻身，需要相当长的时间来消化三重顶带来的巨大压力。

如图 3–38 所示，经过长期大幅上涨后，该股构筑了一个三重顶形态。股价跌破颈线位后，虽然出现一个较有力度的反抽，但最终还是未能挽回步入下跌趋势的命运。该股股价之后的跌幅较大，下跌持续时间也较长。

三重顶不像尖顶那样对顶部具有强烈的、明显的提示和警示效果。在三重顶构筑过程中，股价来回折返的走势能够起到一定的迷惑作用，可能交易者不会认为顶部已然到来，甚至会认为这是一个极其正常的盘整。个别人还会认为股价正在构筑一个双底，于是会选择持仓等待或积极进场，从而失去最佳做空或卖出时机。

和尖顶、双顶相比较，出现三重顶形态，至少说明主力前期减仓过程并不顺畅，未能采取简洁形式在较短的时间内完成出货任务。

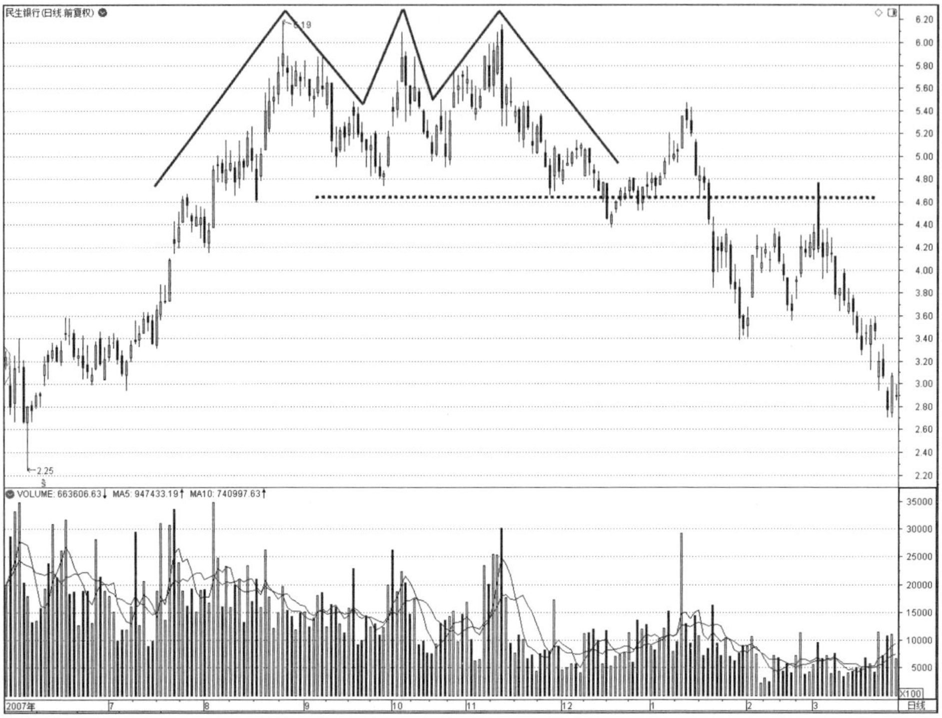

图 3-38

前面说过，顶部形态构筑得越复杂，其后下跌幅度越大，用时越长。这不仅适合某一种顶部形态，也适合不同的顶部形态。

比如，同样是双顶，一个短期内构筑简单双顶形态的后期跌幅，多数比中长期内构筑复杂双顶的情况要小得多。如果就短期内构筑简单的双顶和三重顶进行对比，那么这个三重顶无疑比双顶要复杂（多了一次上攻的过程），所以后期跌幅一般要大于双顶。

从技术原理上来说，构筑顶部结构的复杂程度，和主力想要达到的出货比例息息相关。顶部形态构筑得越复杂，主力出货量越大。这说明前期出于某种原因，其未能较好地完成大部分仓位的减持，只能通过构筑中长期顶部来完成减仓。

四、头肩顶的特征及卖点

头肩顶和三重顶十分类似，区别在于头肩顶的第二次上涨明显超出第一次上涨的高点，第三次上涨则明显低于第二次的高点，于是形成了一个类似人的头部和双肩的图形，故名头肩顶。如图 3-39 所示。

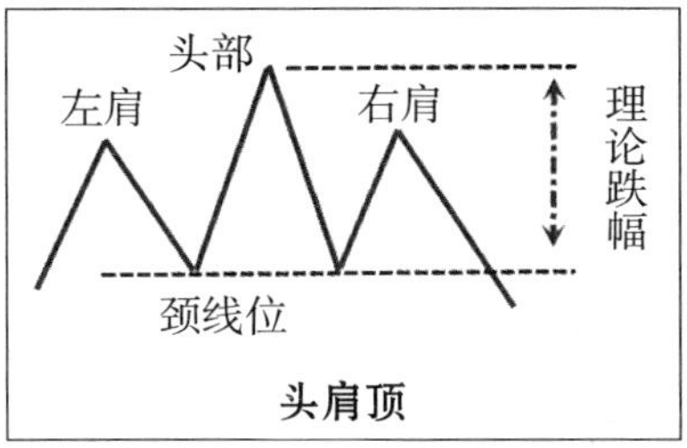

图 3-39

头肩顶的理论跌幅，为两次回落低点平均值和头部高点之间的距离。理论上认为，头肩顶成立后的基本跌幅，可能不会小于这个距离。两次回落低点平均值被称为颈线位，当价格跌破颈线位不能有效收复时，即认为价格顶部成立。

前面一再讲过顶部形态构筑得越复杂，其后下跌幅度越大，用时越长，头肩顶就是这样一个构筑最为复杂的顶部形态。

头肩顶形态具有极强的迷惑性：在左肩形成之初，会被认为是尖顶。当价格脱离尖顶的预期再次上涨并大幅刷新价格高点时，所有的看空者都会被打脸，市场必然由恐慌杀跌迅速转向狂热追涨。

因为价格大幅刷新前期高点，所以没有多少人敢于选择此时再度看空，交易者几乎一边倒地看多做多。头肩顶的头部下跌，就出现在这种氛围里，不仅没有引起过多的恐慌，反而会被认为是"千金难买牛回头"。尤其是在左肩的上涨开始后，做多几乎就是唯一的选择。

当头肩顶的左肩下跌开始，甚至跌破颈线位后，仍会有人在做多的心理惯性下继续买入。只有在跌幅达到一定程度后，巨亏的痛苦才会让人慢慢清醒过来，但为时已晚。

如图 3-40 所示，在长时间大幅度涨升之后，该股构筑了一个复杂的头肩顶形态，当股价跌穿颈线位后，随即进入下跌趋势。

当头肩顶形态构筑初具雏形时，交易者应保持足够的警惕。在市场前景不明朗的情况下，宁愿相信这个形态可能带来巨大的风险，也不要自作聪明地认为这是主力洗盘或刻意制造的空头陷阱。交易市场上，钱是赚不完的，但可以亏完。

实战中，价格跌破颈线位后，有时会出现一个反抽颈线位的动作，如图 3-40 所示。这是多方不愿束手就擒的反击，也是不甘寂寞的市场资金每逢价格出现超跌之后就会出手搏反弹带来的。对于这种类型的反弹，短线交易技术欠缺、没有严格止损纪律的交易者，最好不要介入。

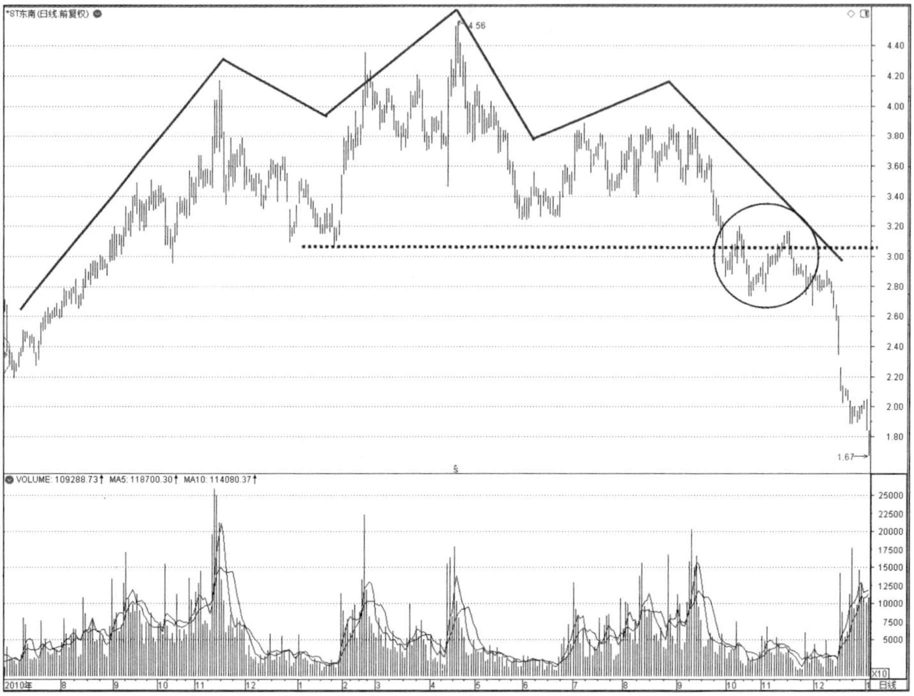

图 3-40

五、圆弧顶的特征及卖点

圆弧顶是指价格上升和之后的下跌角度，构成了一个弧顶在上的圆弧形状。如图 3-41 所示。

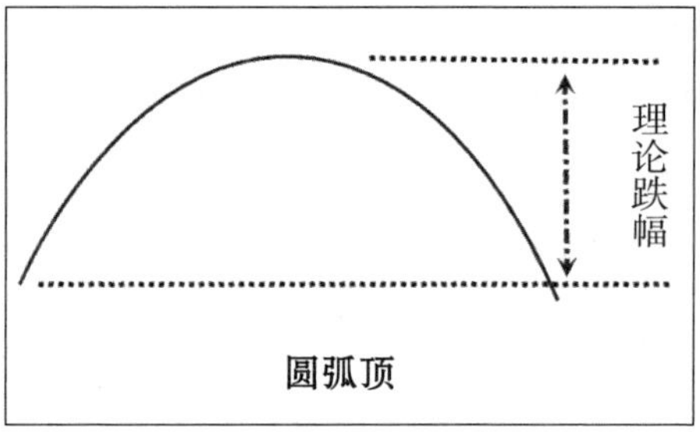

图 3-41

圆弧顶理论上的跌幅测量，是最近起涨点和弧顶之间的距离。理论上认为，圆弧顶成立后的基本跌幅，可能不会小于这个距离。圆弧顶的起点，是指最后一波上涨开始时的价位，这个价位被称为颈线位。

圆弧顶形态中，价格运行趋向从缓涨到走平，再到逐渐加速下跌，这种顶部构造方式如同温水煮青蛙，会让持仓者误以为该股运行节奏较为稳健，从而放松警惕。主力正是利用这种市场心理进行缓慢减仓。当主力完成预定计划后，就不再刻意护盘，于是股价会以逐渐加速的方式展开下跌。

如图 3-42 所示，该股构筑了一个圆弧顶形态。在这个形态中可以发现，其中似乎具有尖顶的特点，还具有箱形的特点，但就股价整体运行的重心来看，基本呈现出圆弧状的运行轨迹。

对于圆弧顶，当价格从盘整态势逐渐进入下滑轨道，有脱离原本向上的股价运行重心的迹象时，持仓者最好分批减仓，不要存有幻想。否则，等股价跌破颈线位，确认圆弧顶成立之后再减仓的话，亏损额度就未免过大了。

图 3-42

第六节　K 线盘整形态及买卖点

一、三角形的特征及买卖点

趋势分为3类，即上升趋势、下降趋势和横向盘整趋势。在K线形态分类上，盘整形态在不同的技术环境中有时是作为一种单独趋势存在，有时则仅是上升或下降趋势的延伸形态。无论如何分类，盘整形态都明显异于其他两种具有明确多空倾向的趋势。在 K 线分析上，盘整形态在最终突破之前，并不具有明确的多空方向。

三角形是 K 线盘整形态的一个重要组成部分，它和箱形、旗形分别代表 K 线形态不同的盘整波动形式。

在趋势上，三角形和箱形有些近似，即有时是趋势的延伸形态，有时却是独立的趋势运行形态。但作为独立的趋势运行形态，三角形在实战中相对较少出现，多数情况下容易被箱形包容和替代。

三角形盘整形态可细分为 3 种，即上升三角形、下降三角形和对称三角形（收缩、扩散）。

（一）上升三角形

上升三角形是指升势运行过程中，价格每次涨升到大致相同的价位附近时就发生回落，每次回落的低点却在逐步上移，价格的波幅渐渐收窄，从形态上看类似一个水平边线在上的三角形。如图 3–43 所示。

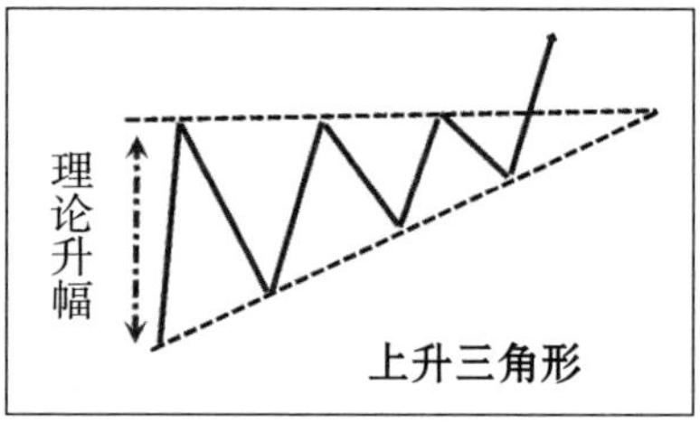

图 3–43

上升三角形有个理论上的升幅测量，即从三角形的水平上边线到三角形第一低点之间的垂直距离，这个距离即为价格未来可能达到的基本高度。实战中这个理论升幅只可作为参考，要配合其他技术因素综合判断，不宜呆板执行。

上升三角形多出现在上升趋势中，这种市场趋势下出现的上升三角形，最终向上突破的概率较高。如果在下降趋势中出现类似的上升三角形，那么其可信度较低，大概率会走出失败形态，多数为主力的一种诱多行为。

上升三角形的构筑原理主要是：升势达到一定阶段或升势的延续性并不为持仓者认可，当价格反弹到一定高点便有持仓者开始卖出，价格随之出现回落，但并未跌破上一低点就再次反弹，反弹到前高点附近时价格再次发生回落，并由此形成规律，即价格到达此价位就会下跌。

多数持仓者对这一规律产生共识，并在下次价格反弹到临近价位时加入到卖出的队伍中。短线客会发现，卖出后想在前低点之下再补回仓位是不可能的，因为低点在抬高。要不就放弃补回仓位的打算，要不就只能提高买入价。

随着低点抬高，波幅渐渐缩小，价格接近前高附近时，抛盘已经极其微弱。之前卖出未回补的交易者恐高不敢买，已经加价补回仓位的交易者，目前价格并无多少利润，多数采取观望。在大多数人的等待和观望中，价格却突然发力向上涨升。

如图 3-44 所示，该股上升途中出现盘整走势，构筑了一个水平线在上的三角形形态。对于上升三角形来说，价格并不是必须运行至三角形末端才会向上突破，越早向上突破上边线，股价上涨的动力越足。如果迟迟不能突破，则有可能走出失败形态。

通常来说，当价格运行到上升三角形上边线 2/3 左右的位置后，发生向上攻击上边线的几率非常大。被成功突破后的上边线成为股价的强支撑。

突破上升三角形上边线时，一般都会出现较大的成交量，突破后成交量即使缩小也不应小于突破前的量能，并在一段时间内稳定在相应的水平，否则可能成为假突破。

（二）下降三角形

下降三角形是指跌势运行过程中，价格每次下跌到某个价位附近时，就会得到支撑并开始反弹，每次反弹的高点却在渐次下移，价格波幅渐渐收窄，从形态上看类似一个水平边线在下的三角形。如图 3-45 所示。

跟上升三角形一样，下降三角形也有个理论幅度测量。不过，下降三角形是理论跌幅测量，即从三角形的水平下边线到三角形第一高点之间的垂直距离，这个距离即为价格未来可能达到的基本跌幅。

图 3-44

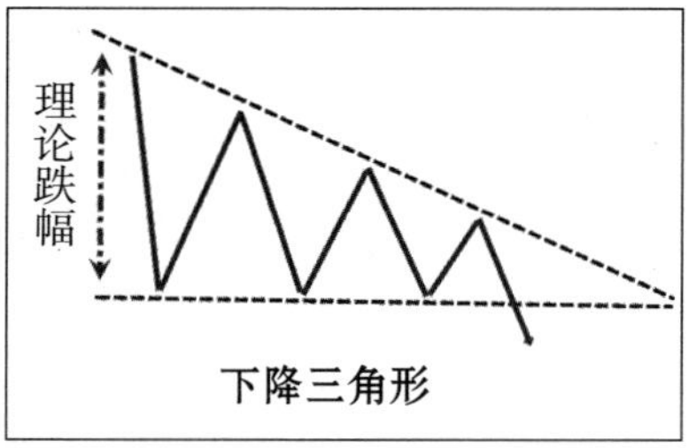

图 3-45

作为一种颇具迷惑性的盘整波动形态，下降三角形多出现在下降趋势中的反弹阶段。在价格反弹到一定程度后，出现这种盘整和波动，既合理也容易为市场所接受。大多数交易者总会一厢情愿地认为，非突然性的、合乎情理的盘整和波动过后，继续上涨是必然的走势，而博弈的对手总是践踏这种“合乎情理”的思维，冷不丁地给你一闷棍。

在构筑下降三角形的过程中，水平下边线对于价格起到支撑作用，能够帮助持仓者稳定持有的信心。水平下边线每一次都能使下跌至此的股价产生反弹现象，给试图介入的资金一种规律性的暗示。发现规律就等于发掘到了财富，无疑会使场外资金迅速凝聚入场的欲望。这就是下降三角形的部分构筑原理。

和上升三角形一样，价格运行到下降三角形下边线 2/3 左右的位置后，发生向下突破下边线的几率很大。被成功突破后的下边线将成为价格的压力线。下降三角形突破下边线并不需要放量，这一点和上升三角形向上突破上边线有很大的区别。

如图 3–46 所示，在股价下破下边线之前，先是营造一个低点抬高、不断挑战上边线的蓄势待涨动作，但随即股价以大阴线下跌。很多短线交易者就是被这种蓄势迷惑而短线买入，却被套在股价大跌前夕。

图 3–46

（三）对称三角形

对称三角形是指当价格处于震荡盘整阶段时，其震荡的高点和低点形成对称性扩散或收缩的态势。对称三角形可细分为两种，即扩散型对称三角形和收缩型对称三角形。

1. 扩散型对称三角形

扩散型对称三角形，其价格在震荡盘整阶段的每一波反弹高点逐步抬高，每一波下跌低点逐步下移，价格震荡幅度呈逐渐扩大的趋向。如图 3-47 所示。

扩散型对称三角形形态分析：在上方压制逐渐被一点点攻克时，下方的支撑也在步步失守，显示市场参与资金经历了一个由谨慎到狂热的过程。价格波动幅度越来越大的过程中，无论做多还是做空的参与者，其想象空间无疑随之扩展，这是主力最乐于见到的一种市场心理状态。扩散型对称三角形是偏于空方的一种 K 线盘整形态。

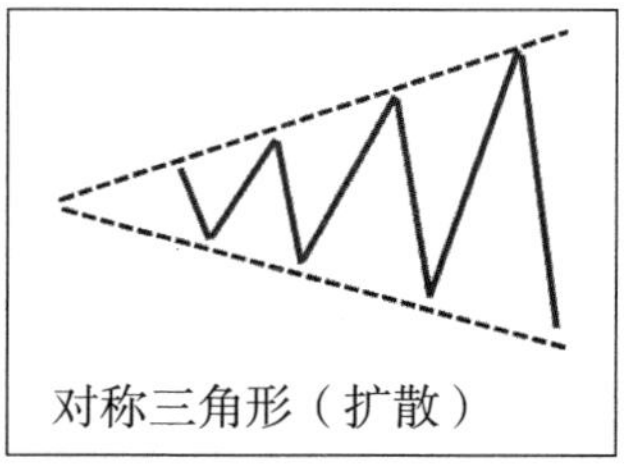

图 3-47

在扩散型对称三角形构筑过程中，量能的突然激增应引起重视，其一方面预示着股价将加大震荡幅度，另一方面则告诉持仓者，当量能不能持续保持目前的态势时，价格随时可能向下突破。下跌并不需要过多的成交量。

价格在高位区域出现扩散型对称三角形，是一种利于空方的盘整形态。经过一段时间下跌之后出现这种形态，往往也会成为空方的利器。

虽然扩散型对称三角形是偏于空方的一种 K 线盘整形态，但并非绝对不会成为多方可以利用的图形。只不过因形态延伸等因素的影响，容易为其他形态所包容或提前发出提示信号。

2. 收缩型对称三角形

收缩型对称三角形，其价格在震荡盘整阶段的每一波反弹高点逐渐下移，每一波下跌低点逐步抬高，价格震荡幅度呈逐渐收窄的趋向。如图 3-48 所示。

收缩型对称三角形形态至少说明，在上方压制逐渐增强的同时，下方支撑也在不断增强。它显示的是市场参与资金由活跃到谨慎的过程，价格逐步从较大幅度震荡中平息下来的，越发证明多空双方到了最后亮出底牌的时间。收缩型对称三角形，是一种突破方向不明的技术形态。

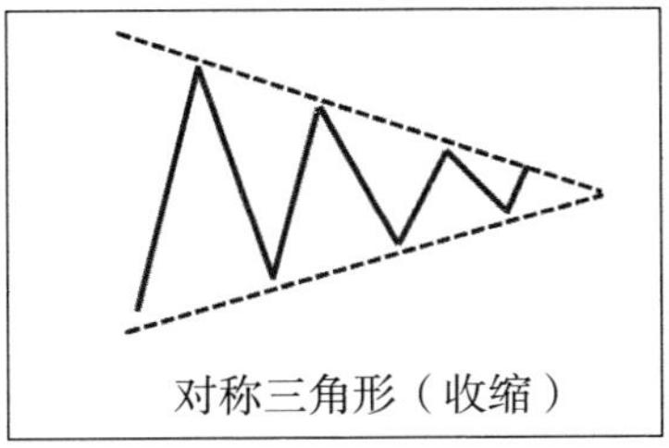

图 3–48

收缩型对称三角形出现在经过较长时间的大幅下跌之后，个股从大幅震荡中逐渐平息下来，波动幅度越来越小，同时股价运行重心逐步抬升。当股价放量突破并成功站稳上边线后，趋势转折由此开始。

当收缩型对称三角形出现在大幅上涨后的高位区域，则是一种高危空头提示信号。在价格高位区域，随着价格波动震荡幅度逐渐收缩，多空之间已经不太可能继续维持激烈争斗的局面，空方主导的格局很快就会到来。

二、矩形的特征及买卖点

矩形是指价格运行中的多个高点都在相近的价位（上边线）上，多个低点也在相近的价位（下边线）上，价格大致保持在一个类似长方形箱体的范围内。矩形是最为标准的横向盘整形态，也称为箱形。如图 3–49 所示。

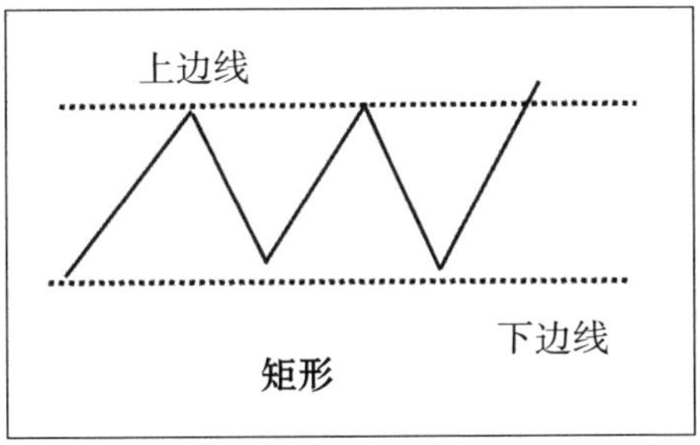

图 3–49

矩形形态是一个突破方向不明确的形态，判断突破方向的关键是分析个股所处阶段。具体来说，主要包括以下两个方面。

其一，在价格整体涨幅或跌幅较大的基础上出现矩形整理，其最后的突破形成趋势性反转的可能性较大，这时的矩形为一种单独趋势存在。

其二，在价格整体涨幅或跌幅较小的情况下出现矩形整理，则多为趋势运行途中的休整，这时的箱形则是上升或下降趋势的延伸形态。

如图 3–50 所示，该股经过一段上涨后，构筑矩形盘整形态。这个矩形维持时间近 1 年，基本满足主力建仓的要求，之后股价向上突破。图中的矩形即为上涨趋势的延伸形态。

图 3–50

在长期或大幅下跌之后出现矩形，价格突破上边线压制时，成交量应有一个明显放量的过程。原因在于：多方经过长时间的准备（建仓等），原有的空间已经难以收集更多的筹码，或难以达到降低成本等多方面操作，这时就需要更大的价格空间和更多的市场资金关注度，以配合完成接下来的任务。这是股价由冷门逐渐走向热门甚至龙头个股的初级阶段。

在这个阶段，股价突破矩形上边线后，有的直接进入拉升，有的会出现一个回抽上边线确认支撑的动作。个别操作风格凶悍的主力，还会采取一个跌入矩形内部“挖坑”后再拉起的动作，但这个动作耗时极短，成交缩量，因为主力不会随意让低价筹码流失。

实战中出现价格跌入矩形内部，成交放量而股价不迅速拉起的情况，那么大多数只能是假突破或突破失败的结局。长期上涨之后出现的矩形，或下降趋势延伸形态的矩形，当价格选择向下突破箱形下边线时，并不需要成交量出现放量和聚量的过程。

三、旗形的特征及买卖点

K线的盘整形态，并不都像矩形那样呈标准的横向波动，更多地是运行过程具有一定的倾角，或价格的高低点并不协调一致。但K线盘整形态有一点是相同的，即改变了之前原有的运行方向。

旗形是指价格运行中的多个高点和多个低点之间，形成一个向上或向下的平行通道，其图形像一面展开的旗帜。旗形应为上升或下降趋势的延伸（中继）形态，当然，失败的旗形形态不包括在内。旗形可分为上升旗形和下降旗形两种。

（一）上升旗形

上升旗形是指价格在上升趋势中出现一波回调整理，如果将其回调整理中的多个反弹高点相连接（上边线），将多个下跌低点相连接（下边线），则形成上下两条线平行的下行通道。如图3－51所示。

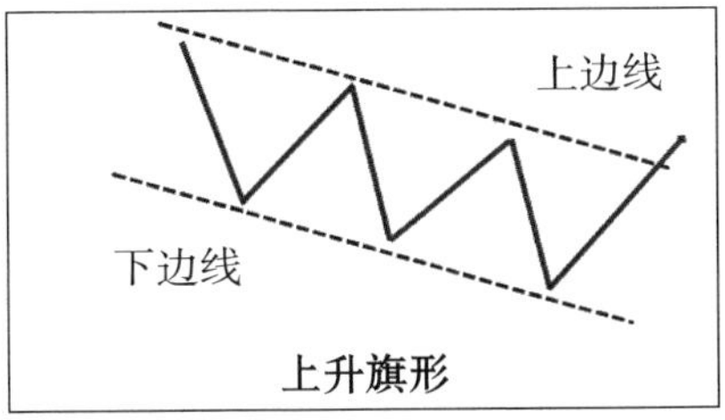

图3－51

上升旗形是上升趋势的延伸（中继）形态，上升旗形回落调整的目的主要是主力震仓洗盘、提高市场持仓成本等。调整完毕后，价格仍将回到原有的上升趋势中运行。

如图3－52所示，该股在上升趋势运行过程中，构筑了一个上升旗形调整形态。股价完成调整后成功突破上边线，回归到上升趋势中继续运行。

实战中，上升旗形的回落调整非常常见。相对原有的上升趋势而言，上升旗形向下运行的倾角会有较多变化，有的角度较陡，有的则较为平缓，这和主力需要借此达到什么目的有关联。

比如：如果主力意图借此来清洗浮筹，那么一个向下倾角陡峭的上升旗形制造的恐慌气氛，就完全可以将大批浮筹压榨出来。如果主力意在吸引更多资金关注，同时借机降低成本，那么一个向下倾角平缓的上升旗形比较符合要求。

在上升旗形的构筑阶段，成交量呈现递减的状态。但在突破旗形上边线时，成交量应当明显放大，否则有可能走出失败形态。上升旗形走出失败形态，意味着调整级别正在加大或原有趋势出现反转。

有的理论认为，判别上升旗形可能走出失败形态的关键是时间因素。诚然，构筑上升旗形的时间过久，本身就已经失去了成为上升旗形的可能性。但机械地定义一个上升旗形为10~15天，不考虑其他技术因素，则形同按图索骥，刻舟求剑，不能给予实战更多有益的参考。

图3-52

（二）下降旗形

下降旗形是指价格在下跌趋势中出现一波反弹，如果将反弹中的多个高点相连（上边线），将多个低点相连（下边线），则形成上下两条线平行的上行通道。如图3-53所示。

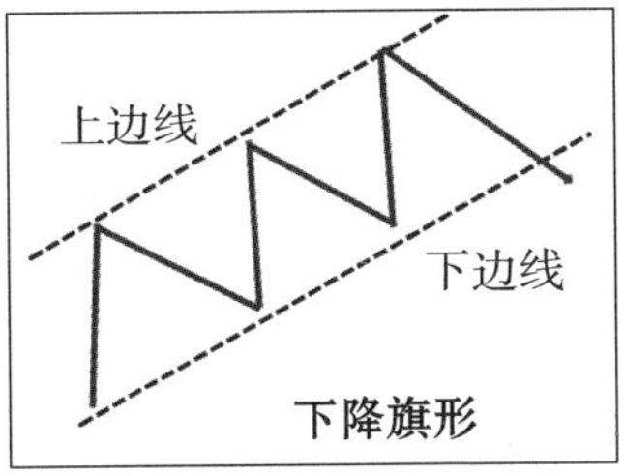

图3-53

下降旗形是下降趋势的延伸（中继）形态，价格反弹完毕后仍将回到原有的下降趋势中。和上升趋势一样，当下降趋势运行一段时间后，同样需要一个休整的过程，以累积继续下跌的动力。下降旗形就是这样一个行情休整和累积做空动能的形态。

实战中，下降旗形以价格反弹的形式展开和构筑，其时间因素和上升旗形类似，而主力的目的则是随着反弹的延长不断择机减仓。通常来说，下降旗形运行接近尾声阶段时，主力会制造虚假突破等用以迷惑交易者的烟雾弹，来吸引尽可能多的资金进场接盘。

虚假突破是主力惯用的结束下降旗形的手法，即先制造价格向上放量突破上边线的假动作，而后突然下杀到下边线，继而结束下降旗形的构筑，价格继续回归下降趋势。

如图3-54所示，该股在下降趋势中走出下降旗形，股价多次放量上冲，却未能成功站稳上边线，股价随后跌破下边线并回归到下降趋势中。

在下降旗形运行过程中，如果量能过度放大，股价却不涨反跌，那么基本意味着下降旗形到了终结的时候。

和上升旗形一样，下降旗形同样会走出失败形态，即价格发生趋势上的转化，由下降趋势转化为上升趋势。在这个过程中，价格突破并能够站稳上边线，随后价格重心不再跌落到下降旗形的腹地，并能持续保持稳定的升势。这是判别下降旗形走出失败形态的基本要素。

同兴达(日线 前复权)
46.73
12.25
46.00
44.00
42.00
40.00
38.00
36.00
34.00
32.00
30.00
28.00
26.00
24.00
22.00
20.00
18.00
16.00
14.00
12.00
VOLUME: 59875.00 MA5: 58882.27 MA10: 36791.67
25000
22500
20000
17500
15000
12500
10000
7500
5000
X10
2017年
12
1
2
3
4
5
6
7
8
9
10
日线

图 3-54

第四章

均线买卖点分析

第一节　均线基础

一、均线的原理

均线又称移动平均线，是对最近某个时间段内的收盘价进行平均，将这些值以线段的形式连接形成的曲线。

均线基本原理：随着市场成本的变化，价格也将体现这种变化，而成本的变化可能会导致价格运行趋势的延续或逆转。均线的变化代表了一段时间内市场平均持仓成本的波动。

均线不能决定价格的运行，但是通过均线分析，可以发现价格运行的奥秘。解读均线是一门学问，需要具备相关的专业知识。学习均线分析最好从基础知识开始学起，因为根基牢固与否决定着未来能够达到的高度。

均线的计算方法就是将最近 n 个交易日的收盘价相加并取平均值，然后将计算所得的一系列平均值以线段的形式相连接，即形成了均线。

计算公式为：MA=（C1+C2+C3+…+Cn）/n

其中，Cn 代表某时间段的收盘价，n 表示移动平均周期，如 5 日、10 日、20 日、60 日等。

下面以 5 日均线为例说明。

某股连续 10 日的收盘价为 10 元、10.5 元、10.3 元、10.1 元、10.7 元、10.2 元、9.8 元、9.6 元、9.7 元、10.5 元。

MA5=（10+10.5+10.3+10.1+10.7）/5=10.32（5 日平均值）

MA5=（10.5+10.3+10.1+10.7+10.2）/5=10.36（5 日平均值）

MA5=（10.3+10.1+10.7+10.2+9.8）/5=10.22（5 日平均值）

MA5=（10.1+10.7+10.2+9.8+9.6）/5=10.08（5 日平均值）

MA5=（10.7+10.2+9.8+9.6+9.7）/5=10（5 日平均值）

MA5=（10.2+9.8+9.6+9.7+10.5）/5=9.96（5 日平均值）

将上述 5 日平均值以线段相连，即形成 5 日均线，10 日、20 日、60 日等均线的计算方法相同。

上面讲的是算术移动平均线的计算，也是最常用的一种计算方法。移动平均线的计算方法还包括加权移动平均线等计算方法。

所谓加权移动平均，是因为计算周期内越是近期的收盘价，对未来价格波动的影响越明显，因此赋予其较大的权值。

常见的加权移动平均线有以下几种。

（1）末日加权移动平均线

计算公式：$MA=(C1+C2+\cdots+Cn\times 2)/(n+1)$

（2）线性加权移动平均线

计算公式：$MA=(C1\times 1+C2\times 2+C3\times 3+\cdots+Cn\times n)/(1+2+3+\cdots+n)$

（3）平方系数加权移动平均线

计算公式：$MA=(C1\times 1^2+C2\times 2^2+C3\times 3^2+\cdots+Cn\times n^2)/(1^2+2^2+3^2+\cdots+n^2)$

（4）阶梯加权移动平均线

$MA=[(C1+C2)\times 1+(C2+C3)\times 2+\cdots+(Cn-1+Cn)\times(n-1)]/[2\times 1+2\times 2+2\times 3+\cdots+2\times(n-1)]$

对于均线不同的计算公式和方法，有兴趣的读者朋友可以略作尝试，寻找对自己最有实战指导意义的那一种。

二、均线的作用

在价格（K 线）不停的变化中，均线如同流动的水，从来都不曾静止过。不同时间周期的均线，分别代表不同的介入成本。这些均线在或急或缓的运行中，总会给持仓者带来盈与亏，兴奋与沮丧。

当某条均线在某一时间段代表了多数人的平均成本时，这条均线的技术意义非同寻常：价格跌破这条均线，意味着大多数人都亏损；价格涨过这条均线，意味着大多数人都赚钱。

均线是流动的平均成本，表现的是市场持仓成本不断变化的情况，这种变化对股价具有以下 4 个方面的作用。

（一）助涨

上升趋势运行期间，价格回落能够得到均线的支撑，大多源于持仓成本的约束。依附均线运行的价格，在明显的上升趋势中，很少会遭到集中抛售。即便受到部分卖盘的打压，价格暂时回落至均线上下，持仓者一般不会轻易在成本线上卖出，于是价格多半会企稳并再度转为上升。

随着上升趋势日益明确和加强，场外资金会不断涌入，加入到持仓者的队伍中来。在价格整体保持涨升的状况下，不同时间周期的均线大多已扭转向上或保持相应的上行角度，均线的这种排列对于价格既起到支撑作用，也起到助涨作用，于是价格会继续稳步攀升。

当这种助涨一而再、再而三地发生作用，并使得价格过度飙升之后，必然会和较长时间周期的均线产生较大的乖离。较大的乖离率会使低成本持仓者产生越来越强烈的兑现利润的欲望，将引发价格趋向或趋势的变化。

（二）助跌

在下跌趋势运行过程中，价格每一次反弹，都会在某个时间周期的均线附近受到压制，随后转而继续下跌。

情绪处于焦躁不安甚至恐惧状态的持仓者，当发现价格接近自己的成本时，会毫不犹豫地抛空持仓。这种情况多次出现并成为规律后，会让更多的持仓者选择同样的操作，这就使得相关均线不但具有压制力，还具有助跌的作用。

（三）辨别趋势

均线是最能清晰反映价格运行趋势的技术指标。

无论价格是上涨、下跌还是横向震荡，均线系统总能及时准确地予以体现，并提供相应的支撑或压制来测试价格运行的真实意图，大家也能够从均线的提示中得到重要的交易参考。

（四）相对稳定性

均线在研判行情趋向及趋势变化上，比其他技术指标更具有稳定性。在一套配置合理的均线系统中，不同时间周期的均线分别发挥着不同的指示作用，有利于研判行情的多种变化。

例如，均线系统配置为 5 日均线、20 日均线、60 日均线时，这个配置比较适合个股行情的波段性操作。

其中 5 日均线对股价的反应最为灵敏，但也因此会频繁发出提示信号，所以 5 日均线主要用于观察短期股价的强弱变化，在研判趋向变化上的作用相对较小。

20 日均线兼具灵敏性和稳定性的特点，在弥补 5 日均线容易出现过度反应方面具有重要作用，同时也可用以研判股价运行趋向及力度的强弱变化。

60 日均线在稳定性上相比前两条均线具有较大优势，通常作为波段行情操作的保护线。

三、葛兰威尔均线八法

均线理论源自道氏理论，创立移动平均线分析理论的则是美国人琼·葛兰威尔。

据说，葛兰威尔先生创立移动平均线的灵感，来自看到地面上一些蜿蜒曲折的水流痕迹。从事证券工作的葛兰威尔由此联想到股票和期货的波动轨迹，一项重大的发现或者说发明由此萌发。

之后，葛兰威尔开始钻研和探索移动平均线，为此承受了无数次失败，失败导致他破产，婚姻破裂。天道酬勤，葛兰威尔的均线理论日益完善，并逐步受到投资界推崇，他对行情的精准预测也令人惊叹。

正是因为葛兰威尔在均线应用理论上的贡献，才使得均线理论从 20 世纪 70 年代一直到今天仍旧在技术分析领域发挥着巨大作用。

葛兰威尔均线理论中，最为世人熟知的就是葛兰威尔均线八法。

葛兰威尔均线八条法则中，前四条法则是买入法则，后四条法则是卖出法则。如图 4-1 所示。

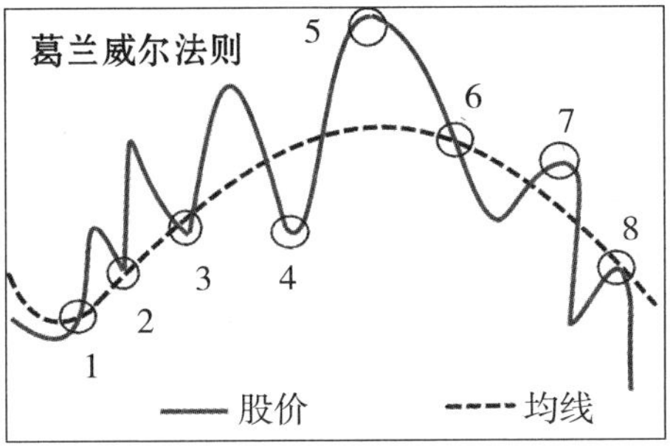

图 4-1

在研究葛兰威尔均线法则的时候，可能有人会问：八条法则参照的均线时间周期是多少？

其实这个问题并不算是问题，因为这条均线的周期你可以设置为任何值，只要有利于看清局势，赚取利润。能赚钱的设置就是最好的设置。

不同交易风格的人，在技术上的选择存在极大的差异。如果笔者在这里告诉你应该选择 5 日均线或者 20 日均线，那么你在实际交易中多半会应用得磕磕绊绊。

短线交易者和波段交易者或者中长线交易者持仓时间不同，追求的利润空间不同，看待股价波动的观点也不同，使用的均线也存在不同。

短线交易者习惯追逐价格短期起伏带来的差价，一条时间周期较长的均线不可能反映出价格短期的即时变化。

波段交易者喜好把握股价某一上升波段的利润，一条时间周期较短的均线，只会给他带来困惑和干扰。

综上所述，葛兰威尔均线法则中这条均线的时间周期，要因不同交易者、不同交易风格而定，交易者首先要明确自己追求的是什么，然后才能确定怎么用。

在技术分析领域，均线和其他技术分析方法，都需要在应用和理解上保持灵活性、变通性和适用性。所谓适用性，是指顺应事物的波动，从中找到最适合自己的分析方法。

（一）法则一

均线从下降逐渐走平且略向上方抬头，股价从均线下方向上突破，为买进信号。见图 4-1 中的标示 1。

解析：法则一提示的买点，其实就是顺势而为。当均线和股价从跌势中转为走平、上行，做多的技术环境已经基本具备，此时选择买入正是好时机。

葛兰威尔法则可以让大家学会如何分析股票的买点和卖点，但实战中的具体操作方法，还需要交易者潜心体会和总结。学会了分析方法，并不代表必然能赚到钱。就像法则一中的这种情况发生时，当天股价涨了，你也买了，但次日又跌了下来，你不但没赚钱，反而出现了亏损。

这时候很多人最常说的一句话就是：技术分析不可信！技术分析其实挺冤，股价难道没涨吗？很多人遇到问题不去从自身找原因，而是把过错推出去。其实你推出去的不是过错，而是学习和进步的机会。股价上涨了，说明分析技术没有错。你没赚到钱，说明在操作上出了问题，这才是症结所在。

（二）法则二

股价位于均线之上运行，回调未跌破均线，再度上升时为买进时机。见图 4-1 中的标示 2。

解析：均线在股价回落时能够提供必要的支撑，至少证明当前趋向并未改变。涨升过程中，股价出现波动是必然的，也是正常的，完全一字线上升的毕竟属于少数。

股价在波动中未跌破均线再度上升，既是一种良性回落和调整的表现，也展示出股价本身具有的做多强度。

（三）法则三

股价位于均线之上运行，回调时跌破均线，但均线继续呈上升趋势，此时为买进时机。见图 4–1 中的标示 3。

解析：如果说法则二是一种强势回调，那么法则三是故意制造恐慌的回调类型。这种类型的回调故意跌破均线，意在引发技术派的惊慌抛盘。

一条上行态势的均线，股价回落不破便再度上涨，一方面体现的是股价的强势，另一方面是均线稳定的支撑作用。

那么被跌破的均线还有支撑吗？当股价向下跌破均线时，并不说明支撑已经不存在。股价跌破均线，但很快又重新回到均线之上，均线并没有对股价形成压制，就说明支撑依然存在。

一条上行态势的均线具有的支撑作用，远大于横向或下行态势的均线。股价打破上行态势的均线并很快予以收复，显示出多方强势，这种形态下的买点应是较为明确的。

（四）法则四

股价位于均线以下运行，突然暴跌，距离均线太远，极有可能向均线靠近，此时为买进时机。见图 4–1 中的标示 4。

解析：本条法则的重点在于股价和均线之间的乖离率。股价短时间暴跌致使远离平均成本线，持仓者更加不愿意卖出。股价进一步走低也会吸引抄底资金的关注，一波反弹往往就会由此萌发。

（五）法则五

股价位于均线之上运行，连续数日大涨，离均线愈来愈远，说明近期内持仓者获利丰厚，随时都会产生获利回吐的卖压，是卖出信号。见图 4–1 中的标示 5。

解析：任何事情在单一方向上的过度表现都可能引起逆转，股价也是如此。法则四是股价短期过度下跌引发的乖离，而法则五是股价短期过度上涨引发的乖离。

（六）法则六

均线从上升逐渐走平，而股价从均线上方向下跌破均线，说明卖压渐重，为卖出信号。见图 4–1 中的标示 6。

解析：法则六其实阐述的是向下的顺势而为。当平均成本倾斜向下运行时，股价此时由上方跌破均线，加强了向下的趋向力度。当这条被突破的均线此后显示出较强的对股价的压制力度时，卖出或者做空是较佳选择。

（七）法则七

均线和股价在下行趋势中，股价反弹并涨升至均线上方，均线却继续下行，是做空信号。见图 4-1 中的标示 7。

解析：在一个明确的下跌趋势运行过程中，股价产生的反弹有多个级别，既有道氏理论中提及的较强的次级反弹，也有运行时间较短的短期反弹。次级反弹属于可适度参与阶段性做多的级别，短期反弹则仅适于短线交易者操作，对大多数交易者来说，是抛空仓位或者借机做空的时机。

（八）法则八

股价位于均线下方运行，反弹时未能突破均线，当股价再度出现下跌，此时为卖出时机。见图 4-1 中的标示 8。

解析：这是一个比法则七更弱势的反弹形态，也是股价短期波动遭遇趋势压力时的常规现象。实战中均线就是关口，股价不能强势突破这个关口，就说明目前多方仍旧处于游兵散勇的状态，远未到汇聚、集结、凝聚攻击力的时刻。

第二节　均线买卖点

一、金叉

金叉是指均线向上的攻击性交叉。通常将具有资金攻击、可能引发趋向向上转折的均线交叉称为均线金叉。

两条或多条不同周期的均线，会随着价格的波动出现各自不同的运行轨迹。近期成本（短期均线）总是比远期成本（中长期均线）更能迅速地对即时价格变化做出反应，这就是均线发生交叉的理论依据。

在价格处于相对稳定的上涨或下跌时，均线之间会以不同的速率、角度同向而行，彼此之间不会发生交叉。只有当价格发生震荡盘整，处于不稳定状态中时，均线之间才会频繁发生交叉。这种频繁发生的交叉，大部分属于普通交叉，交易者不可依此进行操作。

由此可见，均线交叉的最基本技术含义，就是价格的不稳定性，至少说明价格趋向不明确，或在原有趋向上多空发生较大分歧。能够改变这种状况的，就是均线金叉后，趋势得到确认，均线之间保持着一定的空间，以不同的速率、角度上升。

对交易者来说，能提示买点的只有标准的金叉形态，即被短期均线交叉的远期均线应保持走平或上行的态势。如果这一条件未能满足，那么在成交量上必须具有增量。

如图 4-2 中 A 点所示，5 日均线向上交叉 20 日均线。发生交叉时，20 日均线处于下行态势中，这不符合金叉的标准。但在图中可以看到 A 点发生交叉后，成交量开始逐步增量，有了量能的支持，可以有效弥补均线交叉强度不足的缺憾。图中该股随后进入到反弹行情中。

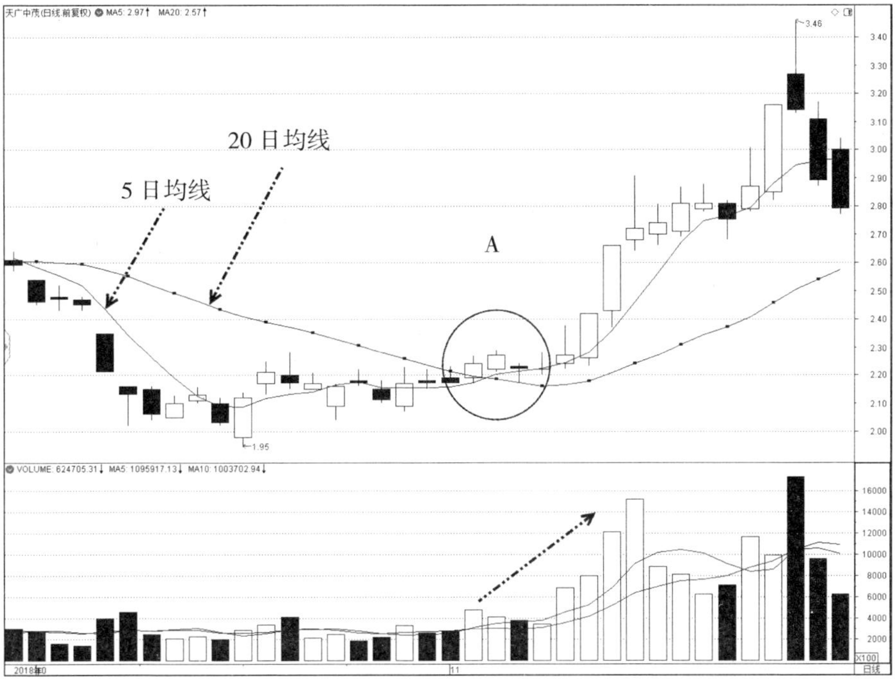

图 4-2

实战中，有些个股主力会故意制造均线交叉，意在诱多或诱空，按图索骥派的技术分析者往往会上当。越是短期的均线交叉越容易被控制，运用均线交叉进行分析时，交易者可设置一些中长期均线作为交易保护或安全边际。

聪明的交易者都知道一句话：均线乱如茅草时，休息就是短线的最佳选择。

二、死叉

死叉是指均线之间向下的攻击性交叉。死叉通常是指可能引发趋向向下转折的均线交叉。在成交量形态上，向下的攻击性交叉多数处于量能递减的态势。

死叉形态比较复杂，难以辨认。在盘整阶段，被短期均线交叉的长期均线应保持走平或下行的态势，这是死叉区别于普通交叉的标准。但是，在尖顶、双顶等急速转折形态中，这个标准就不太适用，往往会让交易者错过最佳的减仓时机。

前面提到过，短期均线的主要作用在于反映股价强弱变化。如果短期均线间出现死叉，那么提示的是股价强度有可能正在减弱，并不一定就是股价趋势将发生转折。

交易者可以利用这个特性，判断均线间的交叉究竟是普通交叉还是死叉。

如图 4–3 所示，A 区域同属短期均线的 5 日均线和 10 日均线发生向下交叉，这个技术细节提示交易者：股价短期强度正在降低。那么，股价强度降低会不会引发股价向下转折呢，这才是交易者真正关心的问题。

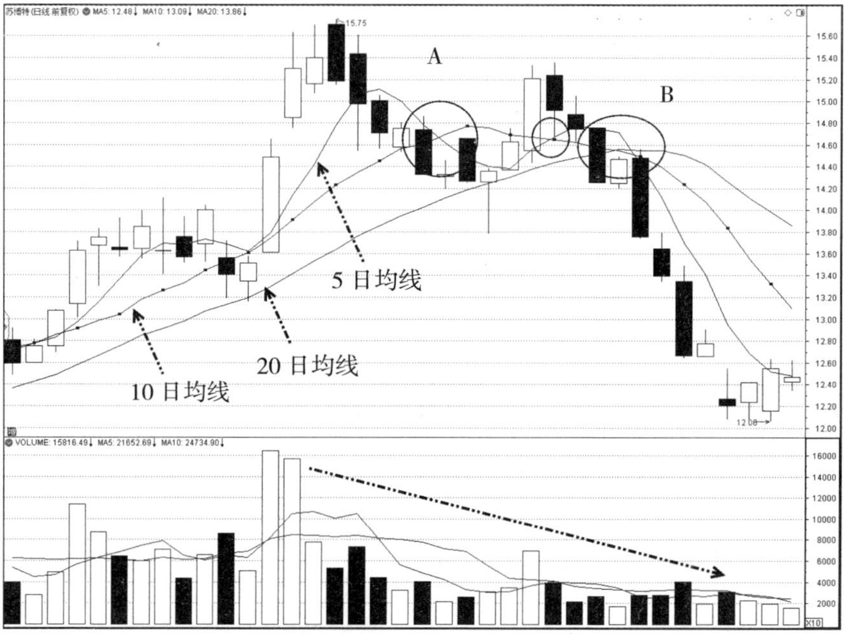

图 4–3

A 区域之后股价反弹，但此时 10 日均线已经转为下行。虽然 5 日均线又一次向上交叉 10 日均线，但大家知道这不是金叉，只能算是一个普通交叉，因为既不符合被交叉均线走平或上行的条件，也不符合量能增加的条件。在量能递减、股价强度减弱的态势下，这里应成为短线交易者的第一个卖点。

B 区域，当股价跌破 20 日均线，反弹不能有效收复时，葛兰威尔第八条法则就发挥出提示卖出的作用。同时，5 日均线和 10 日均线相继向下交叉 20 日均线，提示的是股价中短期已经不具备涨升强度，这里就成为交易者的第二个卖点。

三、价托和价压

（一）价托

价托由 3 条周期不等的均线构成，是指短期均线从低位回升，先与中期均线发生向上交叉，再与长期均线交叉，中期均线随后与长期均线交叉。3 条均线之间形成了一个封闭的三角形。这个封闭的三角形即为价托。如图 4–4 所示。

价托通常出现在价格转折的关口，既能起到对短期均线上行强度进行测试的作用，也能对价格上涨的持续性进行验证。股价发生转折后，是否能够形成支撑性的价托，也是验证股价上涨真实性的方式之一。

价托比一个简单的交叉形态的提示作用更强烈。出现价托说明经过一段时间的能量积蓄，多方已经具备向上攻击的动能，均线系统对价格的支撑体系也已初步形成。

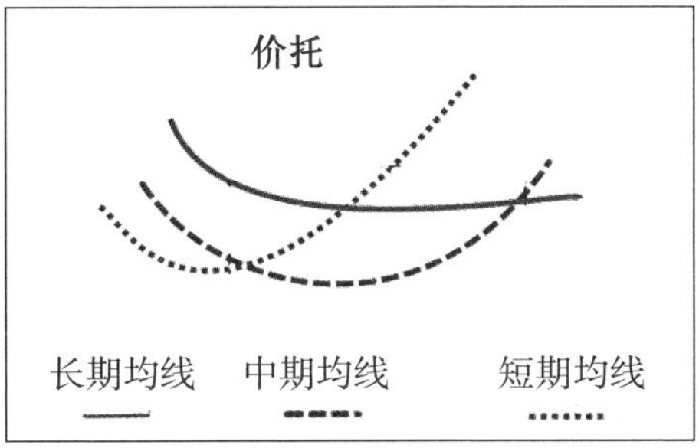

图 4–4

如图 4–5 中 A 区域所示，3 条均线相继交叉并形成价托，对股价的上涨起到了必要的支撑作用。

但是，交易者必须了解一点，即出现价托并不一定都预示着股价会一路大幅上涨。尤其是在底部构筑阶段，即使形成价托，股价仍会反复震荡。价托只能证明对于股价存在支撑，并不说明股价会大涨。

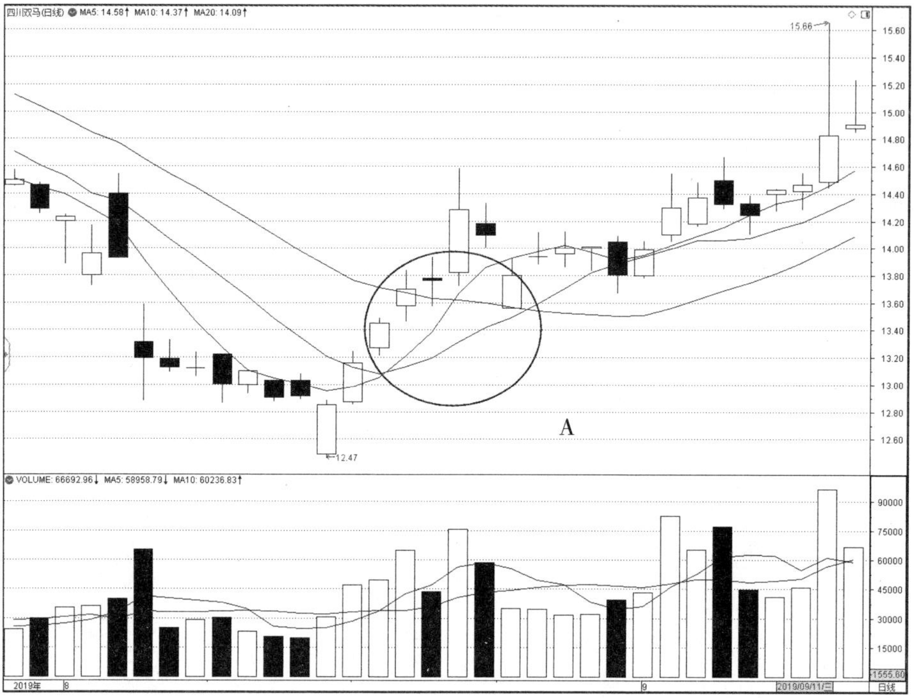

图 4-5

（二）价压

价压同样由 3 条周期不等的均线构成，是指短期均线从高位回落，先与中期均线发生向下交叉，再与长期均线交叉，中期均线随后与长期均线交叉。3 条均线之间形成了一个封闭的三角形，这个封闭的三角形即为价压。如图 4-6 中 A 区域所示。

实战中，随着股价下跌，短期均线首先出现向下死叉，意味着股价上涨强度减弱，下跌强度增强。价压的出现，将进一步强化下跌强度，并对股价形成压制。这说明经过一段时间的能量积蓄，空方已经具备向下攻击的动能，均线系统对价格的压制体系已经初步成形。出现价压后，并不一定预示着股价必然大幅下跌，有时股价会反复震荡以测试压制的存在。

价压多出现在价格转折的关口，价格发生转折后，是否能够形成价压，也是验证股价下跌真实性的方式之一。如图 4-6 所示，A 区域形成价压过程中，股价缩量盘整，并有弱反弹出现，不断测试上方是否真正存在压制。当股价难以击穿上方压制时，就说明下跌将会很快到来。

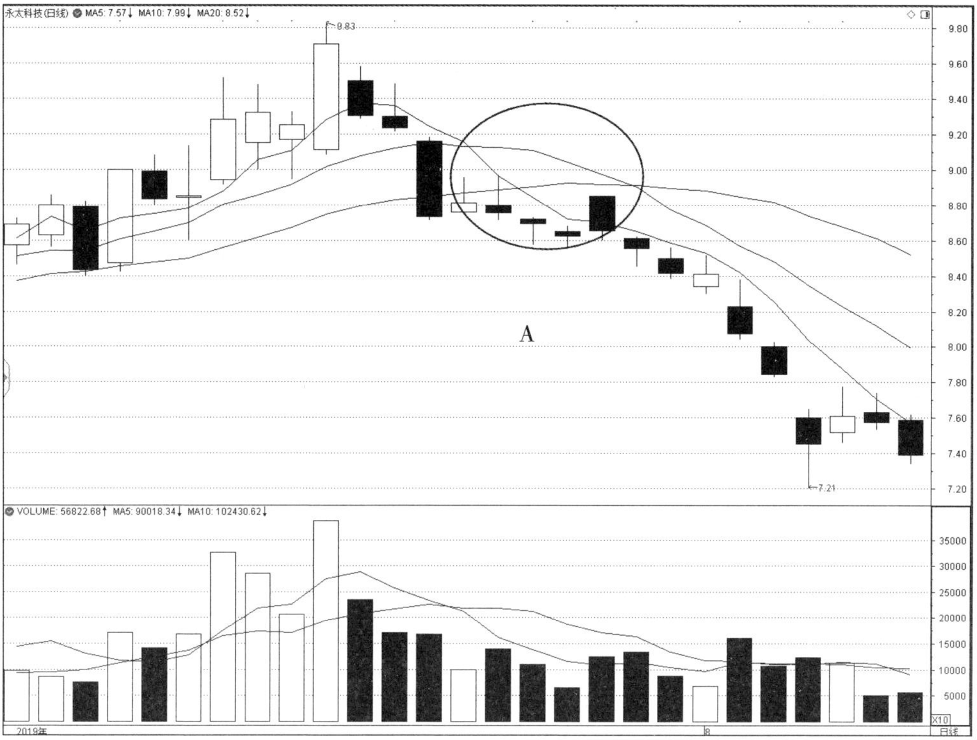

图 4-6

四、黏合与聚拢的作用

当行情处于波动和震荡过程中，随着这个震荡过程不断延长，不同时间周期的均线就会渐渐接近、聚拢到相近的价位，形成相互盘绕形态，即为均线的黏合。

市场上各个时期的交易者，虽然介入成本并不一致，但在价格的震荡波动过程中，大部分交易者不会选择长期持仓不动，相反会随着价格的波动不断地提高或降低成本。当价格长时间横向波动震荡时，市场的平均成本就会越来越趋于一致。这就是均线黏合的技术原理。

不同时间周期的平均成本都汇聚在某一个价位附近，从技术上来讲，产生的支撑或压制作用会非常强大。均线出现黏合，意味着市场行情已经走到了必须做出方向性抉择的关口。

短期均线黏合，只对研判价格短中期趋向变化有作用。中长期均线加入到黏合中，则对判断趋势变化具有明显作用。

均线黏合是一种形态的统称，包括聚拢和黏合两种形式。聚拢是指多个时间周期的均线在某一价位附近汇聚，之后重新选择方向。黏合则是指多个时间周期的均线相互缠绕，运行于一个高点和低点相对平行的箱体内，之后选择突破方向。如图 4-7 所示。

无论是哪一种形式的均线黏合，聚拢也好，黏合也罢，都只是可能引发价格扭转的外在形态。具备了这个外在形态，并不必然发生逆向扭转，或扭转未必就一定成功，还需要对价格相关形态和运行重心以及技术环境进行综合分析，才能得出一个相对准确的判断结论。

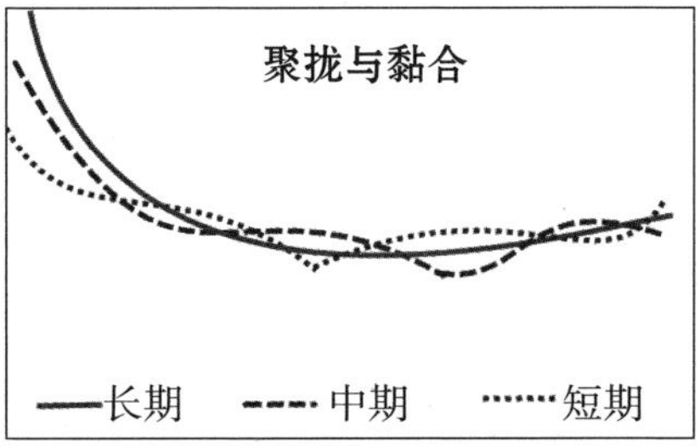

图 4-7

均线聚拢，有时仅是黏合形态的一个前奏和过程。多条均线聚拢后可能进入黏合状态，但有时聚拢后会直接选择突破方向。也就是说，黏合需要聚拢，但聚拢并不一定必然会进入黏合状态。

从技术分析的角度来说，相比黏合形态，聚拢形态在稳定性上稍有欠缺，短期均线之间的聚拢总是频繁出现。所以，有中长期均线加入的聚拢形态，在技术分析上的参考作用更为重要。

图 4-8 中的均线系统由 10 日、30 日、60 日、120 日均线构成，可以看出这是一个中期均线系统。A 区域是多条均线分别从下行状态汇聚到相近点位，并在此位置形成聚拢后向上扭转，进入到上行状态中。实战中，有 60 日、120 日这些中长期均线加入形成的聚拢，发生逆向扭转的可信度相对较高。

均线聚拢后通常有以下 3 种选择。

第一种是选择逆向扭转突破。

第二种是回归原趋势运行。

第三种是形成黏合。

短期均线之间相互缠绕，是一种常见的盘整形态，并不属于黏合的范畴。本节主要以多周期均线之间的黏合为对象。

可能引发价格扭转的均线黏合具有以下 3 个特点。

（1）经过长时间、大幅度的下跌或上涨过程。

（2）有中长期均线加入。

（3）黏合过程不少于 6 个月。

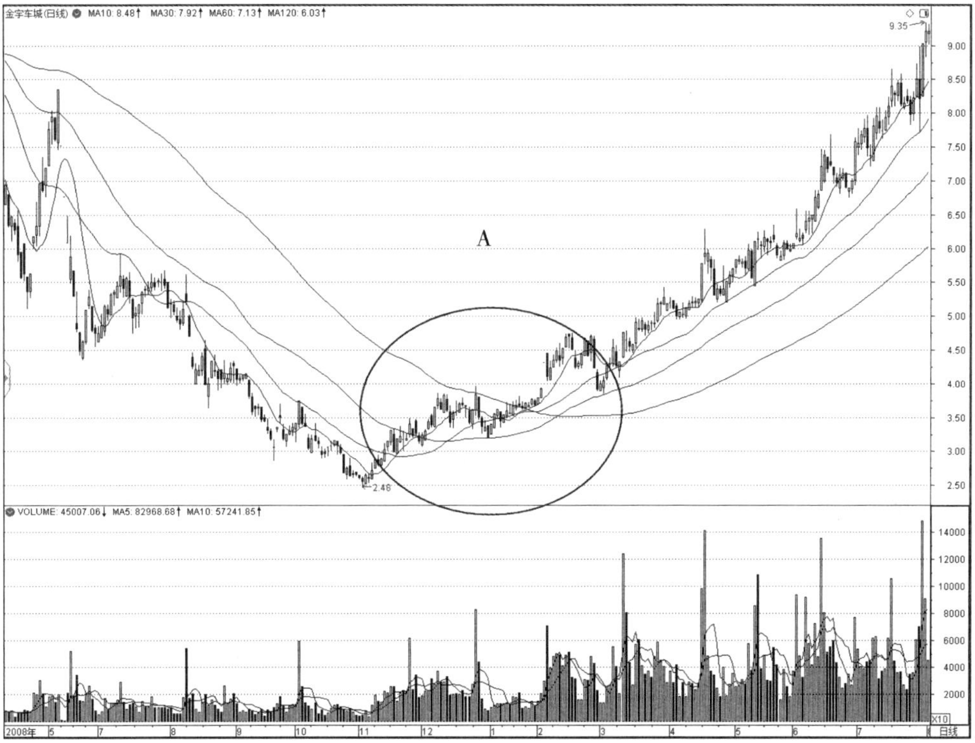

图 4-8

在均线黏合过程中，越多的中长期均线加入黏合中，黏合维持的时间越长，之后选择逆向突破的可能性越大。

图 4-9 中 A 区域标示的黏合区域，10 日、30 日、60 日、120 日均线都已加入黏合过程，这个黏合区域维持的时间超过半年。

在均线黏合的维持阶段，价格依然会震荡波动，甚至有些波段的震荡幅度能够达到次级反弹或回调的水平。均线黏合维持阶段的价格大幅震荡，对于调整中长期均线运行方向、各周期均线依次排列能够起到极其重要的作用，也为逆向扭转打下较为坚实的基础。

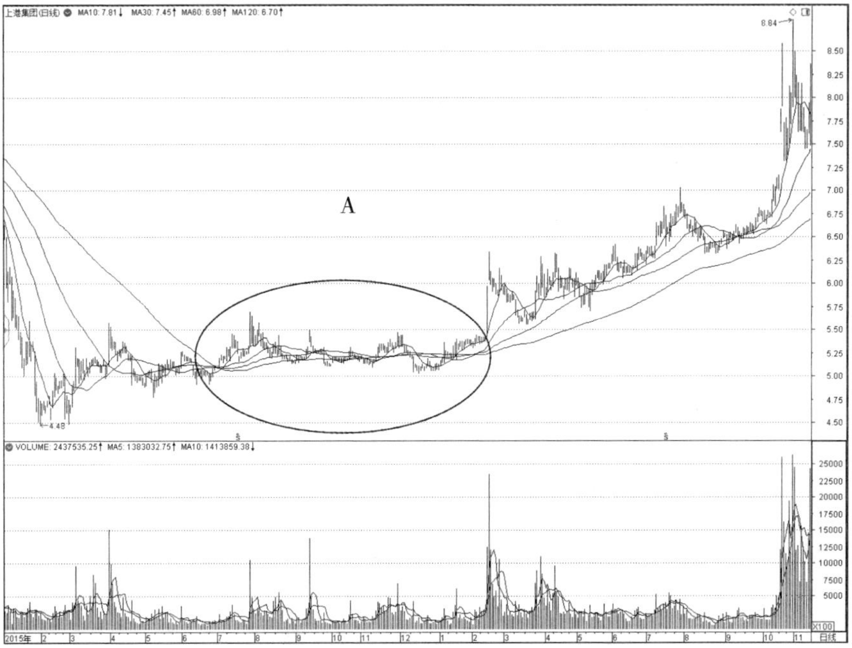

图 4-9

五、多头排列的买点选择

均线黏合形态结束后，存在一个方向性的选择问题，这个方向性选择就会带来均线的另一种形态——均线发散。

均线出现发散，意味着多条均线之间必然具有空间，这是对于价格的多层保护，也是价格处于强力启动阶段的一种表现。

均线向上发散，是指均线黏合形态结束后选择向上突破，多个不同周期的均线向上拉开彼此之间的距离，为股价上涨或下跌提供支撑空间。

多个不同周期的均线，依照短期均线在上、长期均线在下的顺序依次排列，即为多头排列。均线系统由向上发散到多头排列，意味着股价在多层保护和多方的强力推动下，已经发起了向上的攻击。如图 4-10 所示。

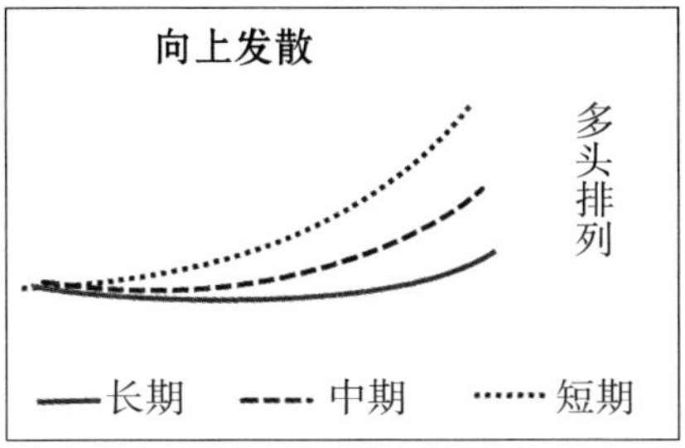

图 4-10

均线向上发散和多头排列对价格的支撑作用是极其强劲的，尤其是刚刚走出黏合形态时，往往具有极强的爆发力。

实战中，持仓个股出现这种形态时，交易者应坚决持仓，不为股价日间的剧烈波动所扰乱，直至均线发散或多头排列形态出现改变，再根据盘间和技术环境的变化，决定下一步要取的策略。

如图 4-11 中 A 区域所示，均线系统向上发散并呈多头排列。只要均线之间的厚度空间不被完全封闭，发散形态仍在持续，就意味着多方的攻势不会停止。即使股价在某一日出现回落调整，也大多仅是一个短暂的日间波动。

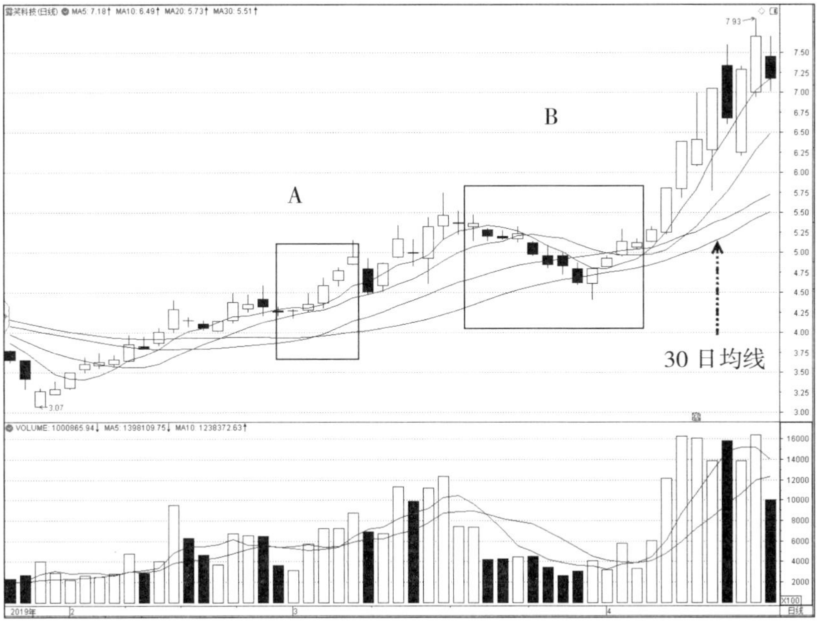

图 4-11

值得交易者关注并加强分析的是B区域，这一区域均线发散形态已经消失，意味着来自A区域的第一波次涨势暂告一段落。

B区域，均线发散形态虽然已经消失，但下方的30日均线仍保持上行态势，这就为均线系统再次向上发散和多头排列留下了重要的技术基础。当股价在B区域回落但得到30日均线的有力支撑再度上涨，均线系统再次向上发散，形成多头排列时，又出现一个买点。

六、空头排列的卖点选择

均线向下发散，是指均线黏合形态结束后选择向下突破，多个不同周期的均线向下拉开彼此之间的距离。

多个不同周期的均线，依照短期在下、长期在上的时间周期顺序依次排列，即为空头排列。

均线系统由向下发散到空头排列，意味着股价在均线多层压制和空方的强力助推下，已经发起了向下的攻击。如图4-12所示。

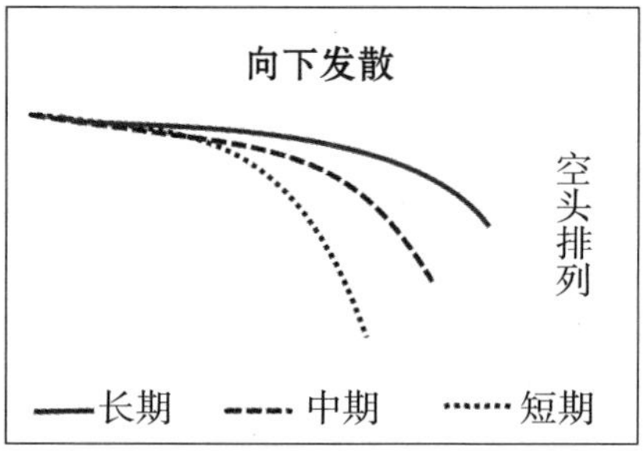

图4-12

如图4-13所示，该股结束黏合形态后，在A区域均线开始向下发散并形成空头排列。均线向下发散和空头排列对于价格的压制非常强大，尤其是刚刚结束黏合形态，空方方兴未艾，势头正盛时，做空或者空仓等待是较佳的交易选择。

在均线向下发散和空头排列的压制下，股价很难出现持续性的反弹。图4-13中B区域，弱势反弹多日后，股价仍旧继续下跌。

技术上，这种反攻测试结果反映了多方的羸弱。连一个像样的强势反弹都难以组织起来的个股，至少在短时间内不会成为关注和跟踪的对象。

在均线向下发散和空头排列形态下，切忌依据价格的日间波动盲目抢反弹，

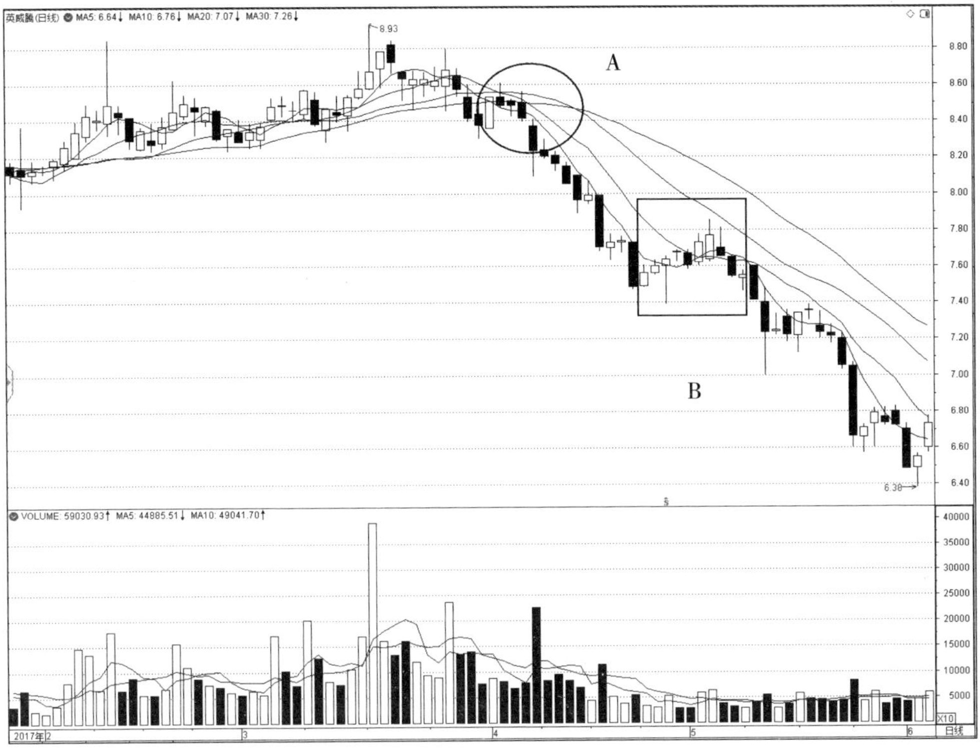

图 4–13

否则无异于虎口夺食。

在均线发散形态上，不同时间周期的均线或均线系统对行情具有不同的揭示深度。短期均线系统形成发散形态，说明价格至少在短期内具备上涨或者下跌的动力。中长期均线系统形成发散形态，说明价格正处于一波次级行情或趋势行情中。

从趋势和趋向的角度来应对不同级别的均线发散形态，是一个较为理想的选择。同时，可以利用中长期均线来验证短期均线系统发散形态的可靠性和持续性。

七、顺水行舟与逆水行舟

均线如同奔流的江水，股价就像在水中行进的小舟，水能载舟，亦能覆舟。另外，均线更有顺水行舟与逆水行舟之别。

（一）顺水行舟

当均线运行方向与K线运行方向保持一致的时候，就称为顺水行舟。

顺水行舟分为两种技术形态：其一是K线和均线同步保持整体上涨的态势，如图4-14所示。其二是K线和均线保持整体下跌的态势，如图4-15所示。

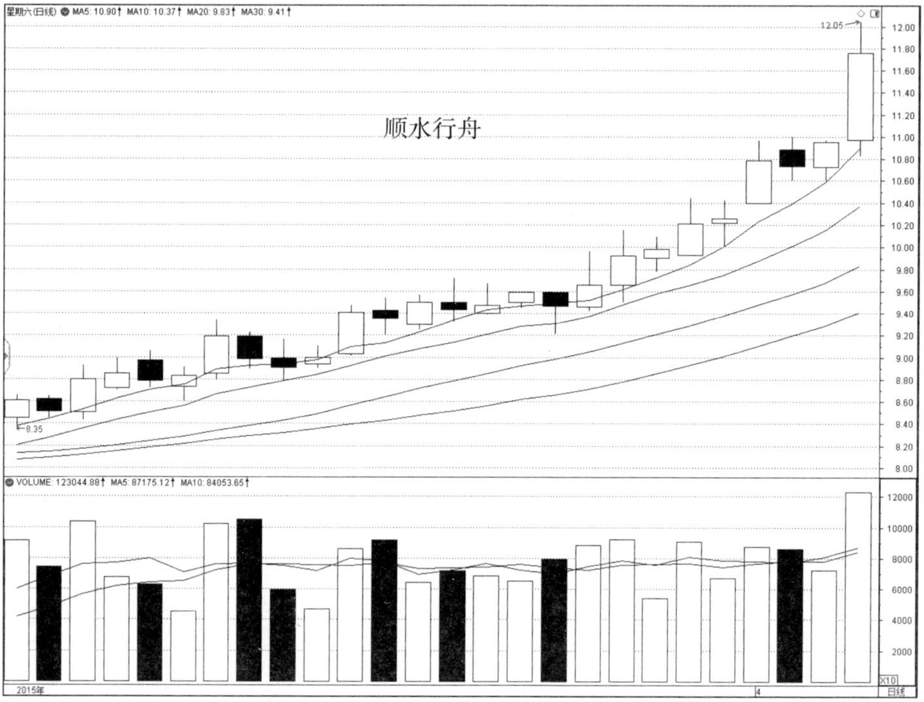

图4-14

在顺水行舟形态中，均线多头排列时，股价上涨往往很火爆；均线空头排列时，股价下跌则很凶悍。正如船在顺风顺水的条件下行驶时，阻力最小可以达到“轻舟已过万重山”的境地。

（二）逆水行舟

当均线运行方向与K线运行方向相反时，就称为逆水行舟。

逆水行舟也有两种技术形态：其一，均线向上行进而K线向下运行，这种形态一是出现在上涨过程中的回落调整阶段，或是行情见顶回落的开始阶段，如图4-16所示。其二，均线向下运行而K线向上运行，这种形态一般出现在下跌途中的反弹阶段，或者行情见底回升的开始阶段，如图4-17所示。

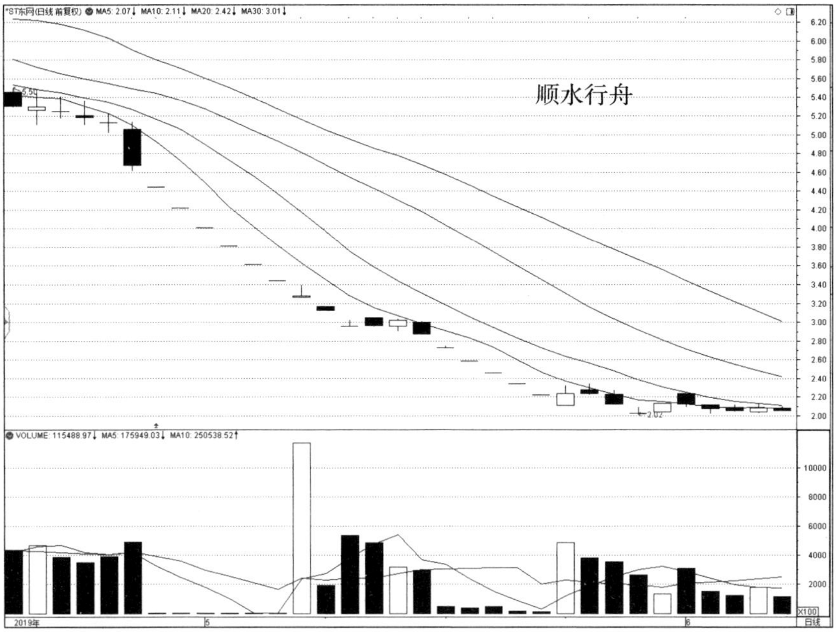
*ST东网(日线 前复权) MA5: 2.07↓ MA10: 2.11↓ MA20: 2.42↓ MA30: 3.01↓
顺水行舟
VOLUME: 115488.97↓ MA5: 175949.03↓ MA10: 250538.52↑
2019年
日线

图 4-15

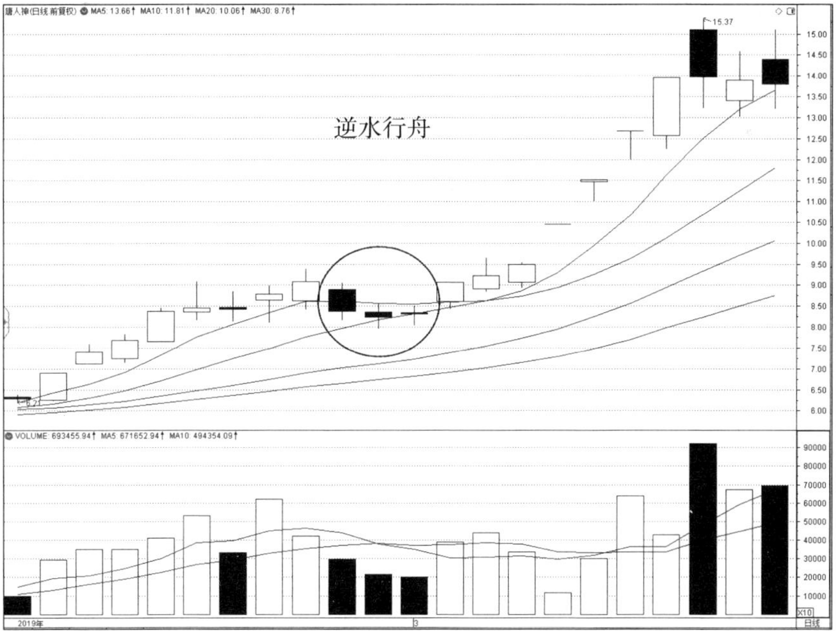
塘人神(日线 前复权) MA5: 13.66↑ MA10: 11.81↑ MA20: 10.06↑ MA30: 8.76↑
15.37
逆水行舟
VOLUME: 693455.94↑ MA5: 671652.94↑ MA10: 494354.09↑
2019年
日线

图 4-16

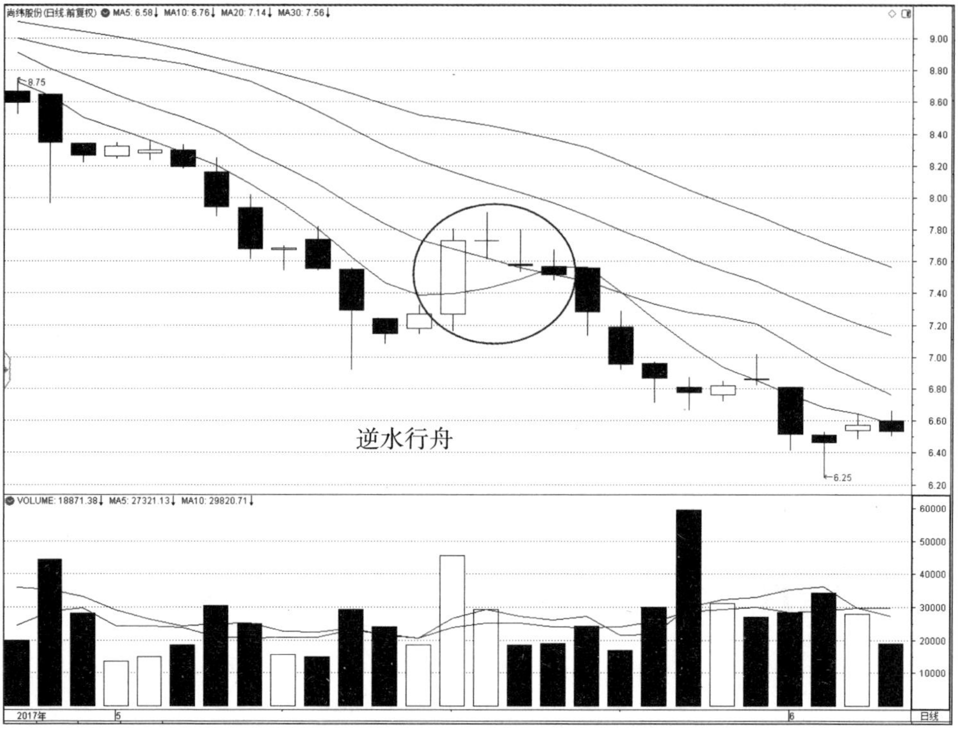

图 4－17

逆水行舟意味着需要耗费远大于常态的能量。当这种超常能量不能持续补给的话，也就到了行情停止前行甚至逆转的时刻。通常情况下，逆水行舟这种形态持续的时间大都较为短暂。这就是上涨趋势中的回落调整和下跌趋势中的反弹行情，都不会持续较长时间的技术因素所在。

如果 K 线与中长期均线方向保持一致，那么顺水行舟形态就是一轮持续时间较长、幅度较大、形态较为复杂的行情，一般称为牛市或者熊市，也就是趋势。

如果 K 线与中长期均线相反，而与短期均线系统运行方向一致，即为回落调整或反弹行情。

确认 K 线与长期均线系统的趋势，关乎在一个较长的时间范围内交易者采取的主要交易策略。K 线与长期均线系统的趋势，也是交易者鉴别自己的交易行为是顺势而为还是逆势而为的一个标尺。

通常来说，符合趋势的顺势而为应当成为交易者的主要交易方向，同时也要重仓位参与。而参与逆水行舟形态下的短期行情，则是与趋势相逆，只能是短期交易方向，交易中要轻仓参与。

在上升趋势的市场中，当然应以做多为主要的策略，在参与回落（逆水行舟之趋向回落）行情时，应该控制好做空的尺度和界限。在下跌趋势的市场中，当然以做空或观望为主，主要参与次级反弹行情，回避短期反弹。

（三）顺逆关系的转化

无论是顺水行舟还是逆水行舟，总是随着行情的发展变化而变化，不可能永远不变。热火朝天的牛市终会有终结日，而肃杀清冷的熊市也必将有结束的一天。

逆水行舟形态可能会在运行途中结束，继续回归到原有趋势，也可能会在运行中得到强化延长或转化。逆水行舟的转化，是指由原来的趋向行情转化为趋势行情。

逆水行舟形态代表着趋向性行情，多数时候，当其运行到一些重要的均线关口，往往也就是趋向性行情结束的时候，随后就会回归到原来的大趋势中。

当逆水行舟形态连续攻克一些重要的均线关口时，意味着其处于形态的加强延长状态中，或者这个逆水行舟形态可能正担负着趋势转化的重要使命。

明辨 K 线与均线的关系，至少能让大家清楚地知道在行情的某一阶段该干什么、怎么干，尽可能避免在股价波动中迷失方向，甚至犯下与大势对抗的错误。

逆势而为不等于盲目与趋势对抗，大多数时候逆势而为是指与市场大众心理趋向相逆。还有一些时候，逆势而为是指处于趋势转化过程中，这时所谓的逆势正在或已经转化为顺势而为。

在实战中，顺水行舟和逆水行舟形态最显著的作用，就是提示交易者根据股价运行趋势做容易做的交易，赚容易赚的钱。如果一味追求交易中的难度，那么面对的市场风险会很大。

八、均线的支撑与压制

支撑与压制，可以说是均线理论的重中之重。理解了支撑与压制的要义，均线理论的枝枝蔓蔓便可迎刃而解。

价格和均线之间不是处在支撑之上，便是处于压制之下。如果还有第三种状态，那就是正处于支撑与压制转化测试过程中。

（一）支撑

仅从形态表象上说，当价格在均线之上运行，理论上可认为价格得到均线的支撑。当然，这是一种形态上或理论上的描述方式，它涵盖了大部分的外在支撑形态，但不是全部。

如果从交易实战的角度来解读支撑，理论上有些所谓的支撑，可能只是一个假象甚至是陷阱。

当价格处于一条由上而下运行中的均线上方时，理论上支撑是存在的，但实战中这条均线是否具有对价格的真正支撑，则并不确定。一定程度上，这是一种更倾向于空头的形态。

1. 支撑的认定

在价格处于均线之上的条件下，均线支撑的认定如下。

（1）均线运行方向与价格运行方向一致向上，即同向运行时，支撑稳定存在。如图 4–18 中序号 1。

（2）价格向上，均线由上而下运行时，支撑产生于该条均线扭转向上即牵引形态发生时。如图 4–18 中序号 2。

（3）均线与价格横向运行时，支撑产生于价格脱离横盘向上运行时，如脱线、托线等形态出现时。如图 4–18 中序号 3。

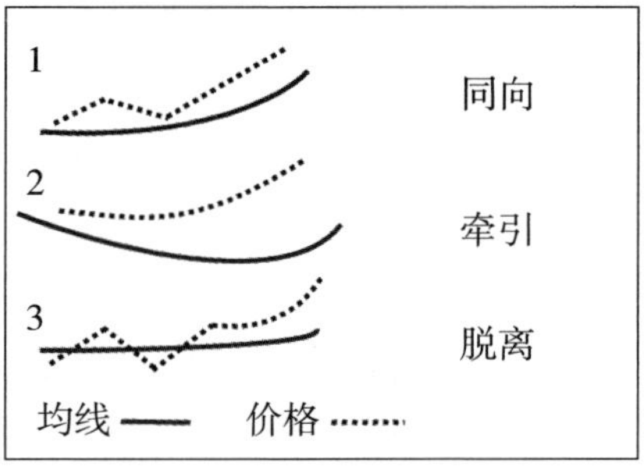

图 4–18

实战中的细节变化可能会更复杂，但大体会涵盖在这 3 种形态之内。

第一种是均线和价格的同向形态，这种支撑最为常见，也较为稳定。

第二种是牵引形态，即价格的上涨牵引下行的均线转为上行，均线由此具有支撑。

第三种是横向脱离形态，是指股价与均线从横向盘整波动中脱离出来。这种形态会带来一个问题，在未脱离之前的盘整波动过程中，均线有没有支撑？

如果认为盘整波动中均线无支撑，那么盘整波动应无法维持。如果认为盘整波动中均线有支撑，那么就无须脱离形态来确认了。

横向盘整波动中的均线具有理论上的支撑，或者说具有市场心理上的支撑。

大多数人会认为，一个横向小幅度的波动是安全的，没有明显的向上或向下的方向，反而给予市场以充分发挥想象的空间。

市场资金不愿意深究实际走势和自身的主观愿望是否会一致，只需要有一个可供想象的空间和看上去暂时安全的环境。至于后市出错怎么办，市场资金往往会将这个问题推给止损纠错。

有时候主力资金会借用市场资金普遍具有的这种心理来完成自己的任务，并尽可能烘托出市场资金希望见到的技术环境。

并不是所有的市场资金都预料不到后市可能会下跌，但他们会认为自己能够在下跌时及时减掉仓位。

盘整波动中，均线的支撑就是这样形成的。市场心理会跟随股价的波动来自设支撑或压制，这种支撑或压制反过来又会给其带来更大的迷惑性。

盘整波动中的均线支撑，处于并不确定的状态。其一方面取决于主导资金的选择，另一方面要看市场资金是后续乏力还是汇聚成洪流。

即使处在一个真正的底部构筑阶段，在震荡中股价反复触底，横向运行的均线并不能认为对价格具有支撑，交易者必须等待一些技术因素的出现，比如牵引、脱离等。

2. 支撑的确认

有支撑并不意味着价格接下来就会飙升。其实，支撑告诉大家的是某一价位上持仓者惜售，买入者增加。持仓者的惜售会令价格“跌不动”，但只有具备一定的买入数量才能决定价格的涨升空间。

均线对于价格的支撑即使在技术上是成立的，实际运行中仍可能多次出现不同级别的确认支撑存在的过程。确认支撑是通过股价的下跌来实现的。

价格对于均线支撑的确认过程会贯穿始终。随着不同级别的回落调整，会有从短期均线、中期均线到长期均线，测试不同级别支撑的过程。

（二）压制

从形态表象上说，当价格在均线之下运行，理论上可以认为价格受到均线的压制。同样，这仅是一种形态上或理论上的描述方式。

从交易实战的角度来解读压制，当价格处于一条由上而下运行的均线下方时，理论上压制是存在的，但实战中这条均线是否具有对价格的真正压制，则并不确定。

1. 压制的认定

在价格处于均线之下时，均线压制的认定条件如下。

（1）均线运行方向与价格运行方向一致向下，即同向运行时，压制稳定存在。如图 4-19 中 A 区域所示，均线与股价整体处于下行状态，这种状态下的压制是稳定存在的。

（2）均线与价格横向运行时，压制产生于价格脱离横盘向下运行、均线也向下扭转时，如出现脱线、压线等形态。如图 4-19 中 B 区域所示，股价下跌，均线转向下行，先是出现压线，然后以脱线开始快速下跌。均线随后向下转向，显示压制由此生成。

（3）价格向下而均线向上运行时，压制产生于该条均线扭转向下，即牵引形态发生时。如图 4-20 所示，均线向上运行而股价下跌，当 A 区域均线扭转向下时，显示压制存在，随后进入加速下跌阶段。

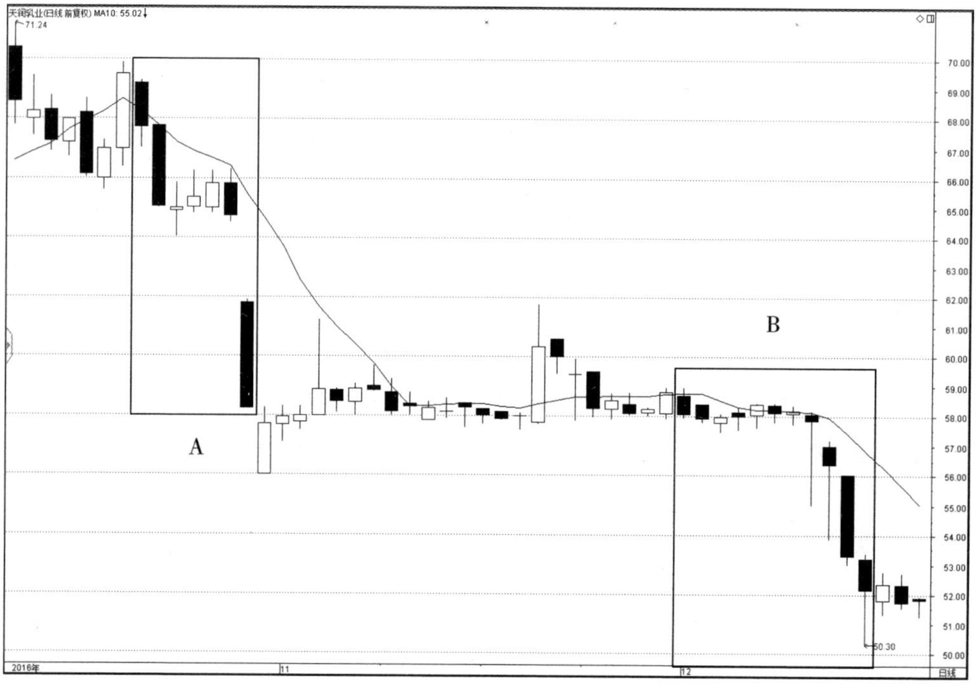

图 4-19

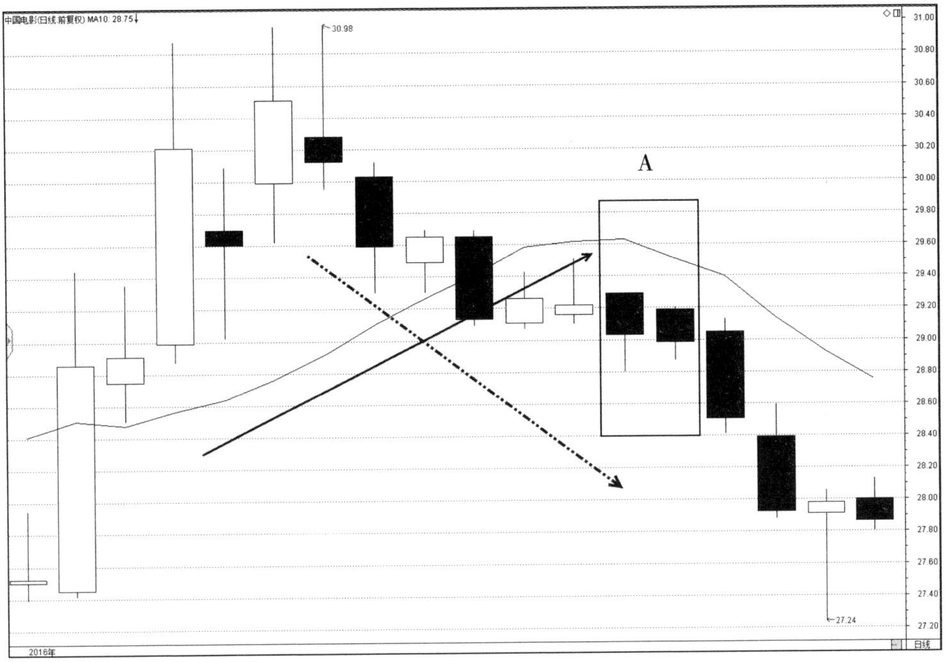

图 4-20

2. 压制的确认

出现压制，并不意味着价格接下来就一定会大跌。压制的存在说明在某一价位上会引发持仓者抛售，但这种抛售行为并不一定具有持续性。遇到压制，价格可能会回落、滞涨甚至突破。

价格开始下跌或下跌过程中，会多次出现不同级别的确认压制存在的过程。攻击压制位，攻而不破再度下跌，就确认了压制的存在。不同时间周期均线的压制，对价格具有不同级别上的技术含义。

如图 4-21 所示，A 区域股价反弹，得到 10 日均线支撑后继续上涨。至 B 区域时，在下行态势中的 60 日均线附近受到压制开始回落。

B 区域是股价对 60 日中期均线压制进行测试和确认的过程。这种级别上的确认，提示了未来股价在短中期走势上的大概方向。

之后的 C 区域和 D 区域，是股价对 10 日短期均线压制的测试和确认过程。这种级别上的确认，只能提示股价在短期走势上的大概方向。

支撑与压制总是处于转化之中。在一定条件下，支撑可以转化为压制，压制也可以转化为支撑。

图 4-21

无论哪一种转化，都会在技术上形成突破。突破是一个双向的概念，既包括向上的突破，也包括向下的突破。

判定突破的标准，传统理论认为要具备 3% 以上的空间和 3 个交易日。

从实战和不同突破级别的角度来看，突破成功与否的判定标准应该是：价格从被压制态势发生突破之后，之后的运行必须受到均线的支撑；价格得到支撑并发生突破之后，之后的运行必须受到均线的压制。

第三节　均线的 9 种实战形态

一、厚度不封强势在

“挽弓当挽强，用箭当用长。”短线交易以强势股为主要的交易对象，而强势股并不意味着不会跌。学会辨别其中哪些下跌是机会，哪些是风险，是短线交易的基本功。

不少短线交易者喜欢追涨强势股，但往往会追在短线高点上。一旦强势股回调，便仓皇止损，止损后却发现该股已经峰回路转，扶摇直上。

其实强势股也存在低吸的机会，但这个机会出现时，多数人不敢买。强势股回调，多采用日间震荡或以空间换时间的方式，这种方式必然如惊涛骇浪，让人避之唯恐不及。难得的低吸机会却偏偏隐藏在其中。

操作强势股，可关注 5 日均线、10 日均线之间的厚度变化。通常来说，能称得上强势股，必然以大角度保持上涨，5 日均线与 10 日均线之间保持着一定的厚度。

如图 4-22 中 A 区域，股价出现回落调整，但 5 日均线与 10 日均线之间保持着一定的厚度。更重要的是，代表价格强度的 5 日均线仍旧维持上行态势。这说明短线涨升强度并未消失，短线交易者仍可寻机介入。

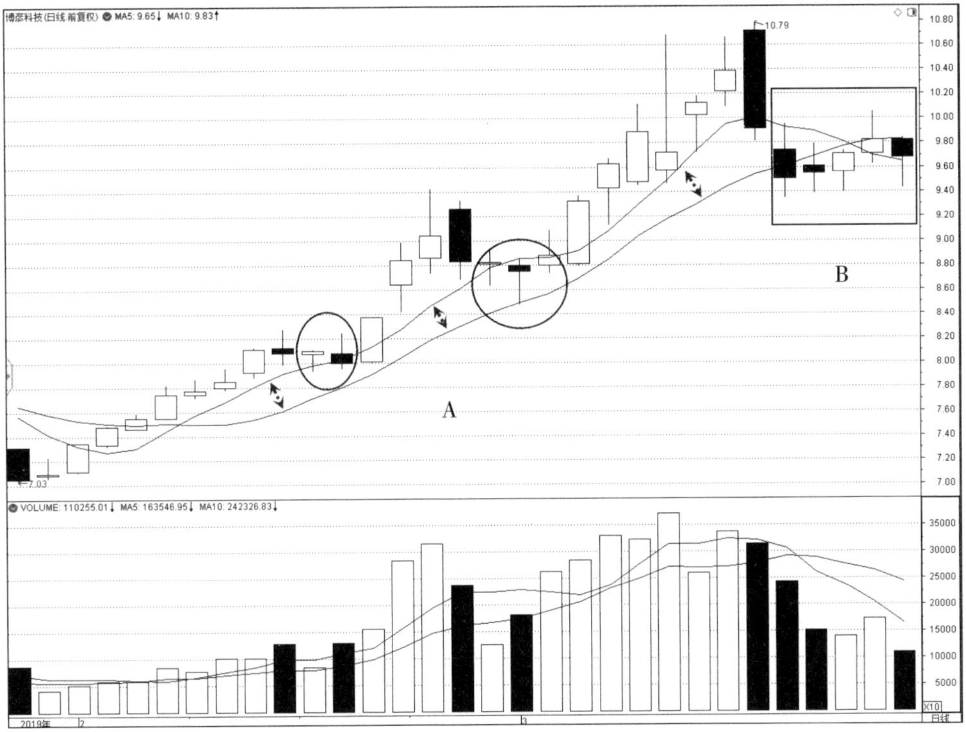

图 4-22

被资金狂追的个别强势股，也会采用回调略探 5 日均线便再度起涨的方式。连续采用这种方式调整的个股，一旦资金失去追涨的热情，就会直接进入到大级别的下跌中去。常说的“断崖式下跌”，往往就发生在这种个股上。

B 区域，5 日均线交叉 10 日均线，厚度空间封闭，说明该股已经进入到调整阶段，短线交易者不应再继续追高。

二、最忌逆势孤军深入

上涨趋势中，有时会突然遭遇大幅度的暴跌行情，价格短期内连续突破中长期均线系统，如 60 日均线、120 日均线、250 日均线等。下跌趋势中也有类似的情况，突如其来的暴涨连续突破多条中长期均线。

逆势出现的暴涨、暴跌行情多数不可维持，即使这种暴涨、暴跌行情最终改变了运行趋势，也存在一个较长的修复过程。

如图 4-23 所示，A 区域股价以近乎 90° 角急速上涨，一度穿越下行态势中的 60 日、120 日、250 日均线。但是这种孤军深入的逆势急升很难持久，如果交易者没在最初阶段介入，后面很难捕捉到适宜的介入点。如图中所示，股价很快便回归下跌。高位追进的人，短时间内就会遭遇大幅套牢。

图 4-23

对于股价短时间内突起的逆向行情，如果技术环境上并不具备趋势改变的基本条件，那么多数都会在急速运行阶段结束后，略经盘整或直接回归原有趋势。

不但在下跌趋势中会这样，上涨趋势同样会发生这种情况：突如其来的暴跌，让交易者误以为涨势终结，但随后股价峰回路转，又以同样形式的暴涨回归到涨势中。对于价格短期内连续突破中长期均线系统的走势，交易者最好保持冷静。

三、起飞跑道

上涨趋势初期，或者是涨势中级别较大的调整之后，部分个股股价恢复上涨的过程是以较小的倾角来运行的，较少有大阳线、大阴线，而是以中小K线居多。总体来说，这种走势的个股一段时间内的升幅很有限，所以不少持仓者耐不住股价磨磨蹭蹭的上涨，选择卖出换股。

其实仔细分析这类个股的走势，可以发现具有以下3个技术特点。

（1）短中期均线多头排列，稳定向上运行。

（2）量能逐步增加，接近滑行、起飞阶段时形成聚量攻击。

（3）股价极少会回落至中期均线之下，即使偶有发生，也会以下影线等方式快速收回。

具备这3个特点的个股，一般将其比喻成正在修建起飞跑道的潜力股。

如图4-24所示，该股在升势中出现调整，A区域短中期均线逐渐完成修复，进入到多头排列中。之后股价多数时间在短期均线之上运行，虽然K线实体以小阴小阳为主，偶有回落，但都很快被拉回，显示下方均线系统具有强大的支撑。

随着均线间的厚度慢慢拉开，“跑道”的支撑强度也逐渐变大，股价“起飞”也就为时不远了。

“修建起飞跑道”的个股，进入滑行、起飞阶段的标志，通常都是对最近密集成交区的突破。如图中B区域，股价突破C区域以及D区域的密集成交区后快速上涨。

其实案例中的C区域，股价曾尝试突破D区域的密集成交区，但这里的量能情况显示，主导资金并未倾力而为。C区域的量能对比D区域的量能，明显不在一个等级上，所以C区域极有可能只是主导资金试盘和洗盘的一个区域。

进入滑行和起飞之前，吓走不稳定的持仓者，引出D区域的部分套牢盘割肉，这样既可以减轻之后的上涨压力，也可以减少获利盘，为股价快速上涨铺平道路。

图中 B 区域及之后，股价脱离均线，进入滑行、起飞阶段。

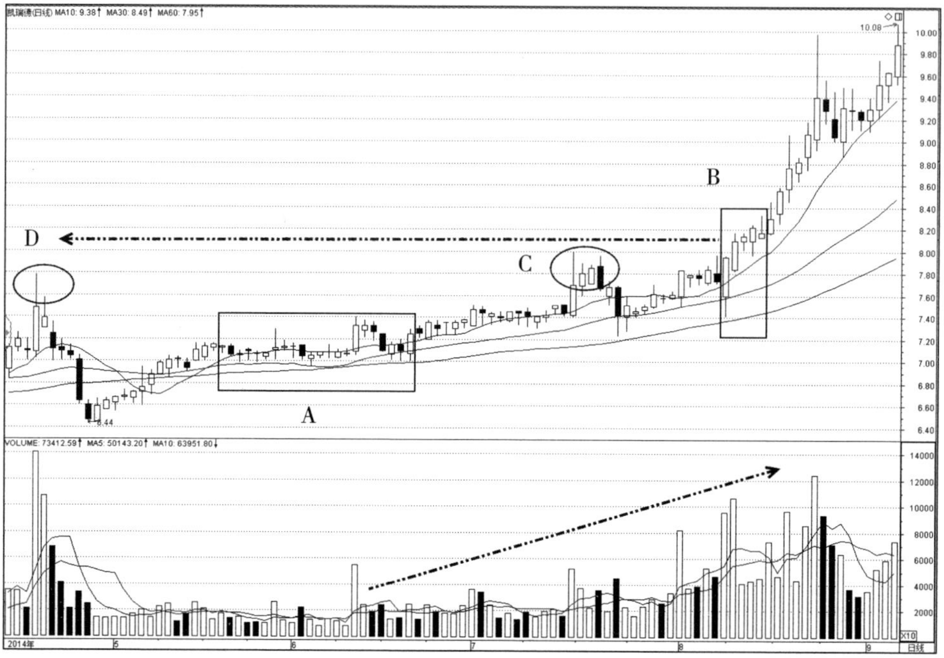

图 4–24

四、升势休整

上涨趋势中，30 日均线回落触及或向下交叉 60 日均线，随后又向上交叉 60 日均线。之前回落过程中无量运行的股价开始加大换手率，K 线低点逐步抬高，此后均线系统形成多头排列，这种走势为升势休整形态，后市大多会有一轮强劲的上攻行情。

如图 4–25 中 A 区域所示，30 日均线向下交叉 60 日均线，在这个过程中，虽然股价不断震荡，但低点不断抬高。B 区域，30 日均线上穿 60 日均线，股价又重新回到均线系统之上，开始进入主升阶段。

升势休整，其实也是均线修复的过程。当股价与均线上涨趋势运行一段时间后，会累积一定数量的不稳定因素。随着股价越升越高，获利盘也会迅速增加，其兑现的欲望越来越强烈。

出现一段时间的回落修复，既可以清理获利盘，也可以借机提升市场的平均持仓成本。这个清理过程的长短，一般以 30 日均线向下交叉 60 日均线，随后又向上交叉 60 日均线为主要观测基准。之后股价再度回归升势时，则意味着清理过程结束。

出现升势休整，可以让日益躁动的市场心理平复下来。毕竟过早地让价格进入疯狂状态，对于主力来说并不一定是好事。

图 4-25

五、兜底坑

所谓兜底坑，是指经过大幅下跌后，有中长期均线加入聚拢或黏合形态，之后价格突然向下快速跌落，但随后便开始回升并突破中长期均线，扭转趋势并启动第一波上涨，整个过程就像是在路面上挖出一个坑。这个坑会对后面跟进的人造成影响，但对价格前行的道路来说，崎岖不平是一种正常状态。

兜底坑是趋势扭转阶段比较常见的现象。在均线聚拢或黏合形态渐渐得到市场认可的时候，突如其来的急速下跌，使价格打破所有的均线支撑，这种情况无疑会引发市场恐慌。

在上涨趋势并不明了，下跌趋势僵而不死的情况下，兜底坑会让多数持仓者失去信心，抛售筹码。在兜底坑右侧“填坑”的价格回升过程中，已经卖出的人很少会再买回来，而主力资金想要的就是这个效果。

如图 4-26 中 A 区域所示，股价从黏合状态中突然下跌，打破了所有的均线支撑，似乎正要开启新的大跌。但出乎意料的是股价很快止跌，在低位盘整后回升并成功突破 250 日均线的压制。股价在 250 日均线上测试压制并转化为支撑后，随即开启新一轮升势。

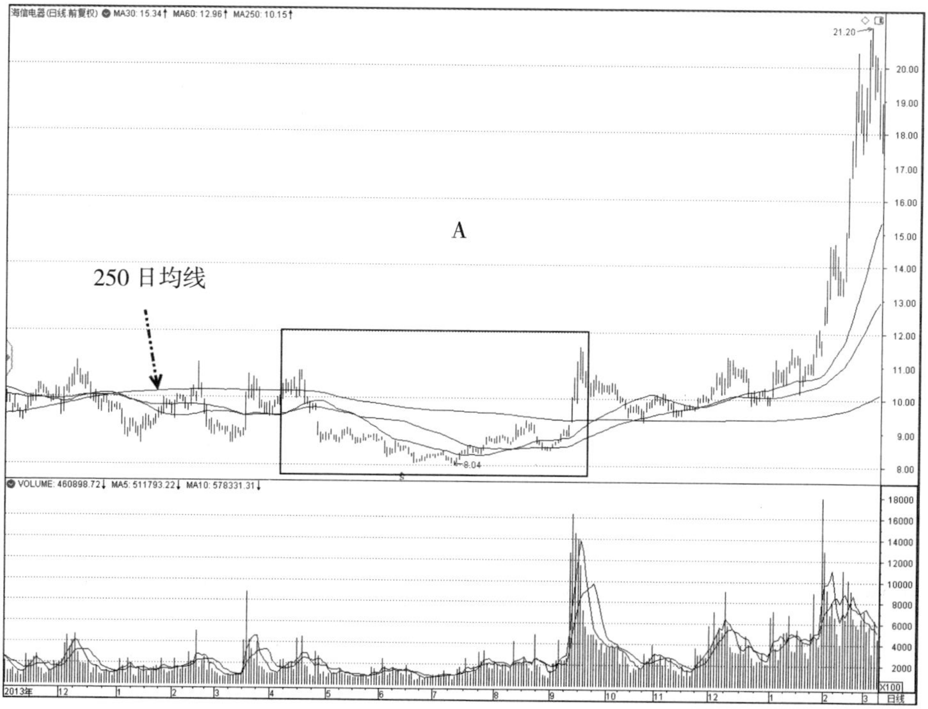

图 4-26

实战中，兜底坑形成过程中的“挖坑”阶段，并不都像图 4-26 中那样下跌幅度相对较小，也有部分个股在“挖坑”阶段表现得穷凶极恶，以致让持仓者开始怀疑人生。

当然，兜底坑的深与浅，也与个股之前跌势中的整体下跌幅度有关系。

经过长期大幅下跌的个股，即使想挖“深坑”，恐怕也很难做到，因为没有那么多的套牢筹码愿意在此时割肉，此时多数被套牢的人早已看破红尘，不看盘了。

跌势中，相对跌幅不大或刚经过一波次级反弹的个股，如果出现兜底坑，大多数可以挖出深度很可观的兜底坑。

有时候兜底坑挖得深，也并不是全无好处，主力之所以“狠”，是因为意在长远，想把底部打造得更坚实，为之后的“远大钱景”打好基础。

六、长逆短顺

长逆短顺是下跌趋势中的逆水行舟形态，这种形态并不一定都能达到次级反弹的级别，也包括价格的短期反弹。这个形态有些类似于“孤军深入”形态，不过其股价涨升强度要弱得多。

长期均线保持下行态势，对于股价的反弹具有强大的压制，多数反弹都会终止于压制之下。即使某些个股后市发生趋势扭转，第一次反弹到下行的长期均线附近时，也会出现回落。

如图 4-27 所示，股价在连续下跌后企稳反弹，A 区域上攻至下行态势的 120 日长期均线时遇阻回落。这种走势属于标准的下跌趋势中的逆水行舟形态。

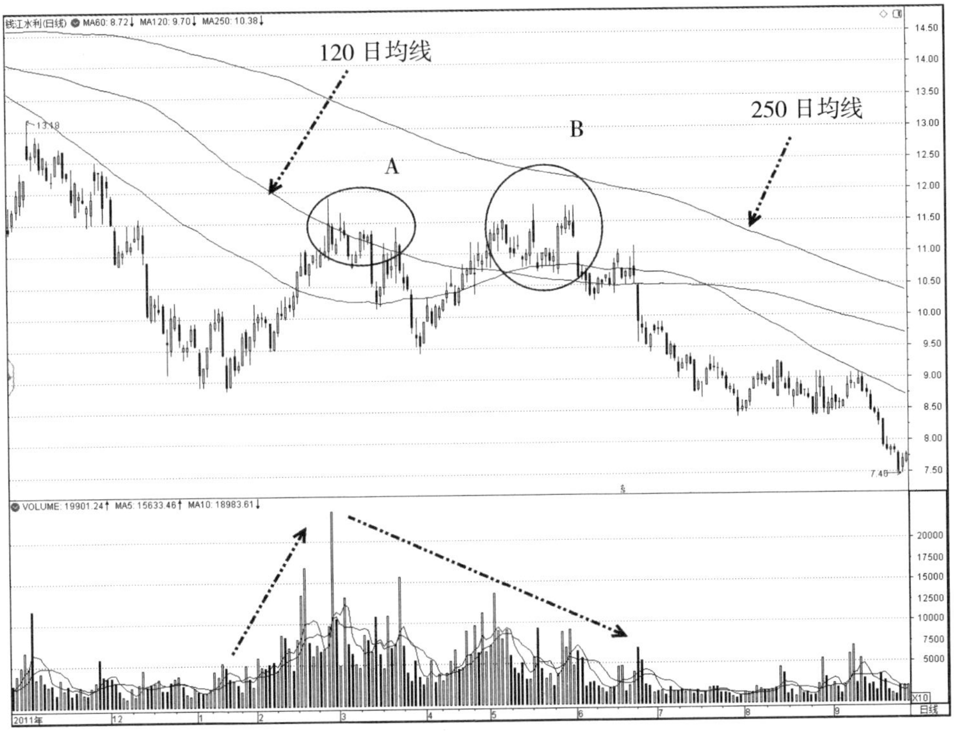

图 4-27

实战中，多数逆水行舟形态下的反弹，出现图中A区域在120日均线遇到压制的情形，基本就宣告反弹结束了。但图中个股在回落至60日均线下方时，居然再度上涨。

第二次上涨会给交易者很大的想象空间，比如，跌势已经发生转折，或是反弹得到延续，将上攻250日年线，等等。但由图中可以看到，第二次上涨的整体量能已经小于A区域的第一次反弹，这是长逆短顺形态下最重要的技术点，也是交易者看懂该形态的关键点。

B区域，再度上涨的股价虽然穿越120日均线，表面上似乎得到该均线的支撑，但股价踟蹰不前和量能不断缩小，说明真实的支撑微乎其微。这种技术形态下，短线交易者应该获利了结。

实战中，一些个股虽然突破长期均线，却不能牵引长期均线发生扭转。此时出现放量滞涨或量能呈消散态势时，意味着涨升强度正在快速减弱，股价回归跌势是大概率事件。

长逆短顺形态下，对于个股涨幅以及上涨持续时间不要抱太大的希望。

七、回线不回价

回线不回价是指在上涨趋势中出现一波回落调整后，价格受到60日均线的支撑启动上涨，价格的下一次重要调整低点可能就在60日均线附近。

回线不回价是一种良性调整，能够为交易者提供较理想的短线介入机会，但需要注意以下两点。

（1）价格再次回到60日均线时，不能接近启动时的价格，否则说明价格整体处于盘整阶段，并不是适合的介入点。这也是回线不回价的含义所在。

（2）价格再次回到60日均线后，不能长时间呈盘线状态，否则很有可能牵引60日均线走平，甚至向下扭转，从而使后市运行方向变得复杂难辨。

如图4-28中A区域所示，股价结束调整，从60日均线上启动上涨。其后只在一波较大调整的B区域回到60日均线，当股价再次转升重回60日均线之上时，是交易者的短线买点。

八、蛟龙出海

蛟龙出海是指经过长期大幅下跌之后，均线系统呈现聚拢或黏合状态，此时价格突然打破底部沉闷的局面，就像一条冲出海面的蛟龙。

蛟龙出海是上涨趋势确立的标准形态，意味着价格脱离底部构筑阶段，已

图 4-28

经进入主升阶段之中。

如图 4-29 中 A 区域所示，经过长期聚拢、黏合后，股价突然急速上涨，脱离原来的底部构筑阶段。

蛟龙出海形态形成初期，虽然涨势迅猛，但有时也会出现凶悍的回落调整，甚至是大级别的次级回落调整。

如图中 B 区域所示的一波回落，几乎将升势全部吞没。实战中，这种形态为“龙取水”形态，其技术含义在于确认趋势扭转后能否得到支撑。

股价回落最终在逐渐上行的 250 日均线得到支撑，止跌企稳后开始回升。

“龙取水”其实也是趋势扭转后启动升势之前的确认过程，这个阶段主要看价格回升中的量能表现，B 区域下方的量能已经从前期回落时的减少态势，转为逐渐增加的聚量形态。

案例中提及的个股，在蛟龙出海形态出现后的回落调整过程中走势虽然凶悍，但仍不是穷凶极恶的那一种。还有些个股，会在跌破所有长期均线形成兜底坑后，再转头向上启动升势。

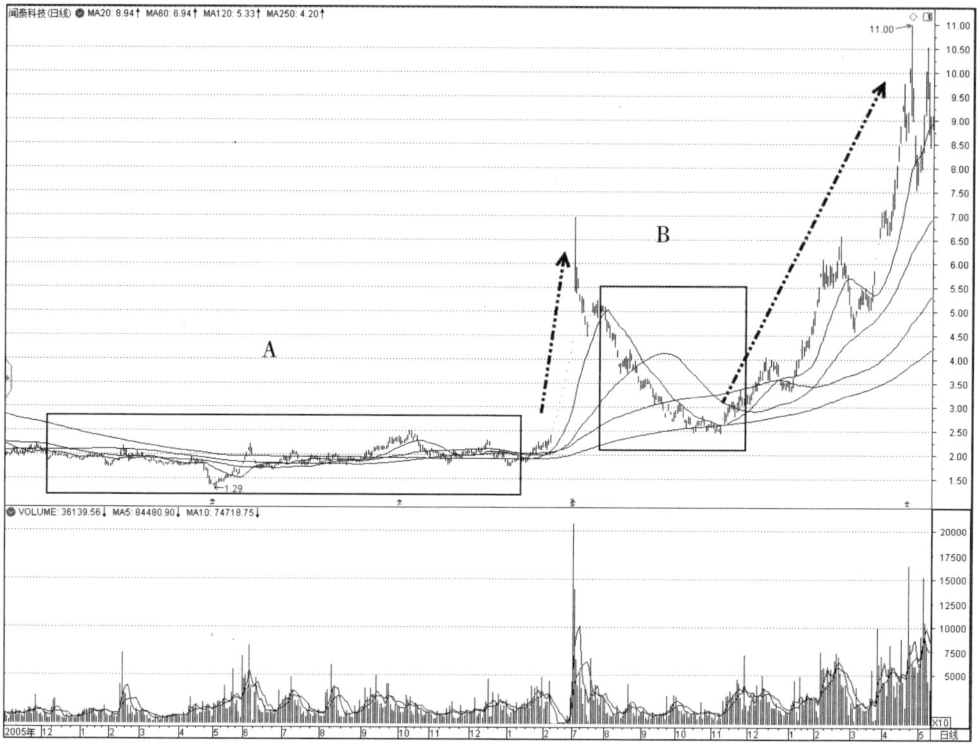

图 4-29

九、断头铡刀

断头铡刀是一种比喻性称谓，是指一根中大阴线将数条均线同时跌破，是一种提示空头信号较强的形态。

如图 4-30 中 A 处所示，一根大阴线一举跌破 60 日、30 日、10 日均线，形成断头铡刀形态，发出强烈的做空提示信号。

案例中，个股的技术环境处于下跌趋势运行过程中，所以 3 条均线呈空头排列。跌势途中，反弹结束以及趋势扭转向下时出现断头铡刀形态，都是高度危险的形态，继续跌势是大概率事件。

判断断头铡刀这种形态时，在均线系统的配置上，应采用短中期均线混合的方式。案例中选用的是 10 日、30 日、60 日均线，均线周期偏重于稳定性，能够相对准确地提示形态的真实性。

如果均线系统都选用短期均线，则容易被价格的短期波动误导。当然，运行于上涨趋势中的个股如果出现断头铡刀形态，要区别对待。在升势初期或中期出现断头铡刀形态时，大多是短期或次级调整信号，短线交易者要根据个股的涨幅等具体条件进行分析判断。

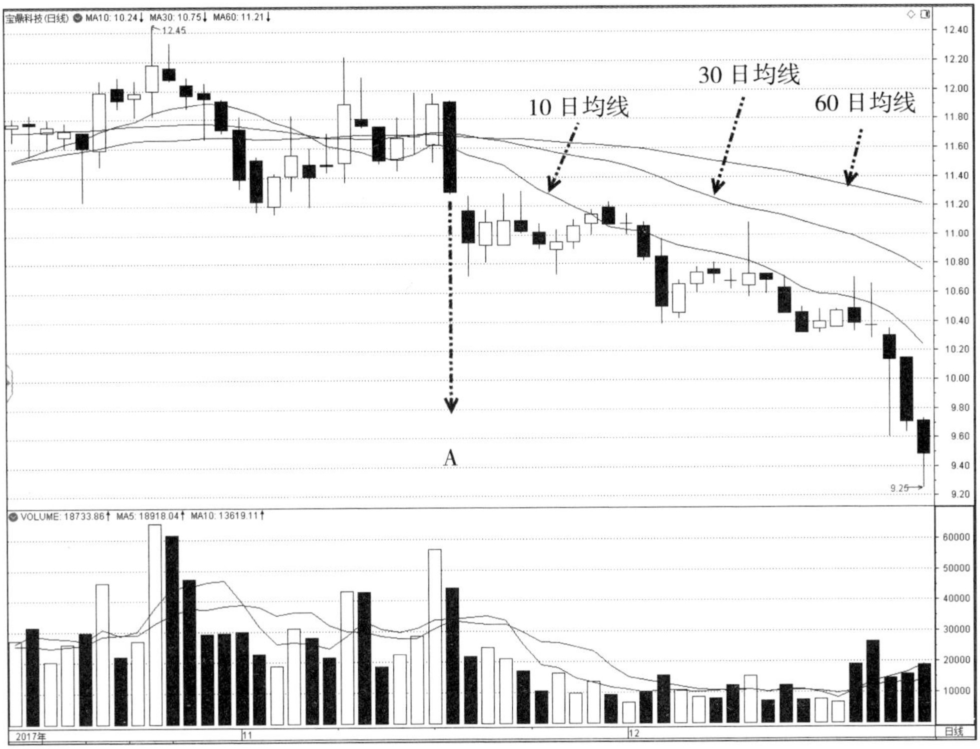

图 4-30

第五章

技术指标的实战技巧

第一节 MACD 指标

一、MACD 基础知识

MACD 指标，全称平滑异同移动平均线，是由美国人杰拉尔德·阿佩尔发明的。

（一）MACD 指标原理

MACD指标是基于移动平均线的构造原理，对价格收盘价进行平滑处理（求出加权平均值）后的一种趋向类指标。MACD 指标利用短期（常用为 12 日）移动平均线与长期（常用为 26 日）移动平均线之间的聚合与分离状况，对买进、卖出时机做出研判。该指标由两部分组成，即正负差（DIF）、异同平均数（DEA），其中，DIF 是核心，DEA 是辅助。DIF 是快速平滑移动平均线（EMA1）和慢速平滑移动平均线（EMA2）的差。

MACD 的优点是摒弃了移动平均线频繁发出买入、卖出信号的缺陷，增加发出信号的要求和限制，在实战中使用起来更稳定。MACD 的缺点同移动平均线一样，在市场处于横盘或区间整理时，因指标钝化容易出现伪信号，发出错误指示。

（二）MACD 指标计算公式

MACD 常用参数一般设置为快速平滑移动平均线（DIF）为 12，慢速平滑移动平均线（DEA）为 26。此外，MACD 还有一个辅助指标——柱状线（BAR）。在大多数分析软件中，柱状线是有颜色的，在 0 轴线以下是绿色，在 0 轴线以上是红色，前者代表趋势较弱，后者代表趋势较强。

在应用上，MACD 先计算出快速移动平均线即 12 日的 EMA1，和慢速移动平均线即 26 日的 EMA2，计算这两个数值之间的差值得出 DIF，然后再求出 DIF 的 9 日平滑移动平均线 DEA，最后得出 MACD=2×（DIF－DEA）。

计算公式如下。

（1）计算 12 日和 26 日移动平均线 EMA1 和 EMA2

EMA（12）= 前一日 EMA（12）×11/13+ 当日收盘价 ×2/13

EMA（26）= 前一日 EMA（26）×25/27+ 当日收盘价 ×2/27

（2）计算离差值（DIF）

DIF= 当日 EMA（12）－ 当日 EMA（26）

（3）计算 9 日离差平均值 DEA

当日 DEA= 前一日 DEA × 8/10+ 当日 DIF × 2/10

（4）计算 MACD

MACD=2 ×（DIF－DEA）

（5）计算柱状线 BAR

BAR=2 ×（DIF－DEA）

（三）MACD 指标的应用

对于 MACD 指标的技术应用，最有话语权的当然是其发明人杰拉尔德·阿佩尔本人，下面来看一下他对 MACD 指标及其应用的解读。

1. 基本应用理念

（1）MACD 表示短期指数移动平均线与长期指数移动平均线的离差。

（2）当市场趋势走强时，短期移动平均线会比长期移动平均线更快上升，MACD 会向上运行。

（3）当市场上涨趋势弱化时，短期移动平均线会逐渐变得平缓。如果市场行情持续下跌，则短期移动平均线会向下穿过长期移动平均线，MACD 线降到 0 轴线以下。

（4）MACD 方向变化反映市场原有趋势将逐渐走弱，但是否一定发生趋势反转，应配合其他指标综合考虑。

（5）在价格运动过程中，短期移动平均线会与长期移动平均线发生聚合或背离，因此，MACD 实际上就是反映移动平均线聚合或背离程度的指标。

2. 应用法则

（1）最近一次卖出信号发出后，如果 MACD 线由上而下穿过 0 轴线，之后发出的买入信号将更为可信。在买入信号发出时，MACD 线未必在 0 轴线以下，但最近一次价格下跌过程中，MACD 线应曾位于 0 轴线以下。

（2）最近一次买入信号发出后，如果 MACD 线由下而上穿过 0 轴线，之后发出的卖出信号将更为可信。在卖出信号发出时，MACD 线未必在 0 轴线以上，但最近一次价格上涨过程中，MACD 线应曾位于 0 轴线以上。

（3）当股市处于牛市行情，尤其是在上涨的初始和主升段时，MACD 在发出买入信号前，可能未曾进入 0 轴线以下，但由于市场行情十分强劲，可以考虑进入市场。类似的情况也适用于熊市行情，但在一般情况下，进行投资决策时应充分考虑 0 轴线法则。

3. 杰拉尔德·阿佩尔的黄金规则

（1）应使用至少含有两个 MACD 指标的组合：短期 MACD 用于选择买入时机，长期 MACD 用于选择卖出时机。

（2）当市场处于大涨行情时，应当积极地买入，慎重卖出。可以选用短期如 6~19 日 MACD 选择买入时机，长期 19~39 日 MACD 选择卖出时机。

（3）当市场行情较为平稳或略有上升时，应当积极地买入，慎重卖出。选用 12~26 日 MACD 选择买入时机，19~39 日 MACD 选择卖出时机。

（4）当市场处于大跌行情时，应积极买入，频繁卖出。此时应采用更为敏感的 12~26 日 MACD 作为买入和卖出时机选择标准。注意：除非价格达到或低于止损点水平，否则选择卖出的先决条件为 MACD 线在上涨过程中曾向上穿过 0 轴线。

无论是发明者还是后来的使用者，对于某一理论的认识、理解以及实战应用，都会随着时间的推移发生变化，或者说更新。股票市场的技术分析手段中，没有任何一种技术分析的应用法则是亘古不变的。

二、MACD 买点分析

（一）0 轴线之上的强化交叉

MACD 为正值，即 DIF 和 DEA 都在 0 轴线之上，行情为多方市场：当 DIF 向上突破 DEA，如果之后 MACD 上行柱状线能够持续放大，价格能在均线系统之上得到支撑，则行情涨升的势头可能会继续得以加强，交易者可关注个股时机选择做多。

实战中，DIF 向上交叉 DEA 的情况比较常见。如果每一次向上交叉时都买进做多，每一次向下交叉时都卖出做空，那么用不了多久，资金就会因为频繁交易、失误交易而出现巨大亏损。MACD 的交叉并不是交易的依据或者理由，价格在交叉之后出现的变化，才是交易者分析和判断的重中之重。

如图 5-1 所示，股价震荡盘整阶段，B 区域 MACD 指标的 DIF 向上交叉 DEA，此时股价明显得到均线系统的支撑，之后 MACD 上行柱状线开始持续加强。这种形态预示该股已经结束盘整，进入新一波上涨行情中，交易者可积极介入。

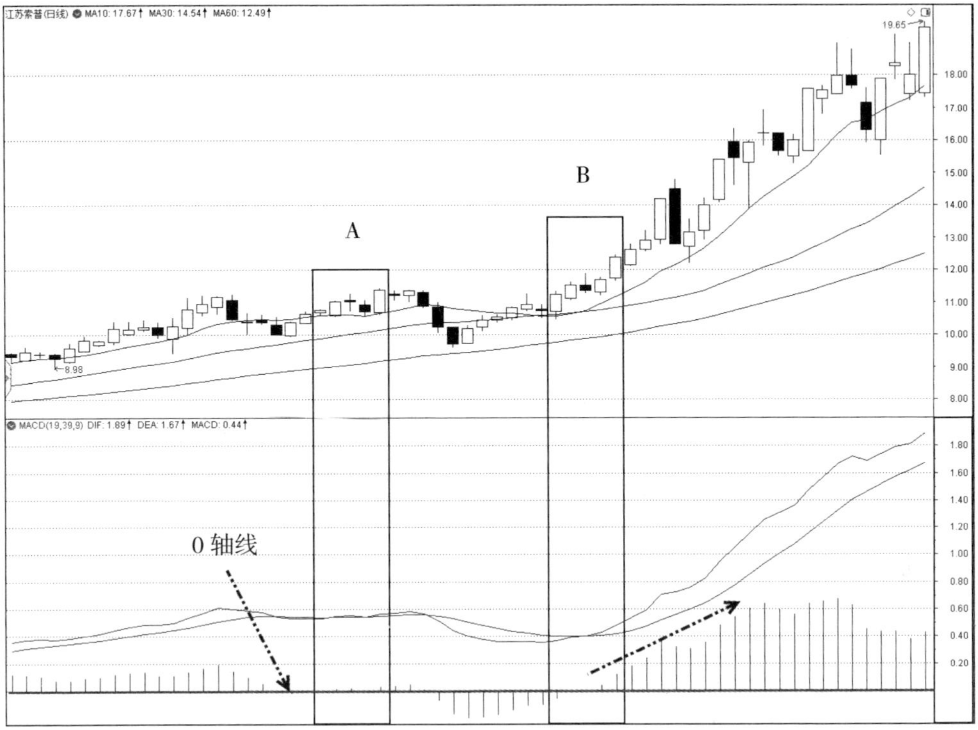

图 5–1

DIF 向上交叉 DEA 并不一定都会出现买点，如图中 A 区域，也曾出现过向上交叉，但随后股价进入调整之中。二者的不同之处在于，A 区域 MACD 看不到明显的上行柱状线，显示涨势强度极低。反观 B 区域之后，上行柱状线不断增强，显示涨势强度不断增加。

还有一种情况应该引起交易者的重视，即 MACD 的 0 轴线之上的交叉发生在不同行情阶段，则应以不同的交易策略来应对。

MACD 的 0 轴线之上的交叉发生在上涨行情的初中期，技术上意味着以清理浮筹、提高平均持仓成本为目的，盘整结束后还有较大的上升空间。

MACD 的 0 轴线之上的交叉，如发生在大幅上升或者长期上涨的价格高位，其技术意义则迥然不同，交易者对未来的升幅不可有过高预期。

（二）0 轴线之下的交叉

MACD 为负值，即 DIF 和 DEA 都在 0 轴线之下，行情为空方市场：DIF 向上突破 DEA，如果之后 MACD 站在 0 轴线之上，上行柱状线能够持续放大，价格能在均线系统之上得到支撑，那么行情涨升的势头可能会得以延续，交易者可选择时机买入。

如图 5-2 所示，经过一波回落后股价反弹，MACD 在 0 轴线之下，DIF 向上突破 DEA 形成金叉。随后，MACD 上升并站稳 0 轴线，上行柱状线持续放大，继而展开一波上涨行情。

MACD 于 0 轴线之下的交叉，并不都会引发大级别的上涨行情，有时仅是短时间内的反弹。技术分析不能仅靠一个交叉，也不能依靠交易者的主观愿望，需要进行综合分析。比如，图中股价上涨时，突破均线系统并得到其支撑，佐证了 0 轴线之下 MACD 向上交叉具有延续性。

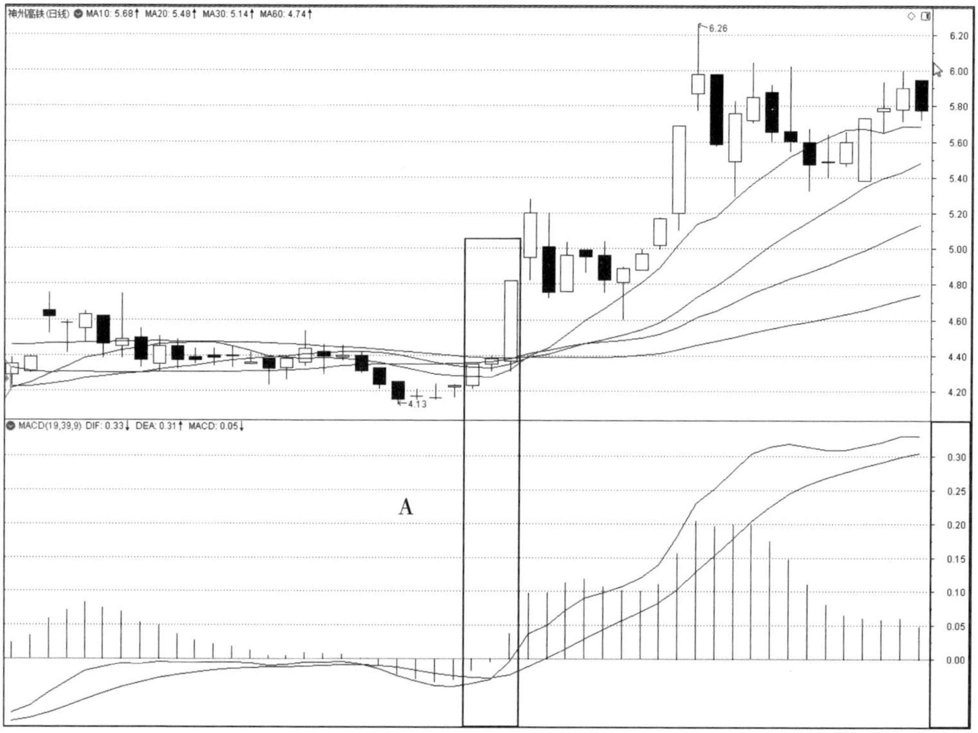

图 5-2

（三）底背离做多提示

价格连续多次创出新低，而 MACD 并不随之创出新低，价格走势与 MACD 走势之间形成底背离。之后，行情可能会转入做多阶段，交易者可以择机低吸。

如图 5-3 所示，该股股价连续下跌，在 A 区域，股价和 MACD 同时刷新低点。在 B 区域，股价再次刷新低点，但 MACD 并未随之下行刷新低点，同时 B 区域的下行柱线也远小于 A 区域，底背离成立。大幅或长期下跌之后出现底背离，大都会出现适合中长线交易者底部低吸的机会。

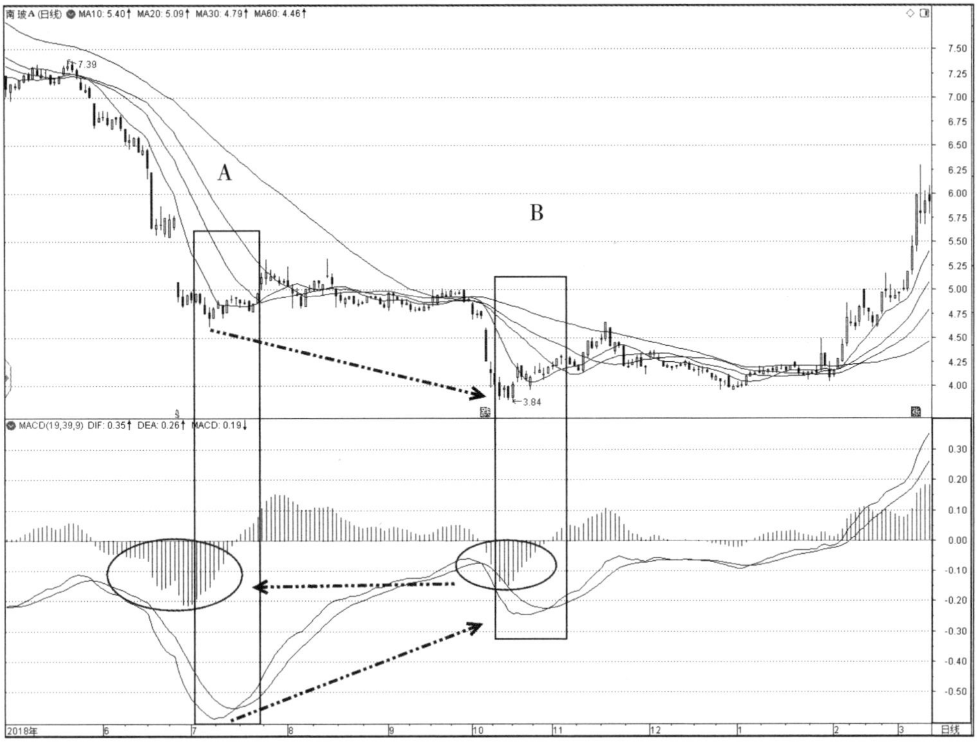

图 5-3

三、MACD 卖点分析

（一）高位卖点

当 MACD 在 0 轴线之上连续上行，处于历史高值区附近，随着股价的下跌调整，DIF 向下交叉 DEA，此时为警示信号，并不必然意味着股价会见顶回落。但是，接下来的走势中，若股价开始反弹或继续升势，MACD 却再也难以恢复上行，交易者就要警惕股价高点的来临。

如图 5-4 所示，A 区域股价回落调整，DIF 向下交叉 DEA，此后股价开始震荡反弹，MACD 指标却呈现一路下行的态势。

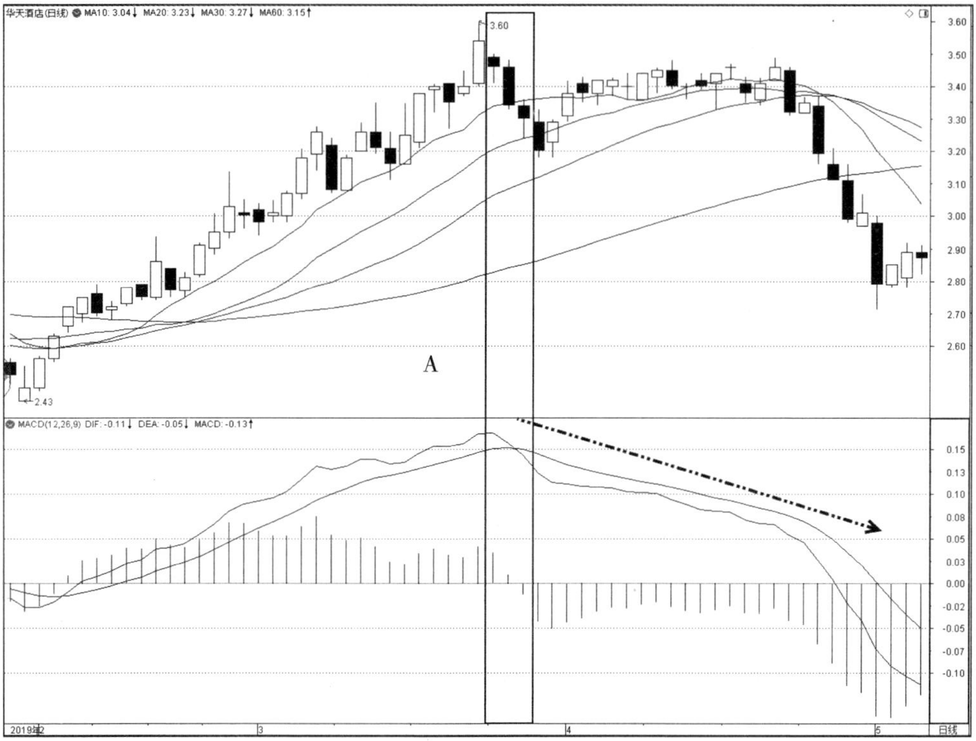

图 5-4

MACD 的这种技术形态，具有一定的先行性，持仓的交易者应在股价反弹中多次分批减仓。实战中，MACD 出现这种技术形态，交易者需要紧盯两点：一是股价不能失去均线的支撑，二是股价运行重心不能出现下移。出现其中任何一点，都说明股价见顶是大概率事件。

（二）背离卖点

价格上升并连续多次创出新高，而 MACD 指标并不同时创出新高，则上升趋势可能发生扭转或阶段性回落，交易者可寻机减仓。

如图 5-5 所示，A 区域股价和 MACD 基本同步运行，至 B 区域股价创出新高，MACD 却难以继续创出高点，二者之间出现背离。

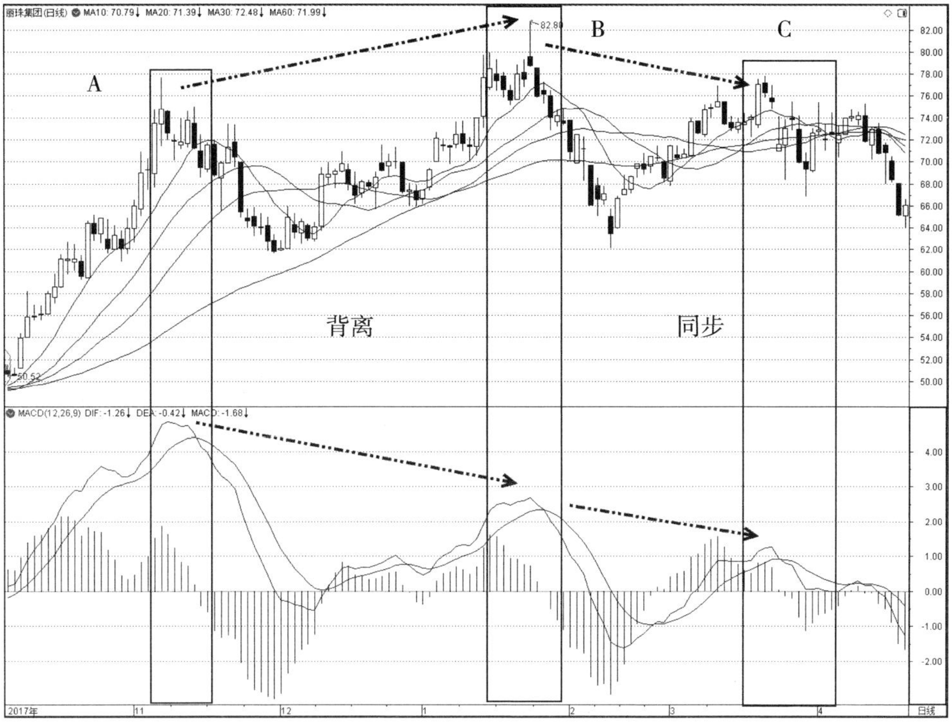

图 5–5

通常来说，随着背离的出现，行情可能即将进入下跌过程中。

对于顶背离的分析和判断，要注意以下 3 点。

（1）股价经过长期或大幅上涨。

（2）均线系统呈黏合、横向运行的态势。

（3）出现背离后，股价与 MACD 同步下跌或重心下移。如图中 C 区域，股价与 MACD 从前期的背离，逐渐转为同步向下。

实战中，出现以上情况时，交易者应注意降低仓位，回避风险。

（三）双死叉卖点

在 0 轴线之上，DIF 连续两次向下跌破 DEA，可能是暴跌即将来临的信号，交易者应以减仓为宜。

如图 5–6 所示，在股价上涨的高位，A 区域 MACD 第一次死叉，B 区域 MACD 再次死叉，短时间内连续两次出现 DIF 向下跌破 DEA 的情况，这说明上升趋势可能即将发生扭转，或阶段性下跌即将到来。

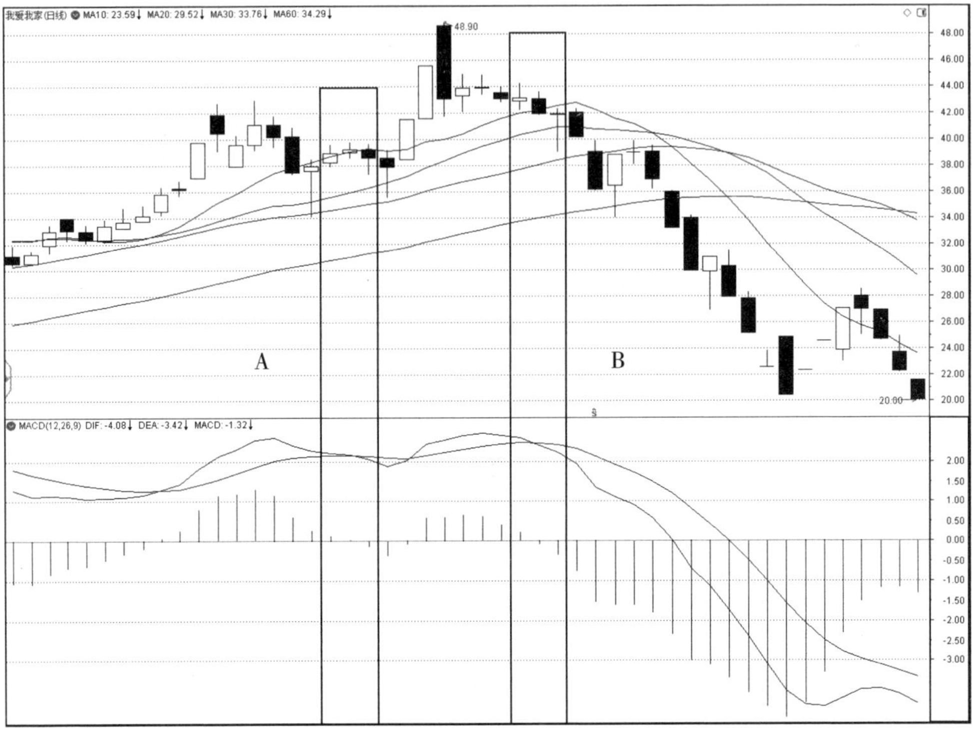

图 5-6

第二节　CCI 指标

一、CCI 基础知识

CCI 指标是美国股市分析家唐纳德·蓝伯特于 20 世纪 80 年代发明的。CCI 指标是一种重点研判价格偏离度的投资分析工具，因此又叫顺势指标。CCI 指标最早应用于期货市场，后被广泛运用于股票及其他投资市场上。

（一）CCI 指标设计原理

和其他单一利用股票收盘价、开盘价、最高价或最低价发明的各种技术分析指标不同的是，CCI 指标使用统计学原理，加入价格与固定周期的股价平均区间偏离程度的概念，强调股价平均绝对偏差在技术分析中的重要性，是一种较为独特的技术分析指标。

CCI 指标的独特性在于：其主要是衡量价格是否超出常态分布范围，能够显示价格的超买超卖程度。在这一点上，CCI 指标和其他超买超卖型指标又有所不同，像 KDJ、WR% 等大多数超买超卖型指标，都有 0~100 区间限制，因此在短期出现暴涨暴跌行情时，这些指标有可能发生钝化现象，从而失去研判作用。CCI 指标却是波动于正无穷大到负无穷大之间，不会出现指标钝化现象，这样就有利于交易者更好地研判行情，特别是那些短期内暴涨暴跌的非常态行情。

（二）CCI 指标计算方法

CCI 指标可用于包括日线、周线、月线以及分钟线等多种不同周期的 K 线系统上，计算的基本方法一样，只是取值周期有所不同。

以日 CCI 指标计算为例，其计算方法有以下两种。

（1）第一种计算方法

CCI（N 日）=（TP－MA）/MD/0.015

其中，TP=（最高价 + 最低价 + 收盘价）/3。

MA= 最近 N 日收盘价的累计之和 /N。

MD= 最近 N 日（MA－收盘价）的累计之和 /N。

0.015 为计算系数，N 为计算周期。

（2）第二种计算方法

中价与中价的 N 日内移动平均的差除以 N 日内中价的平均绝对偏差

其中，中价是最高价、最低价和收盘价之和除以 3，平均绝对偏差为统计函数。

鉴于股市技术分析软件的普及，交易者无须进行 CCI 值的计算。但通过对 CCI 指标计算方法的了解，能够加深对该指标的理解，有助于更熟练地运用它来研判股市行情。

（三）CCI 指标运行区间分析法

CCI 指标的运行区间可分为 3 类，即大于 +100、小于 －100 和 +100~－100。

（1）当 CCI ＞ +100 时，表明价格已经进入超买区间，价格的异动现象应引起交易者的关注。

（2）当 CCI ＜ －100 时，表明价格已经进入超卖区间，交易者可做好逢低吸纳的准备。

（3）当 CCI 处于 +100~-100 时，表明价格处于窄幅振荡整理区间——常态区间，则应以观望为主。

（4）当 CCI 指标从下向上突破 +100 线进入超买区间时，预示着价格脱离常态，进入异常波动阶段。如果有比较大的成交量配合，买入信号更为可靠。

（5）当 CCI 指标从上向下突破 -100 线进入超卖区间时，表明价格的盘整阶段已经结束，可能将迎来一段持续跌势，应以观望为主。

（6）当 CCI 指标从上向下突破 +100 线重新进入常态区间时，表明价格的上涨阶段可能结束，将进入一个较长时间的盘整阶段，交易者应逢高减仓。

（7）当 CCI 指标从下向上突破 -100 线重新进入常态区间时，表明价格的探底阶段可能结束，将进入一个盘整阶段，交易者可以逢低少量买入。

（8）当 CCI 指标在 +100~-100 的常态区间运行时，交易者应借助其他超买超卖指标进行辅助研判。

（9）当 CCI 曲线向上突破 +100 线进入超买区间后，只要 CCI 曲线一直朝上运行，就表明价格强势依旧，交易者应耐心持仓。

（10）当 CCI 曲线向下突破 -100 线进入超卖区间后，只要 CCI 曲线一路朝下运行，就表明价格弱势依旧，交易者应保持观望。

当 CCI 曲线向下突破 -100 线进入超卖区间时，如果 CCI 曲线在超卖区运行了相当长一段时间后开始掉头向上，表明价格的短期底部可能出现，交易者可以先短线建仓。CCI 曲线在超卖区运行的时间越长，越可以确认短期的底部。

（四）CCI 指标形态分析法

（1）CCI 曲线处于远离 +100 线的高位，但在创出近期新高后，CCI 曲线反而形成一峰比一峰低的走势，此时价格却再次创出新高，形成一峰比一峰高的走势，这就是顶背离。顶背离现象一般是价格在高位即将转势的信号，价格短期内可能出现下跌，是卖出信号。

（2）CCI 底背离一般出现在远离 -100 线以下的低位区。当价格一路下跌，形成一波比一波低的走势，而 CCI 曲线在低位率先止跌企稳，并形成一底比一底高的走势，这就是底背离。底背离现象一般预示价格短期内可能将反弹，是短期买入信号。

CCI 背离中，顶背离的研判准确性要高于底背离。当价格在高位，CCI 在远离 +100 线以上出现顶背离时，价格反转向下的概率较高，交易者可适时减仓。

价格在低位，CCI 也在远离 –100 线以下低位区出现底背离时，一般要反复出现几次底背离才能确认，并且只能做战略建仓或做短线交易。

（3）当 CCI 曲线在远离 +100 线上方的高位时，如果 CCI 曲线的走势形成 M 头或三重顶等顶部反转形态，则预示着价格可能由强势转为弱势，应注意做好减仓准备。如果价格曲线出现同样的形态，则准确性更高。

（4）当 CCI 曲线在远离 –100 线下方的低位时，如果 CCI 曲线的走势出现 W 底或三重底等底部反转形态，则预示着价格可能由弱势转为强势，应注意做好买入准备。如果价格曲线出现同样的形态，则准确性更高。CCI 曲线形态中，M 头和三重顶形态的准确性要大于 W 底和三重底。

（五）参数的修改

CCI 指标是以时间为参数，构成参数的时间周期可以是日、周、月、年或分钟等，理论上可以采取任意的时间长度。

以日线 CCI 指标参数为例，常设参数值一般有 6 日、12 日、14 日等。笔者认为具体的参数值应以更能反映价格变化为唯一基准，同时还要注意日、周、月、年或分钟等不同系统上 CCI 的参数值并不一定都一样。参数的修改，一定要以实战和盈利为目的。

二、CCI 买点分析

利用 CCI 寻找买点，交易者应主要关注 CCI 在超卖区和超买区两种极端区域的表现。当 CCI 进入到 –100 线下超卖区，说明空方正处于杀跌的宣泄期，这个过程不结束，价格很难出现转折。CCI 进入到 +100 线上超买区，说明当前正处于多方旺盛期，如 CCI 能够维持在 +100 线附近，则价格的涨势仍将继续。

（一）超买区域的买点

当 CCI 向上突破 +100 进入超买区域时，表明价格开始进入强势状态，交易者可以买入并持有股票。只要 CCI 多数时间运行于超买区，就表明价格强势依旧，可稳定持仓。

如图 5–7 所示，该股结束跌势转入缓慢上升阶段，A 处 CCI 向上突破 +100 线进入超买区，交易者可择机买入。之后 CCI 盘绕在 +100 线附近，价格在均线系统的支撑下平稳上升，这种走势表明股价处于上涨的良性运行状态中，交易者可稳定持仓。

CCI 进入超买区，并不意味着价格必然会下跌。如图中所示，只要 CCI 稳定运行于超买区，说明价格的上涨势头仍有充足的动力和支撑，至少短期内不会有重大变故。

实战中，CCI 向上突破 +100 进入超买区后，多会出现如图中 B 处和 C 处所示 CCI 突然向下急速运行的情况，有些个股甚至还会跌入超卖区。类似的状况发生时，往往会给市场造成一定的恐慌情绪，但是如果 CCI 能在之后迅速恢复上行态势并重新进入超买区，则价格上涨的强势状态不变。

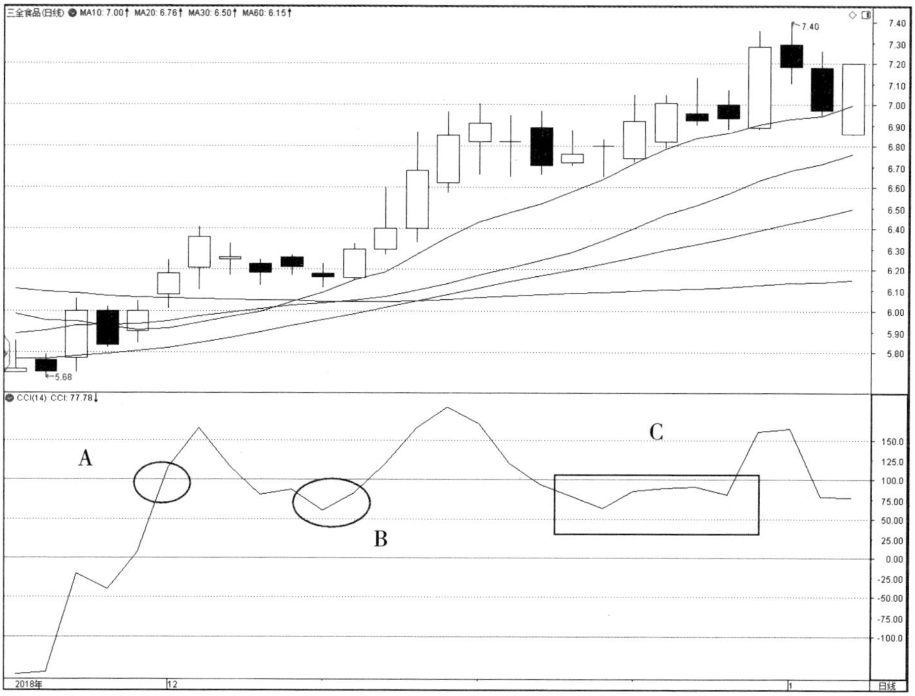

图 5-7

（二）高低点抬升的买点

CCI 在 -100 之下的弱势区运行一段时间后出现向上攻击的态势，说明股价正在孕育强势上涨行情。

如图 5-8 所示，在该股下跌过程中，CCI 运行于 -100 线附近。A 处股价上涨，CCI 从超卖区向上突破 -100 线，但此时股价仍然受到均线系统的压制，CCI 的这种表现仅仅是交易者加以关注的信号。

B 处 CCI 回落，但未重回 A 处低点，而且上行突破 0 轴线，CCI 的高点和低点同时抬升，此时交易者可密切关注均线是否能由压制转为支撑。有仓位的交易者，可以适当加仓。

C 处 CCI 突破 +100 线，再一次出现高点和低点同时抬升的情形，此时短线交易者可以买入股票。D 处，CCI 回落至 0 轴线，也即 C 处低点，当 CCI 再次突破 +100 线时，成为短线交易者另一个买点。

图 5-8

三、CCI 卖点分析

（一）超买区下行的卖点

CCI 处于 +100 线上的超买区域，如果掉头向下，表明价格至少遇到了一个短期波动的拐点。在之后的回落过程中，如果在 0 轴线附近不能止跌转升，同时价格失去均线系统的支撑，那么跌破 0 轴线后 CCI 加速下行，则价格可能遭遇较大幅度或长时间的下跌调整。

如图 5-9 所示，A 处 CCI 跌破 +100 线后下行，股价处于小幅震荡中，此时交易者应观察均线的支撑力度。

B 处时，CCI 继续下行并击穿 0 轴线，均线已从支撑转为对股价的压制，这种态势说明股价面临一个较大级别的回落。实战中，CCI 出现这种情况时，交易者应选择减仓操作。

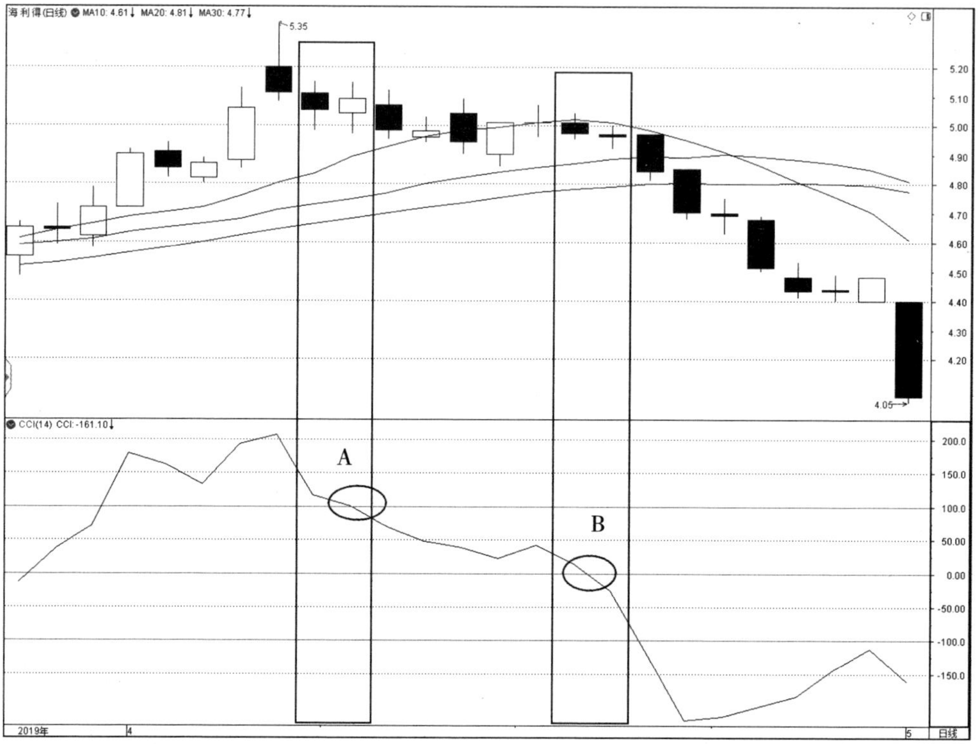

图 5-9

（二）超卖区下行的操作

当 CCI 向下突破 -100 进入弱势区域时，表明股价的弱势状态已经形成。只要 CCI 保持向下运行并难以向上突破 0 轴线，就表明股价不改弱势，交易者应空仓观望。

如图 5-10 中 A 处所示，CCI 跌破 +100 线后，保持持续下行的态势，直至跌破 -100 线，才出现向上的折返，但同期股价依旧保持在均线压制下小幅下跌的态势。

随后 CCI 基本运行于 0 轴线和 -100 的区域内。当 CCI 从 -100 之下的超卖区向上攻击 0 轴线难以成功突破时，显示股价处于弱势运行状态，交易者应当空仓或者减少操作，不可轻易入场抢反弹。

CCI 进入超卖区并不必然意味着就会出现超跌反弹。对于迅速跌入超卖区后不能迅速脱离超卖区的个股，交易者要保持足够警惕，不可轻易入场做多，这类个股往往反弹羸弱，继续下跌的空间较大。

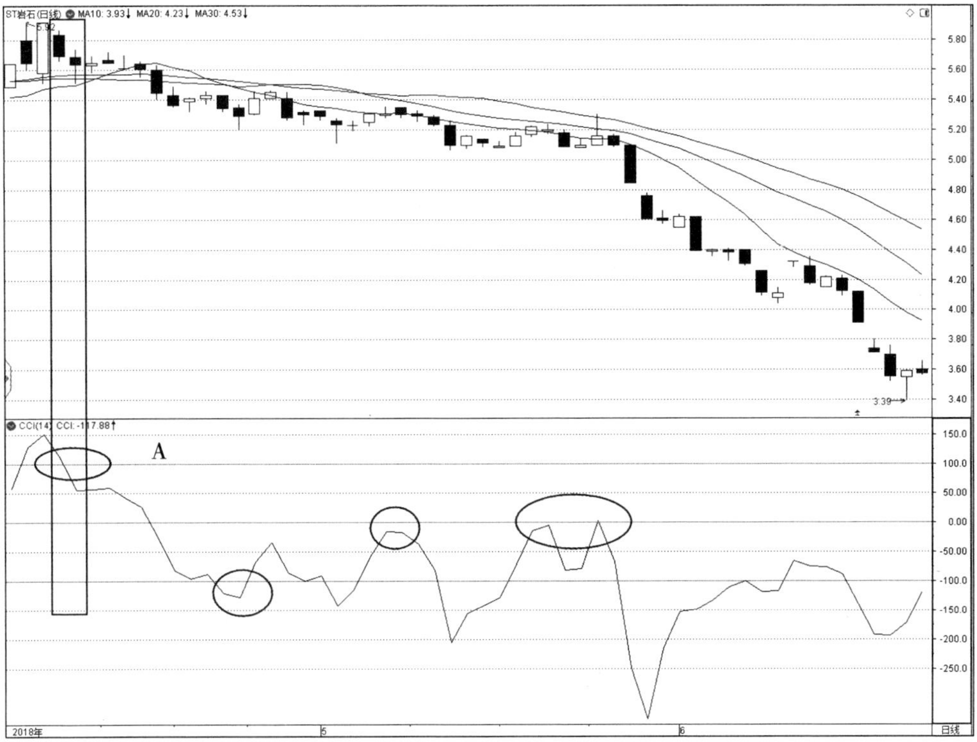

图 5–10

第三节 RSI 指标

一、RSI 基础知识

RSI 指标即相对强弱指标，是由美国技术分析大师威尔斯·维尔德发明的。

威尔斯·维尔德曾说："我看待损失就如同商人看待费用一样，损失是做生意的成本。许多小的损失并不难对待，它们是交易商的生意费用。我控制损失所运用的最好的也是唯一的技巧，就是在交易前决定在此项交易中我最多能承受多大的损失，一旦我的订单已满，我就定好损失限度，只有在对交易有利时才会做调整，我从不愿意承受重大损失。”

RSI 指标是根据一定周期内上涨和下跌幅度之和的比率制作出的一种曲线。RSI 指标反映的是市场在一定周期内的景气程度，以及评估多空力量的强弱程度，属于提示具体操作的一种技术指标。

（一）RSI 指标原理

RSI 指标是根据市场供求关系平衡的原理，通过比较一段时期内单个品种价格的涨跌幅度或整个市场指数的涨跌大小，来分析判断市场上多空双方买卖力量的强弱程度，从而判断未来市场走势。

RSI 指标反映的是买卖力量在数量上和图形上的对比，交易者可根据其反映的行情变动情况及轨迹来预测未来价格走势。与其他技术指标不同的是，RSI 指标是先求出交易品种某一周期的收盘价强弱，而不是直接对交易品种的收盘价进行平滑处理。

（二）RSI 指标计算公式

RSI 指标的计算公式有以下两种。

（1）假设 A 为 N 日内收盘价的正数之和，B 为 N 日内收盘价的负数之和乘以（-1），这样，A 和 B 均为正，将 A、B 代入 RSI 计算公式，则 RSI（N）=A/（A+B）×100。

（2）RS（相对强度）=N 日内收盘价涨数和之均值 /N 日内收盘价跌数和之均值，则 RSI（相对强弱指标）=100-100/（1+RS）。

这两个公式虽然有些不同，但计算的结果一样。

实际上，RSI 的计算公式反映了某一阶段价格上涨产生的波动占总波动的百分比率。百分比越大，强势越明显；百分比越小，弱势越明显。RSI 的取值介于 0~100 之间。在计算出某一日的 RSI 值以后，可采用平滑运算法计算以后的 RSI 值，将 RSI 值在坐标图上连成曲线，即为 RSI 线。

和计算其他指标一样，由于选用的计算周期不同，RSI 指标包括日 RSI 指标、周 RSI 指标、月 RSI 指标、年 RSI 指标以及分钟 RSI 指标等各种类型。随着股票分析软件的普及，交易者只需掌握 RSI 指标的基本原理和计算方法，无须计算指标的数值。

（三）RSI 指标的应用

RSI 指标以中值 50 来区分强势市场与弱势市场：

RSI 大于 50 则为强势行情，RSI 小于 50 为弱势行情；

RSI 大于 80 为超买区，行情可能会由此发生逆转；

RSI 小于 20 为超卖区，行情可能会由此发生转折。

（1）当 RSI 值超过 80 时，表示整个市场力度过强，多方力量远大于空方力量，双方力量对比悬殊，多方大胜，市场处于超买状态，后续行情有可能出现回调或转势，此时交易者可卖出股票。

（2）当 RSI 值低于 20 时，表示市场上卖盘多于买盘，空方力量强于多方力量，空方大举进攻后，市场下跌的幅度过大，已处于超卖状态，股价可能出现反弹或转势，交易者可适量建仓，买入股票。

（3）当 RSI 值处于 50 左右时，说明市场处于整理状态，交易者可观望。

（4）对于超买超卖区的界定，应根据市场的具体情况而定。一般市道中，RSI 数值在 80 以上就可以称为超买区，20 以下就可以称为超卖区。但有时在特殊的涨跌行情中，RSI 超卖超买区的划分要视具体情况而定。比如，在牛市中或对于牛股，超买区可定为 90 以上，在熊市中或对于熊股，超卖区可定为 10 以下（对于这一点是相对于参数设置小的 RSI 而言的，如果参数设置大，则 RSI 很难到达 90 以上和 10 以下）。

（5）当 RSI 曲线在高位（50 以上）形成 M 头或三重顶等高位反转形态时，意味着股价的上升动能已经衰竭，股价有可能出现长期反转行情，应及时卖出股票。如果股价走势曲线先后出现同样形态，则更可确认。股价下跌的幅度和过程可参照 M 头或三重顶等顶部反转形态研判。

（6）当 RSI 曲线在低位（50 以下）形成 W 底或三重底等低位反转形态时，意味着股价的下跌动能已经减弱，股价有可能构筑中长期底部，可逢低分批建仓。如果股价走势曲线先后出现同样形态，则更可确认。股价的上涨幅度及过程可参照 W 底或三重底等底部反转形态研判。

（7）当 RSI 创出近期新高后，反而形成一峰比一峰低的走势，而此时 K 线图上的股价再次创出新高，形成一峰比一峰高的走势，这就是顶背离。顶背离现象一般是股价在高位即将反转的信号，表明股价短期内即将下跌，是卖出信号。

在实际走势中，RSI 指标出现顶背离是指在股价拉升过程中，先创出一个高点，RSI 指标也相应在 80 以上创出新的高点。之后，股价出现一定幅度的回落调整，RSI 随着股价的回落走势也出现调整。如果股价再度向上并超越前期高点创出新的高点，RSI 随着股价的上扬也反身向上，却没有冲过前期高点就开始回落，这就形成 RSI 指标的顶背离。RSI 出现顶背离后，股价见顶回落的可能性较大，是比较强烈的卖出信号。

（8）RSI 底背离一般出现在 20 以下的低位区。K 线图上股价一路下跌，形成一波比一波低的走势，RSI 线在低位却率先止跌企稳，并形成一底比一底高的走势，这就是底背离。底背离现象一般预示着股价短期内可能将反弹，是短期买入信号。

在 RSI 的背离中，顶背离的研判准确性要高于底背离。当股价在高位，RSI 在 80 以上出现顶背离时，可以认为股价即将反转向下，交易者宜及时卖出股票。当股价在低位，RSI 也在低位出现底背离时，一般要反复出现几次底背离才能确认，并且交易者只能做战略建仓或做短期交易。

二、RSI 买点分析

（一）弱势区转化的两个要点

RSI 在 50 线之下、20 线之上的弱势区时，RSI1 自下而上汇聚（金叉）RSI2、RSI3，整体突破 50 线后，3 条线向上发散，则出现做多的提示信号。

如图 5-11 所示，该股处于下跌趋势中，RSI 指标大部分时间在 50 线和 20 线之间的弱势区域运行。A 处 RSI1 自下而上汇聚 RSI2、RSI3 并整体突破 50 线，之后 3 条线持续向上发散，RSI 指标这种表现显示的是股价脱离弱势下跌进入强势上升的态势，交易者可择机做多。

实战中，交易者需要注意以下两个要点。

其一是 RSI 指标整体突破 50 线。

其二是突破 50 线后，RSI 指标 3 条线向上发散且具有一定的持续性。

如图 5-11 中 B 处所示，RSI1 两次自下而上汇聚 RSI2、RSI3 并一度穿越 50 线，但是 RSI 指标 3 条线未能持续向上发散，最后只能重回弱势区域运行。

交易者要善于发现技术指标在实战中细枝末节上的不同，并分析和甄别这些不同导致的股价变化。表面上看起来很相似的技术指标形态，深入分析得到的结论却大相径庭，这是应用技术指标容易造成交易失误的原因之一。

（二）超卖区的反弹

随着股价的快速下跌，RSI 指标中的 RSI1 迅速击穿 20 线进入超卖区，则表明股价可能存在超跌，可关注短线反弹行情是否发生。

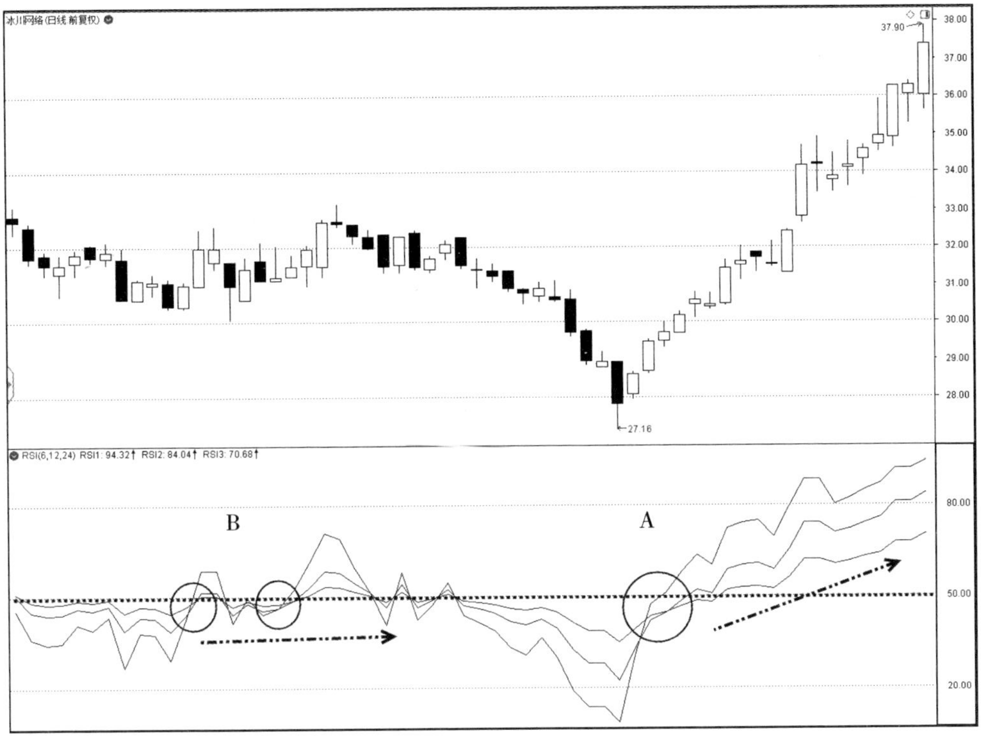

图 5-11

如图 5-12 中 A 处所示，RSI1 进入 20 线之下，之后股价开始探底回升。发生这种情况，显示的是股价短时间内超跌的极端情况，也意味着否极泰来。

实战中应用这条法则时，交易者必须清楚一点：在股价超跌情况下，大概率会发生反弹，但反弹的强弱和持续时间则无法界定，在操作中，只能先以短期反弹行情来看待，在仓位上和盈利预期上要注意控制。

当然，反弹行情有可能转化为更大级别的上涨行情，这需要进一步分析和研判，比如符合上一条法则，意味着反弹行情将会向纵深发展。在技术条件尚未满足趋势性研判之前，交易者绝不可以主观认定行情发展的方向和级别。

（三）强势区的做多环境

RSI 上冲 80 线后回落至 50 线附近企稳，同期价格走势依然受到均线系统的支撑，并保持整体重心向上的趋势。当 RSI1 迅速自下而上汇聚 RSI2、RSI3 时，交易者可以适时做多。

图 5-12

如图 5-13 所示，RSI 每一次触及 80 线后都会发生回落，回落的低点大多在 50 线附近，之后便转跌回升，这种反复多次的回落与回升贯穿了整个上升趋势。

其实，这种现象是 RSI 指标对股价在上涨期间发生强势回调的一种良性反映。只要股价仍在强势区受到均线系统的有效支撑，同时股价保持整体运行重心向上的态势，那么交易者就不必过多忧虑行情是否会发生趋势性转折。

在上升趋势维持期间，RSI 在 80 线和 50 线之间的强势区可能会频繁出现回落与回升。在这种情况下，如果交易者等待 3 条线向上发散，就可能很难寻找到适宜的做多时机，只能眼看着价格逐步上涨。

这是技术指标应用上的一种灵活变化，这个变化并非随意而为，它有一个过滤要件，即同期价格走势依然受到相关均线系统的支撑，并保持着整体重心向上的态势，不具备这个要件，那么行情是否可以做多，就应当重新审视和研判。

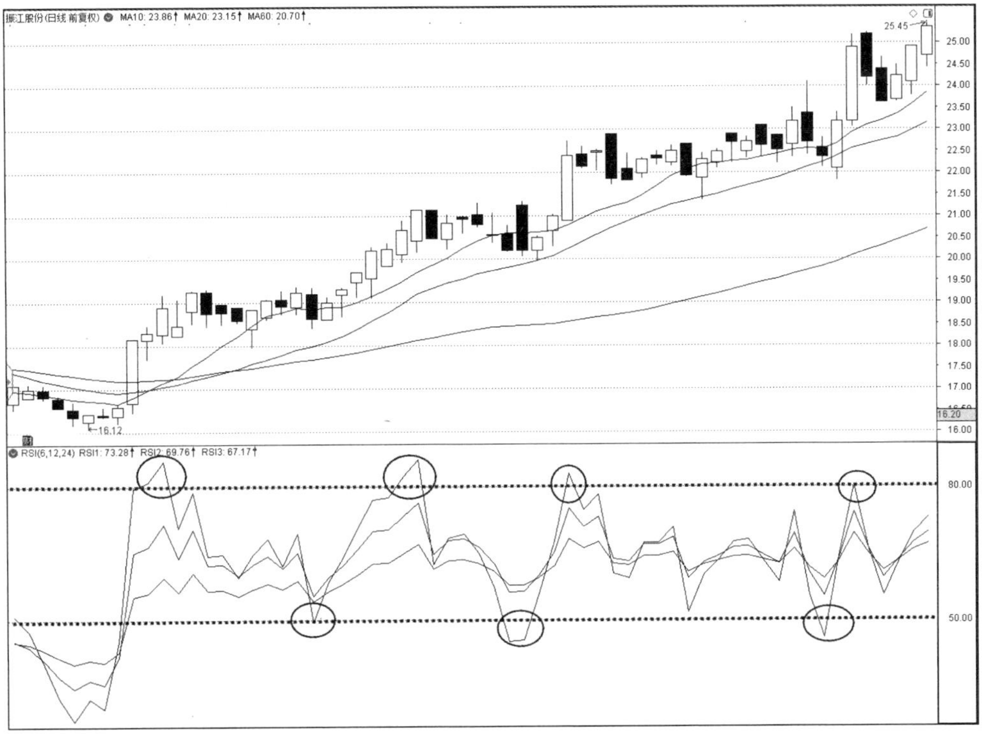

图 5-13

（四）底背离

如果价格连续创出新低，而 RSI 在 20 线附近并未相应刷新低点，反而出现 RSI 指标 3 条线向上汇聚的情况，则和价格之间形成底背离现象。出现底背离后，RSI 指标 3 条线整体向上发散并成功穿越 50 线，符合做多条件。

如图 5-14 所示，B 区域股价跌穿 A 区域低点创出下跌新低，而 RSI 指标并未跟随股价创出新低，由此和股价走势之间形成底背离。

出现底背离现象，并不意味着价格必然面临着趋势性的转折。运行在一些大型下跌趋势中的股票，往往会多次出现底背离，却并不由此发生趋势性转折，对于这一点，交易者应有清醒的认识。出现底背离现象往往会有做多的机会，但是这个机会可能不是趋势性的，仅仅是短期反弹行情。

交易者捕捉出现底背离现象的个股做多，要注重一个要件，即出现底背离现象后，RSI 指标 3 条线向上发散并成功穿越 50 线，具备这个要件则交易的成功率会高很多。

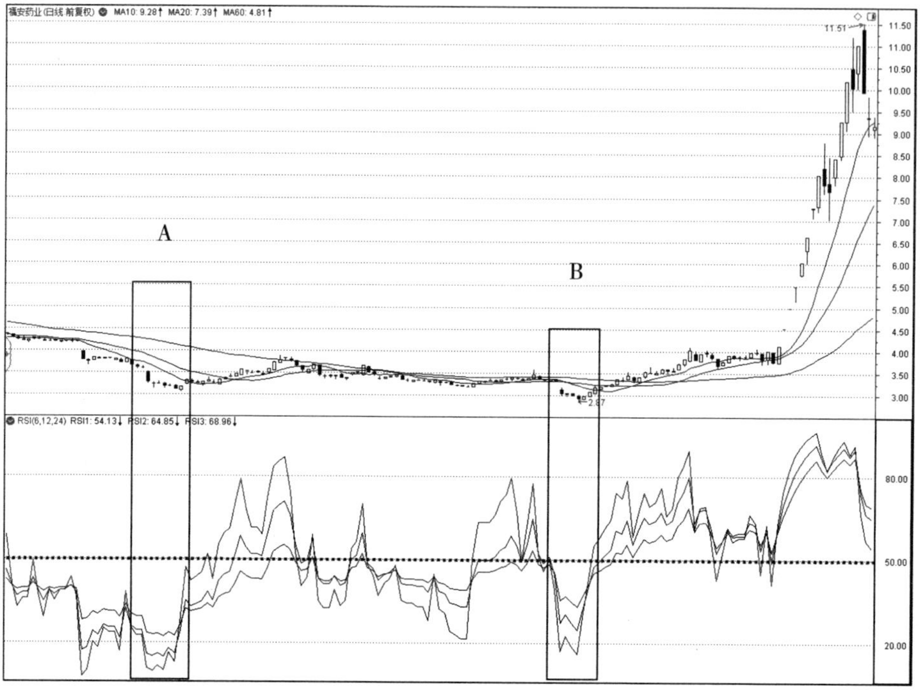

图 5-14

三、RSI 卖点分析

（一）80 线超买区的卖点

RSI 运行于 80 线超买区，则表明市场处于极端强势运行阶段。当 RSI 整体转折下行或形态呈 M 头时，应注意价格出现阶段性回落。

如图 5-15 所示，股价上涨中，RSI 在 80 线附近超买区形成了 M 头。这至少说明 80 线上方存在较大压力，股价短时间内可能失去继续向上攻击的能量，这里可能形成短期卖点。

之所以说是一个短期卖点而不能认定为趋势性转折，是因为仅凭 M 头这一形态上的“孤证”，并不能确认行情趋势已经转入弱势。

RSI 在超买区形成了 M 头形态后，认定股价是否发生趋势性转折，其实关键在于 RSI 指标在之后的走势中是否有效跌破了 50 线。比如，图中 RSI 指标形成了 M 头后，整体跌穿 50 线并且不能在短期内收复，则意味着股价即将进入到弱势运行阶段。

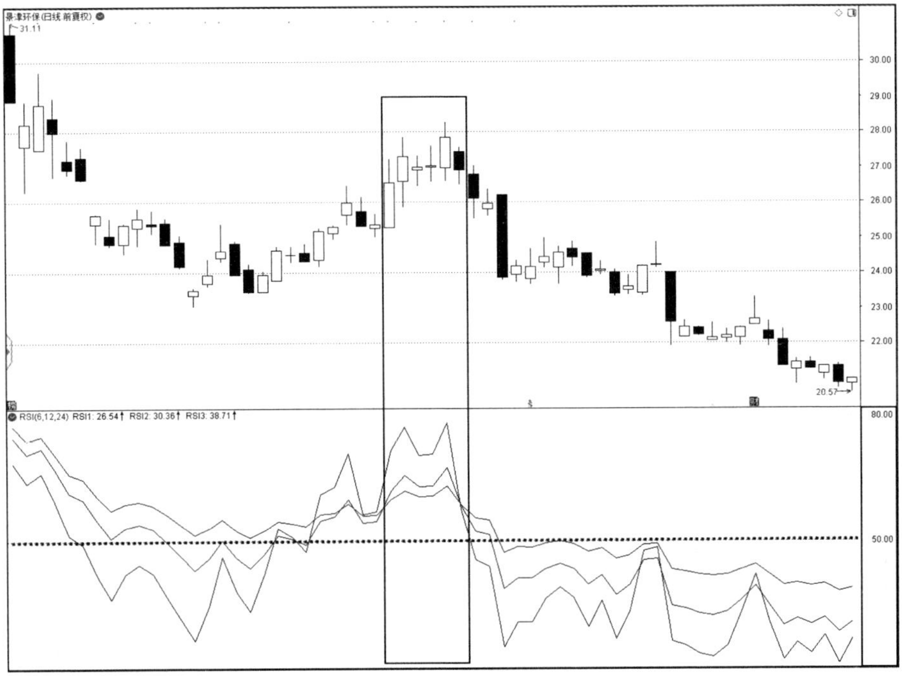

图 5–15

（二）跌破强势区的卖点

RSI 横向运行于 80 线之下、50 线之上的强势区域，当 RSI1 自上而下死叉 RSI2、RSI3 并整体向下突破 50 线时，为短线卖点。

如图 5–16 所示，股价经过一波上涨，RSI 横向运行于 80 线与 50 线之间，A 区域 RSI 整体跌破 50 线，说明股价至少在短期内进入弱势区域运行，持仓的交易者可以短线减仓操作。

需要注意 RSI 指标整体跌破 50 线后短线卖出的条件：整体跌破 50 线，且不能在短期内有效收复 50 线。比如图中 B 区域，虽然 RSI 跌破 50 线后出现一个向上的反抽，但其整体无力持续向上发散，此时交易者应继续卖出持仓。

（三）弱势区的回升

在下跌趋势维系期间，RSI 跌破 20 线后回升至 50 线附近时，RSI1 自上而下死叉 RSI2、RSI3，是价格短线反弹结束的信号。有时 RSI 也会出现越过 50 线触及 80 线然后结束上涨的情况，交易者需要及时短线卖出，不可误以为行情已经转为上涨趋势。

图 5-16

如图 5-17 中 A 处所示，RSI 跌破 20 线后回升，越过 50 线后结束上涨行情。在级别较大的次级反弹或涨势迅疾的短线反弹行情中，类似于图中 A 处的情况较为常见。RSI 的这种表现具有较大的迷惑性，往往会令交易者误以为行情发生转折。鉴别的关键在于观察 RSI 能否整体穿越 50 线，并保持持续发散的态势。

（四）顶背离

股价上涨且连续创出新高，RSI 并未同步创新高，则为顶背离信号。出现顶背离信号后，如果股价随之出现横向或向下运行态势，同时 RSI 指标整体跌破 50 线，交易者应及时减仓。

如图 5-18 所示，A 区域股价创出新高，RSI 同步刷新高点。到图中 B 区域时，股价再一次创出高点，RSI 却无力上行并刷新高点，顶背离成立。

对于出现顶背离的个股，交易者应保持足够警惕并做好卖出准备。但是必须注意，个股出现顶背离形态，并不一定都会出现趋势性转折，某些个股可能只是随之展开一个短期下跌，然后很快就开始回升。

特力A(日线 前复权)
26.00
17.83
RSI(6,12,24) RSI1: 25.22↑ RSI2: 28.50↑ RSI3: 33.18↑
A
B
50.00
20.00

图 5-17

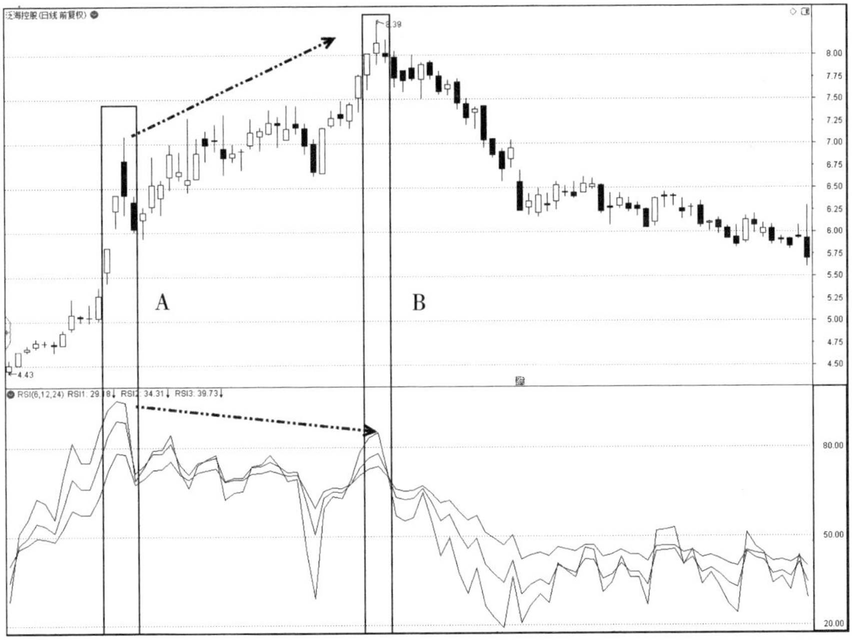
泛海控股(日线 前复权)
8.39
4.43
A
B
RSI(6,12,24) RSI1: 29.18↓ RSI2: 34.31↓ RSI3: 39.73↓
80.00
50.00
20.00

图 5-18

区别主要在于个股上涨所处阶段不同。一般来说，经过长期或大幅上涨的个股，一旦出现顶背离，则其发生趋势转折的可能性远大于处于涨势初期的个股。涨势初期的个股出现所谓的顶背离，多数会在一段时间的调整后再次回归上涨趋势。

第四节　BOLL 指标

一、BOLL 基础知识

BOLL 指标即布林线指标，是由美国技术分析大师约翰·布林格根据统计学中的标准差原理发明的，是用于研判价格运行趋势或趋向的一种技术分析工具。

（一）BOLL 指标原理

通常来说，价格的运行总是围绕某一价值中枢（如成本线等）在一定的范围内波动，布林线指标在此基础上引进了“价格通道”的概念，认为价格通道的宽窄随着价格波动幅度的大小而变化，而且价格通道又具有变异性，它会随着价格的变化自动调整。

大多数技术分析指标不依赖趋势分析和形态分析，而 BOLL 指标与价格的形态和趋势有着密不可分的联系。BOLL 指标利用“价格通道”来显示价格的波动幅度：当波动很小，处于盘整时，通道就会变窄，预示着价格的波动处于暂时的平静期；当波动超出价格通道的上轨时，预示着价格异常激烈的向上波动即将开始；当波动超出价格通道的下轨时，同样也预示着价格异常激烈的向下波动即将开始。

（二）BOLL 指标计算公式

BOLL 指标的计算方法较为复杂，其中引进了统计学中的标准差概念，涉及到中轨线（MB）、上轨线（UP）和下轨线（DN）的计算。根据选用的计算周期不同，BOLL 指标包括日 BOLL 指标、周 BOLL 指标、月 BOLL 指标、年 BOLL 指标以及分钟 BOLL 指标等各种类型。虽然计算时的取值周期有所不同，但基本计算方法一样。

以日 BOLL 指标计算为例，计算公式如下。

中轨线 =N 日的移动平均线

上轨线 = 中轨线 + 两倍的标准差

下轨线 = 中轨线 − 两倍的标准差

（1）计算 MA。

MA=N 日的收盘价之和 /N

（2）计算标准差 MD。

MD= 平方根 N 日的（C−MA）的两次方之和 /N

（3）计算 MB、UP、DN 线。

MB=（N−1）日的 MA

UP=MB+k × MD

DN=MB−k × MD

（k 为参数，可根据股票的特性来做相应的调整，一般默认为 2。）

（三）BOLL 指标的应用

（1）当价格运行在布林通道中轨和上轨之间的区域时，只要不破中轨，说明市场处于多头行情中，只考虑逢低买进，不考虑做空。

（2）在中轨和下轨之间时，只要不破中轨，说明是空头市场，交易策略是逢高卖出，不考虑买进。

（3）当市场价格沿着布林通道上轨运行时，说明市场是单边上涨行情，持有的多单要守住，只要价格不脱离上轨区域，就耐心持有。

（4）沿着下轨运行时，说明目前市场为单边下跌行情，一般为一波快速下跌行情，持有空单的，只要价格不脱离下轨区域，就耐心持有。

（5）当价格运行在中轨区域时，说明目前市场为盘整震荡行情，对趋势交易者来说，这是最容易赔钱的一种行情，应回避，空仓观望为上。

（6）布林通道缩口状态。价格在中轨附近震荡，上下轨逐渐缩口，此是大行情来临的预兆，应空仓观望，等待时机。

（7）通道缩口后突然扩张，意味着一波爆发性行情来临，此后很可能走单边行情，可以积极调整建仓，顺势而为。

（8）当布林通道缩口后，在一波大行情来临之前，往往会出现假突破行情，这是主力设置的陷阱，应提高警惕，可以通过调整仓位化解。

（9）布林通道的时间周期应以周线为主，在单边行情中，如果所持仓单已有高额利润，为防止大的回调，可以参考日线布林通道的卖出原则出局。

二、BOLL 买点分析

（一）中轨支撑，强势不改

在上升趋势中，布林通道下轨的支撑力度最强，中轨的支撑力度最弱。在股价回落中，如果布林通道中轨能够体现出一定的支撑力度，则至少说明该股上方并不存在强大的压力，甚至可以说股价回落大部分源于主力清理盘中浮筹。

布林通道中轨的有效支撑，并不在于中轨线具有怎样强大的支撑力度，而在于价格强势未改，目前的盘落仅是上涨趋势中的一种中继形态，交易者理应继续做多。

在个股迅速上涨后出现回落的过程中，布林通道中轨能否提供相应的支撑，对于确认股价运行方向具有重要的借鉴作用。

如图 5-19 所示，股价经过一波上涨后出现回落，在 A 区域回落至布林通道中轨线之上便得到支撑，之后继续上涨。

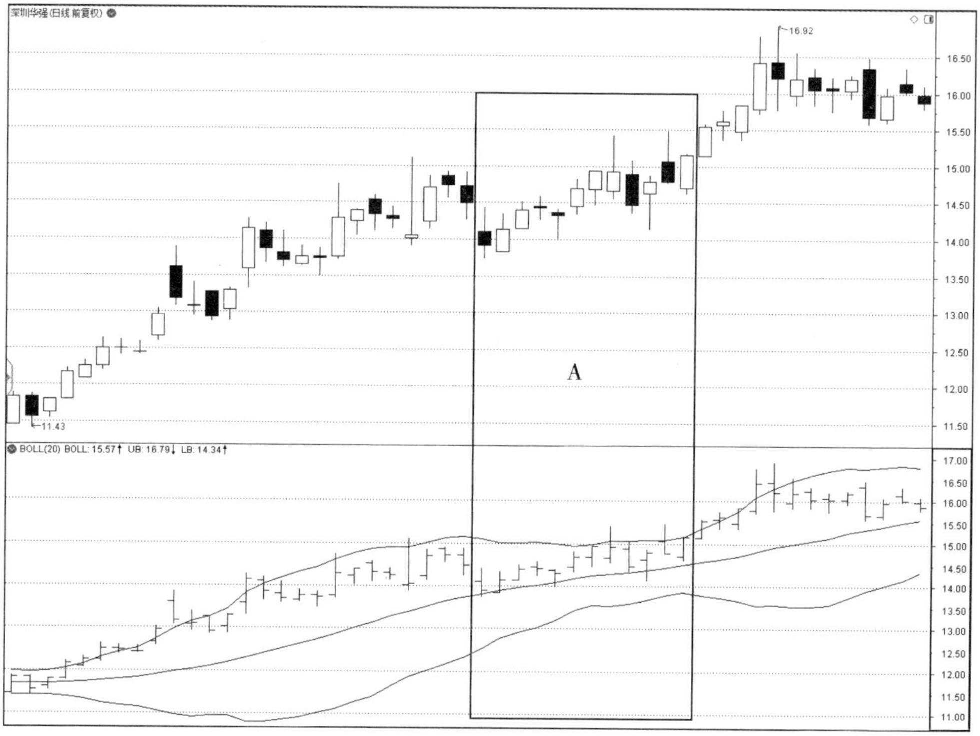

图 5-19

在股价出现一段时间的上涨后，一些获利丰厚的短线资金会有兑现的欲望，这种回落也就具有对股价涨升力度的测试意义。如果这种回落能在中轨线上得到支撑，说明主力资金有极为出色的控盘实力，股价往往仍会保持快速上涨的节奏，至少之后会出现相应的价格高点。

（二）下轨支撑

如果说布林通道中轨线对于价格强势上涨是否具有持续性能够起到一定的甄别作用，那么布林通道下轨线对于价格运行趋势是否发生扭转则具有重要的分析参考价值。

相对中轨来说，布林通道下轨线的支撑要更有力度，尤其是在上涨趋势中，一旦价格回落至下轨，往往会出现阶段性低点。

相对中轨线而言，价格回到下轨线，说明之前的强势上涨已经结束，此后价格将面临以下 3 种选择。

（1）上涨趋势就此发生扭转。

（2）下轨线提供支撑，价格结束阶段性调整，继而缓慢恢复上涨趋势。

（3）下轨线提供支撑，价格迅速进入强势上涨阶段。

布林通道下轨线对价格的支撑力度，是研判价格运行趋势的参考。

如图 5–20 中 A 区域所示，价格跌至布林通道下轨线后开始反弹，并很快收复中轨线，显示这波下跌并非趋势性下跌。B 区域股价再次回落后，在中轨线上转跌为升，显示股价已经具备恢复强势上涨的动能。

关于布林通道下轨线的支撑力度，还必须说明一点：下轨线是否具有支撑，并不在于价格是否跌破这条线，而在于价格是否由此得到上涨动力，继而重新恢复上涨趋势。实战中，有时价格跌至下轨线上方受到支撑转而开始上涨，有时价格跌破下轨线才迎来较强的支撑从而开始上涨。

在下跌趋势运行较为迅猛的阶段中，布林通道下轨线的支撑往往形同虚设，并不能提供有利于交易的积极信号，交易者不可依此盲目做多。

（三）趋向同步支撑

股价运行于一个缓慢盘升的上升趋势中，布林通道保持同步上行态势。在这种状态下，交易者可采取稳定持仓做多的策略。

如图 5–21 所示，该股股价保持着震荡盘升的态势，同期布林通道相应上升。即使股价出现回落，也并未跌破中轨线，显示回落调整未改股价强势运行的基调，交易者理应稳定持有仓位。

TCL 集团(日线 前复权)
A
B
BOLL(20) BOLL: 3.91↑ UB: 4.46↑ LB: 3.36↑

图 5-20

潍柴动力(日线 前复权)
BOLL(20) BOLL: 14.76↑ UB: 16.13↑ LB: 13.40↑

图 5-21

在分析趋向支撑时，要关注股价重心下移和布林通道同步转向的情况，一旦发生转向这种情况，则说明趋向支撑失去效用。

三、BOLL 卖点分析

（一）向上加速

价格较大幅度地向上超越布林通道上轨线，多数情况下会发生回落，这个回落的幅度往往对之后行情的发展具有重大影响。如果价格保持持续上涨的强势状态，则很少会回到下轨线附近，多在中轨线之上再度发起向上攻击。

如图 5-22 所示，在 A 区域股价超越布林通道上轨线运行，不久后发生回落，但在中轨线上方止跌回升，显示涨升强度仍旧存在。同样，在 B 区域，股价超越布林通道上轨线运行后回落，但中轨线明显缺乏支撑，显示股价已经失去涨升强度，此时交易者应选择短线卖出。

价格向上超越布林通道上轨线，还有一种情况需要引起注意：布林通道整体处于明显的下跌趋势中，股价出现突然暴涨并突破布林通道上轨线。

图 5-22

这种情况有时会让交易者造成误判，认为下跌趋势出现扭转，随即参与追涨。其实，这种情况多数是一种短期强反弹行情，介入机会转瞬即逝，难以把握。这种脱离上轨线的情况，有时是因为突发性的利好消息引起，有时只是盘中资金的诱多行为。

（二）上轨线压力

布林通道维持一个相对平缓向上的格局，股价试图突破布林通道上轨线进入加速上涨阶段，但是受阻于上轨线压力，多次尝试后终告失败。此后，当股价跌破中轨线时，应是交易者短线减仓的时机。

个股形成向上加速区之前，往往会有一个受制于上轨线压力的过程，只不过这个压力的大小各有不同。某些个股略作盘整后突破上轨线压力，形成向上加速区，另有一些个股则受制于上轨线压力不能有效突破，就此转入下跌。

如图 5-23 所示，A 区域股价受压于布林通道上轨线，此后回落跌破中轨线，意味着股价失去涨升强势，随即进入下跌过程中。

图 5-23

（三）中轨线压力

个股在下跌趋势中出现反弹行情，当股价回落并跌破布林通道中轨线，之后在中轨线与下轨线之间波动，其间股价受到中轨线的压制无力再次向上突破，这时布林通道逐步从扩展开始收窄，意味着目前的反弹行情已经逐渐失去动能，股价只能维持弱势盘整或者进入下跌阶段，交易者应及时减仓。

（四）通道趋向压力

股价下跌，布林通道维持一个明显的下行趋向。在这种态势下，股价发生的任何反弹行情，大都会在中轨线或上轨线附近结束。

在布林通道整体趋向仍旧保持向下并无明显改变之前，对于下跌趋向中的股价反弹，交易者应谨慎对待，即便短线参与做多，也要设置好止损点。

（五）布林通道收窄与扩展

布林通道会随着价格的变化出现收窄或扩展。布林通道逐渐收窄代表股价的涨跌幅度逐渐平缓，多空双方力量趋于一致，股价可能即将选择突破方向。布林通道逐渐扩展，说明行情运行趋势的持续性良好，多空双方力量悬殊，价格正沿着某一方向稳定运行。

布林通道短时间内突然收窄和扩展，有时并不具备技术研判上的意义，只是受到价格频繁变化影响出现的杂波。交易者需要重点关注的是带有趋向性和趋势性特征的布林通道收窄或扩展。

如图 5-24 中 A 区域，价格长期维持下跌趋势，布林通道同步保持逐渐收窄的态势，在这种技术细节下做空或维持观望，是交易者较佳的交易策略。随着行情的发展，股价渐渐走出底部，布林通道的窄幅运行状态悄然发生改变，此后当布林通道从收窄状态开始扩展并转而向上时，意味着行情的趋势转折已然来临，这时交易者理应放弃做空思路，积极转向做多。

图中 B 区域和 C 区域，是布林通道分别于下跌趋势和上涨趋势中短时间内突然收窄或扩展的情况，其与当时所处的整体运行趋势相逆。这说明 B 区域和 C 区域突然的收窄和扩展，只是受到股价短期剧烈变化的影响出现的杂波，交易者不应因此改变自己既有的交易策略。

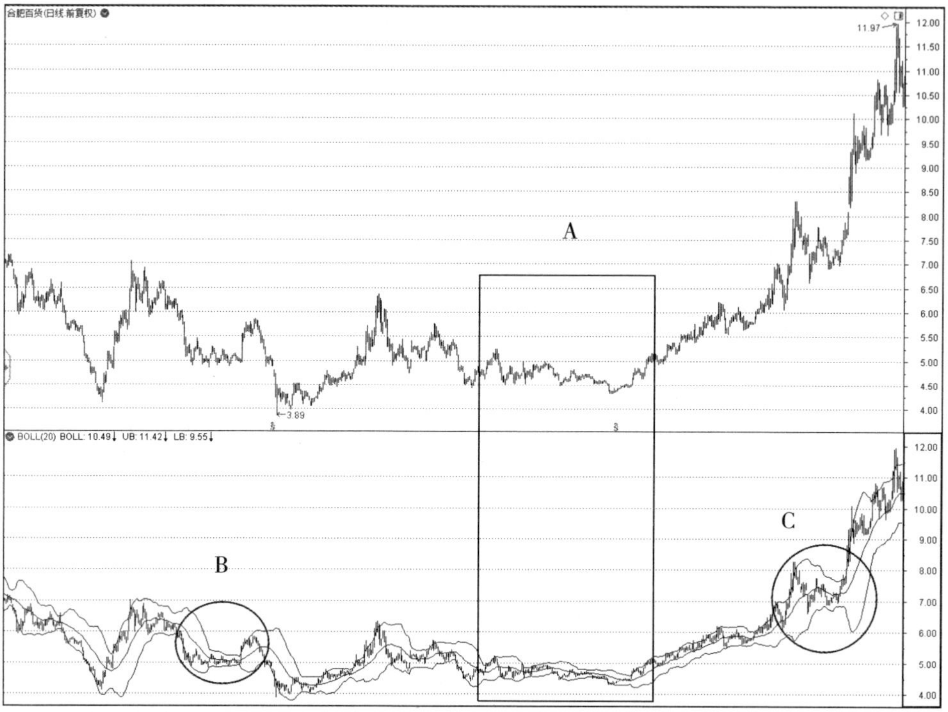

图 5-24

第六章

量价关系与买卖点选择

第一节　量价关系基础

一、分析成交量的意义

成交量是指交易市场的多空双方，在某个单位时间内对某项交易成交的数量。

股票市场成交量的计算单位，为手或股，1 手等于 100 股。

成交量能够直观反映出交易的状况：成交量稀疏、低迷，则说明参与交易的人或资金屈指可数，价格走势多呈萎靡、盘整的状态。成交量密集、高涨，则说明参与交易的人或资金众多，价格走势必然亢进、大开大阖。

成交量分析是技术分析中不可或缺的组成部分。漠视成交量的状况，仅仅专注于其他技术分析形式，则很容易脱离实战，坠入为技术而技术的死链中，最终得到的结论很难对实战产生有益的帮助。

同样，单一的成交量分析难以胜任对价格趋势或趋向的判断，必然会在实战中出现这样或那样的误判。综合性技术分析，是所有技术分析形式得以发挥作用的大前提。

实战中，既有放量上涨，也有放量下跌等多种模式与形态。成交量的放大与缩小并不能决定价格的涨与跌，只能起到关键性的催化作用。对于这一点，交易者必须有一个明确的认知，这是正确认识和分析成交量的技术基础。

进行技术分析时观测成交量的变化，主要通过 K 线图、分时图以及量比、换手率、技术指标等不同的形式。在最为常用的 K 线图上，通常以成交量柱状图来表示量能变化的情况。

在图 6-1 中，上方为 K 线图，下方则为代表成交量大小的柱状图，每一根 K 线对应一根成交量柱。

在不同周期系统 K 线图中，每一根成交量柱代表着不同时间周期内的成交量。比如，案例中为日线系统，则每一根量柱代表某一日成交的量能情况。周线、月线、分钟系统上的量柱则分别代表一周、一月和某分钟的成交量。

与 K 线图很类似，分时图上同样以成交量柱状图的形式来显示成交量变化的情况。不过，分时图中的成交量柱相对较细，更像一条线，所以通常也称之为成交量柱线。

分时图上，每一条长短不一的柱线代表每一分钟的累积成交之和。柱线越长，表明在这一分钟里的总成交量越大。

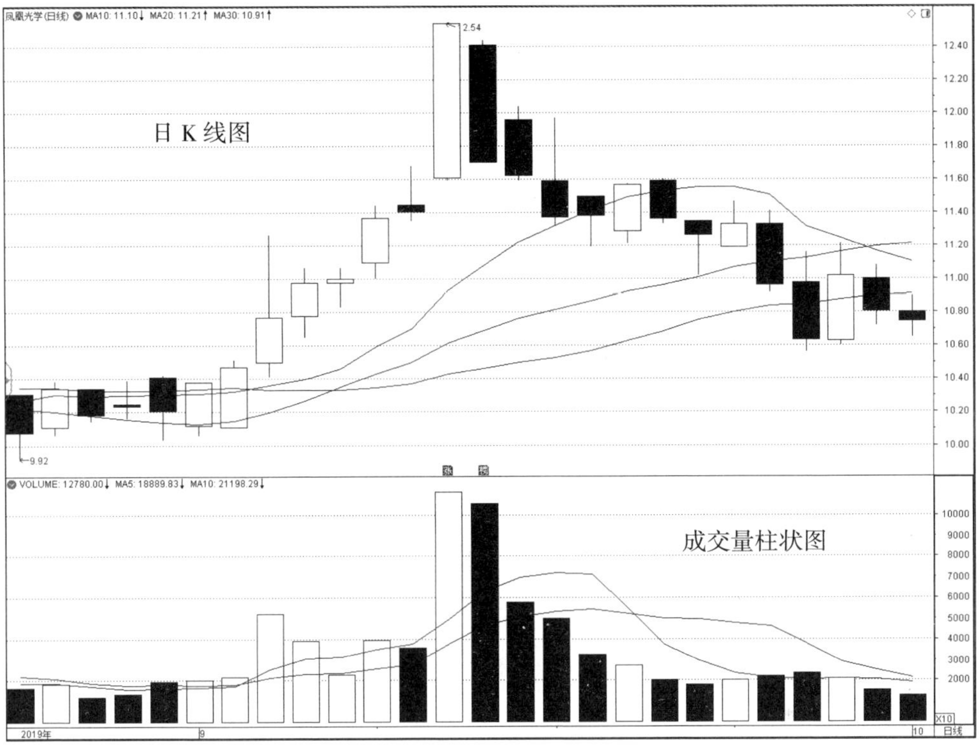

图 6-1

无论是 K 线图还是分时图，其中的成交量柱都有各自的优点和缺点。比如：K 线图中成交量柱的优点是可以使交易者简单明了地看到一段时间内成交量的高低变化；其缺点则是与 K 线的阳线或阴线相匹配的量柱，虽然会呈现“阳量或阴量”，但是阳量并不完全等于大部分是买入，阴量也不完全等于大部分是卖出。其中的变化绝不会像图示中的“阳量或阴量”那样简明易辨。

分时图显示的是当日的即时走势，量柱线会随着即时成交数据而变化。其优点是能使交易者及时观测到交易中成交大单的出现和其密集程度；缺点和 K 线图很近似，不能完全确认成交大单的真实指向。

二、如何预估当日成交量

成交大单的出现，足以搅动股价瞬间急涨急跌。但在实战中经常遇到的情况是，几笔大单成交过后，股价又重回原先“寂静”的状态，使因热血追高被套的交易者，不得不忍受“无人关照”的冷清局面。

预估目标个股当日的成交总量，并与前几日相比较，看看是否存在明显放大，也是大家辨别个股由冷转热的条件。

一只长期处于缩量盘整状态中的个股，即使某天盘中出现几分钟的放量急涨，并不能证明该股就会从此转为资金追捧的对象。

至少几个交易日内，目标个股有一个量能积蓄、聚拢的过程。当某天的量能明显超出这个聚集量能的平均值时，该股才有可能真正展开升势。但问题来了，如果都得等到收盘才能确定量能是不是超出平均值，那么无疑会错过不少极佳的短线交易点。

解决这个问题，就需要提前预估目标个股当日的成交总量，并不一定要等到盘中出现放量急涨，或者尾盘、收盘时才做出决定。

预估当日成交量可以借用下面这个公式。

240 分钟 / 已用时间 × 即时成交总量 = 预估日总成交量

例如：某股前一小时成交 200 万股，则成交量为 240 分钟 /60 分钟 ×200 万股 =800 万股。

该股前一交易日全天收盘后成交总量为 700 万股，通过上述预估值可以看出，该股当前的成交量和前一交易日基本持平。

也就是说，量能上该股并无异动，即使出现瞬间急涨，如果成交量不能连续密集放出，那么冲高回落的几率很大。

其实，还可以用换手率来粗略预估当日成交总量，如上述案例中的个股，午市收盘时的换手率为 2.09%，平均计算则全天收盘应在 4% 上下。

前一交易日该股全天收盘换手率为 4.38%，预估值与之接近。

常用的交易软件中，一般有一个成交量盘中虚拟的功能（VOL-TDX），可以虚拟当日成交量可能达到的数值。

如图 6-2 所示，图中虚线构成的量柱为盘中虚拟的成交量，下面的实体量柱为即时的成交量。

使用成交量盘中虚拟的功能，可以比较直观地呈现当日成交量是否有明显放大。这个盘中虚拟是动态的，实盘中会根据数值不断修正。

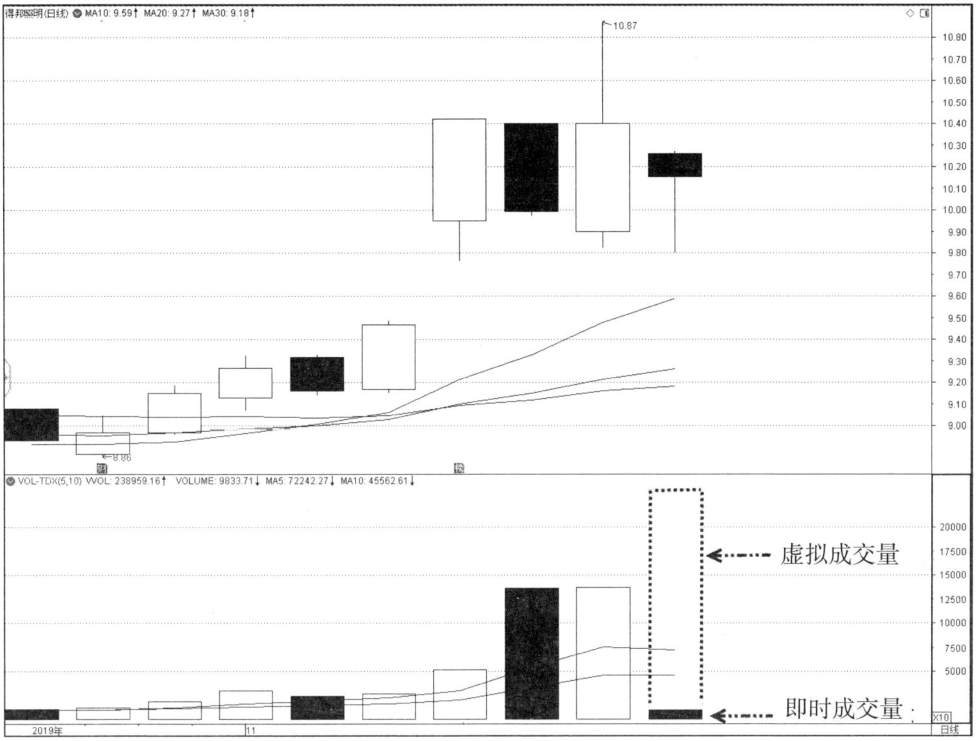

图 6-2

三、换手率与成交量

换手率是指在一定时间内市场中股票转手买卖的频率，是反映个股流通性强弱的指标之一。

换手率计算公式如下。

换手率 = 某一段时期内的成交量 / 发行总股数 ×100%（或成交量 / 流通总股数 ×100%）

换手率是成交量的一种分析形式，也可以看成是对成交量的细节分析。相对于成交量来说，在个股活跃度的研判上，换手率具有明显优势。

一段时期的成交量变化，可以简单地通过柱状图形式予以分析。但是量柱的高低起伏，并不能真正反映出个股资金流动性如何，换手率却可以弥补这种缺憾。

换手率能够及时反映出，个股交易中的成交量占其全部流通筹码的比例，也就揭示出该股真实的活跃度和是否受到资金的青睐与关注。

例如：一根看起来远超前期平均成交量的量柱，其实相对于个股的流通股本来说可能却是微不足道的。

如图 6-3 所示，图中 A 点报收一根长上影阴线，其成交量量柱也远大于之前的。如果仅仅关注量柱本身，那么无疑会认为当日成交量巨大。甚至符合巨量的标准，即超过 5 日均量线 2 倍以上的量能。

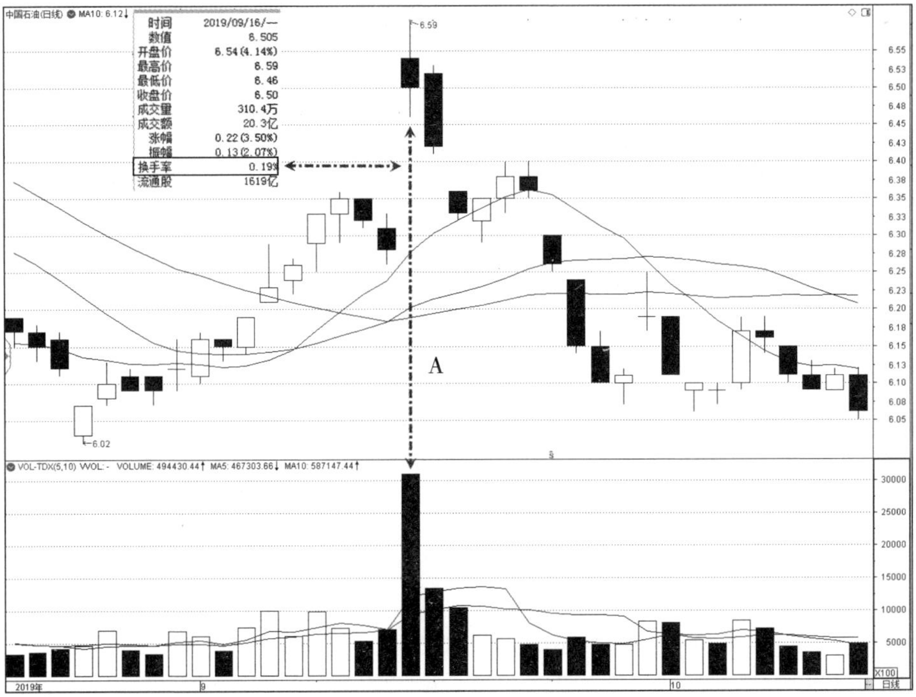

图 6-3

那么这种“巨量”究竟达到何种水平？

既然成交量本身难以给出答案，那么这个时候就需要借助换手率来进一步分析。

图中可见，A 点当日的换手率仅为 0.19%，连流通股本的 0.2% 都没到。图中所谓的“巨量”，如果和该股流通股本相比，那么实在是不值一提。

图中 A 点当日的换手率不足 0.2%，却达到巨量标准的量柱，在实战中至少告诉大家两个方面的信息：一是前期成交量极其低迷；二是“巨量”具有相对性。

个股具体条件的不同，会使常规行情中极为平庸的量能，在特定行情中表现为巨量。当某一个股突如其来地出现巨量时，如果这种巨量是与前期过度低迷的成交量相对比的结果，那么对这种巨量的认定和持续性就要报以警惕之心。

类似案例中的情况很常见，发生的原因会因个股不同而迥异。比如，主力控盘个股，冷门股盘中主导资金的自救，以及股本较大的个股，等等。

总之，观测成交量不能仅仅依据量柱或部分数据指标，换手率是其中不可或缺的重要组成部分。

四、换手率的实战应用

如果仅从实战的角度来解读某一个股换手率的高和低，那么高换手率下显示的是交易火热，低换手率下显示的是交易的冷清，这都有可能成为个股极端情况下的变盘因素。呈常规或略增、略减的换手率，一般显示为趋向继续的含义。

实战中，应该重点关注高换手率和低换手率这两种极端表现。当然，换手率的高和低，并非仅指百分比上的具体数值，还应包括个股因股本不同出现的不同认定尺度，以及因具体条件不同产生的差异性。

（一）高换手率

对于大盘股来说，超过 2% 的日换手率可能都是天量级别的，绝对算得上高换手率。对一些中小盘股来说，可能超过 20% 的日换手率才勉强达到高换手率的标准。更有新股上市后日换手率达到 50% 以上，也被视为常规现象。

当然，不同市场环境会使换手率出现异变，受到资金疯狂攻击的大盘股，有时也会达到 10%~20% 的数值。

短线交易者以换手率较高的个股为目标，即交易活跃、变现容易的个股。只有这些个股才有可能出现较多短线机会，交易者才有机可乘。

但是，高换手率既有适于做短差的有利一面，也有遭遇股价出现拐点的风险。

过高的换手率，大部分都是资金击鼓传花造成的。不是绝对不可以参与这类股票，而是需要参与者在量价分析上具有敏锐的嗅觉，及时发现风险因素是否正在大面积扩散。

如图 6-4 所示，A 点该股当日换手率达到 50.73%。也就是说，该股所有不受限制的流通股本，在 4 个小时的交易时间里，被换手五成以上。

近年来，新上市的股票打开涨停板后，换手率基本数值通常都会达到 50%

以上，而高危换手率多数在 60% 左右。

最迷惑交易者的是，高得惊人的换手率出现后，股价并不一定都会连续大幅下跌，甚至有的还会连续上涨。

疯狂换手率的背后，是资金击鼓传花的游戏。参与者都知道自己在赌，却认为自己不会是接最后一棒的人。

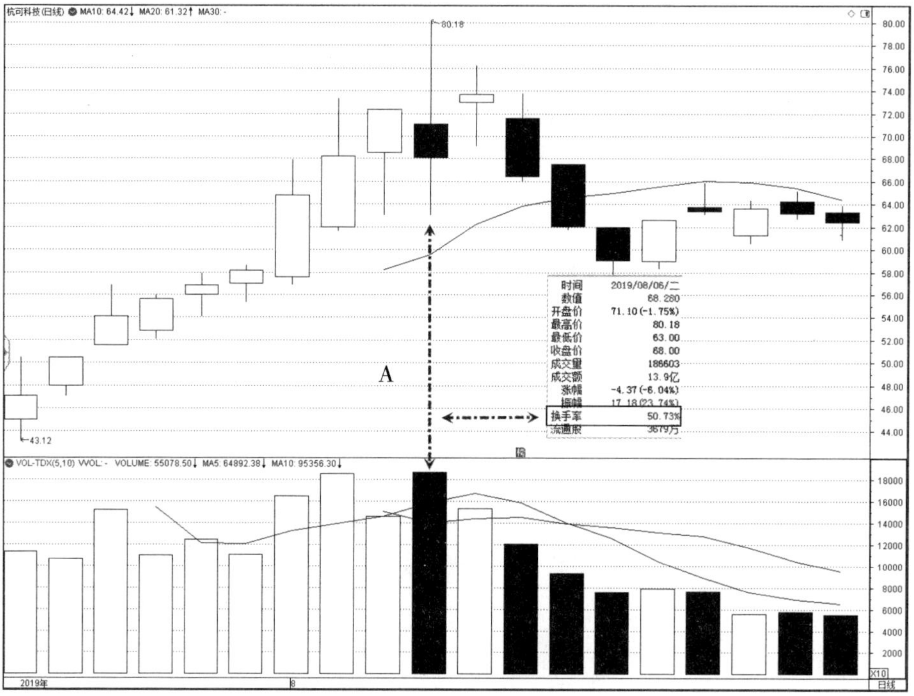

图 6-4

目前，这种极高的换手率仅仅频繁出现在新股中。在其他股票中，当日换手率接近或达到 30% 左右时，可以说就是股价可能接近拐点的高危信号。

实战中的变化总是难以用一个标准来完全概括。不过，有一点是明确的，即出现一个高危换手率时，尽管价格未必会立即发生转折，但交易者必须明白接下来要面对的是什么。

资金击鼓传花的游戏并非没有规则，而是博弈各方各有各的规则。

例如：某些资金以获利的百分比为资金离场的界限，超过这个百分比立即触发抛售规则。倘若这个离场的资金规模过大，必然引发股价的转折。如果规模一般，则可能股价震荡后，又会有新资金入场接盘，继续击鼓传花。

技术上，出现高危换手率后，如果之后的换手率能够维持在相对较高的水准上，那么这种情况说明资金热度不减，仍未大规模撤出，余勇可贾。

随着各路热炒资金依照自身规则逐步退出，成交量必然随之消减，而被炒高的股价失去了继续燃烧的动力来源，必然只有下跌一条路可走。此时的换手率或者说成交量，怕减不怕增！

这是高危换手率出现后的一种特殊情况，也是通过量能变化选择交易点的条件。

如图 6–5 所示，A 点该股当日换手率为 58.8%，为最近一个阶段的最高成交量。之后，股价仍在震荡中上涨，而成交量在减少。

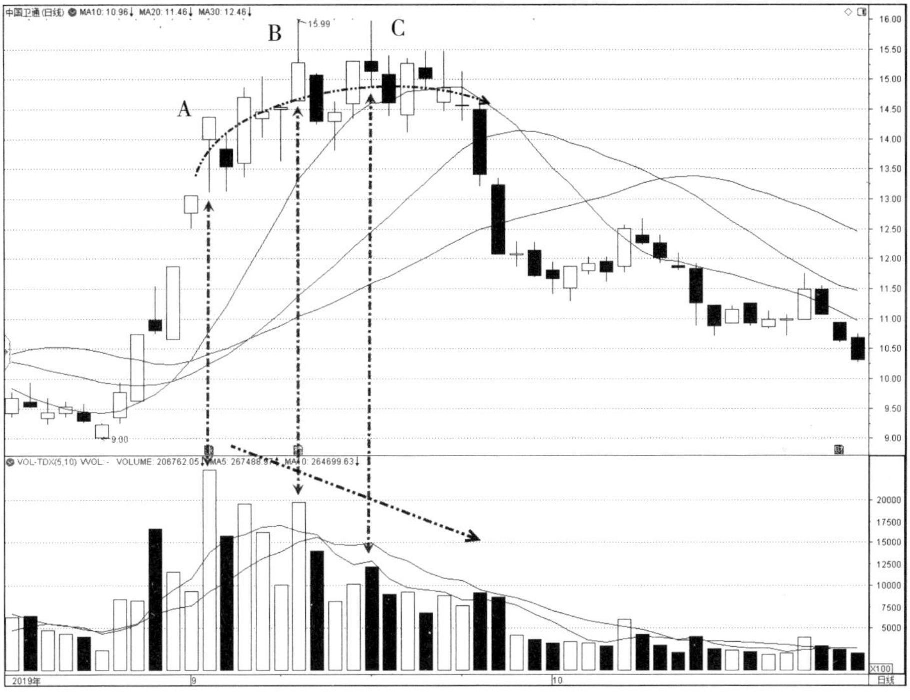

图 6–5

B 点时，股价创出新高，换手率却已经难以超过 A 点。股价继续震荡，但可以看出股价的运行重心已经走平或小幅下行。

C 点股价又一次冲击高点，但这时的成交量已经明显少于 A 点和 B 点。C 点当日换手率为 30.51%。

在实战中，遇到如案例中这种成交量难以为继的情况时，就是击鼓传花游戏到了最后的时刻，这是短线交易者选择卖出的最后时机。

（二）低换手率

高换手率不可能长期持续存在，而低换手率既有可能长期存在，也有可能阶段性存在。

当然，和上文的高换手率一样，这里提到的低换手率并不是仅指具体的百分比数值，而是包括股本等综合因素。

长期低换手率反映的是价格低迷、交易冷清的状况。阶段性低换手率则反映的是价格阶段性休整的状况。

1. 长期低换手率

冷门股长期低迷的换手率和价格对应存在，但长期低迷的换手率并不意味着始终如一、波澜不惊。这个过程中，总会出现若干级别不等的价格反弹，成交量也会出现相应的变化。

如图 6–6 所示，在股价下跌以及震荡盘整过程中，成交量呈低迷的态势，换手率也必然处于较低水平。

股价每一次有力度地反弹，换手率会随之放大，见图中 A 区域。当股价

图 6–6

反弹结束后，成交量归于平静，换手率会再度低迷。

如果在股价反弹结束后，换手率并未回归低迷，而是逐步放大（即使换手率有所减弱，也不会回到之前盘整阶段的低迷状态），那就说明股价可能面临着趋势转折。

如图中B区域所示，随着低换手率逐渐转化为高换手率，股价走出震荡盘整，进入上涨趋势中。

2. 阶段性低换手率

阶段性低换手率是升势中一种常见的现象，通常是价格处于休整时的量能形态。交易者不可因换手率降低，就认为股价将要转折向下，盲目抛售手中个股。当然，实战中并不排除某些个股就此发生转折。

如图6–7所示，A区域该股处于跌势中，换手率较低，大部分交易日换手率不足0.5%。B区域股价出现短期反弹行情，换手率最大时已经超过6%，但随着反弹结束，换手率随之大幅下降。

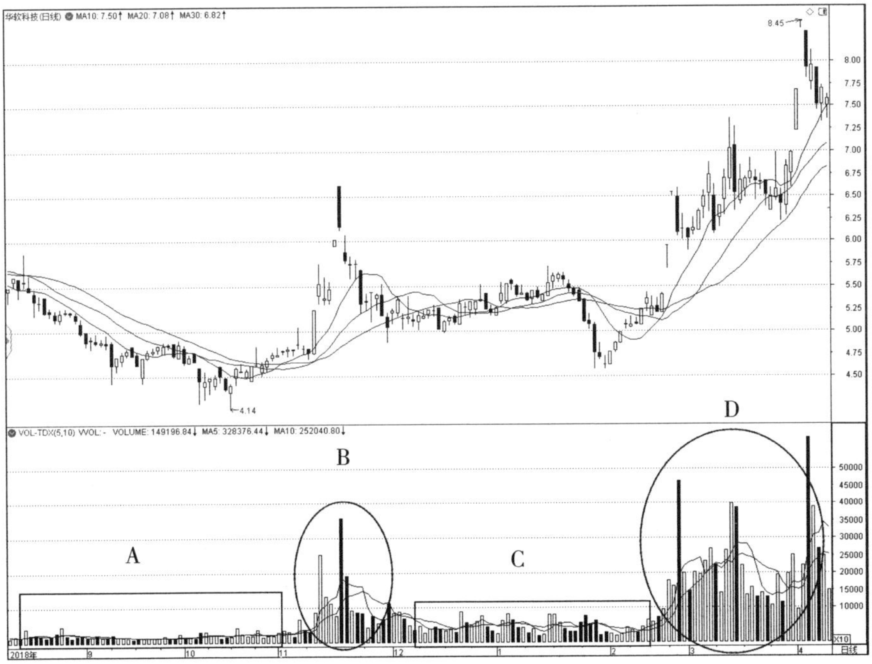

图6–7

如果B区域股价反弹结束后，换手率回到低迷期，那么B区域仅是跌势中一个强度颇高的反弹而已。图中C区域，大部分交易日的换手率都在1%之上，与 A 区域低迷状态迥异。

这种换手率的变化，就说明股价可能迎来趋势上的改变，而 C 区域换手率的降低，仅仅是阶段性的低换手率。

出现阶段性低换手率，正是交易者介入布局的良机。如果等到图中 D 区域出现时，涨势已经极其明确，即使择低介入，股价也已经有了很大升幅。

第二节 11 种量价关系及买卖点选择

一、量平价平

量平是指相邻几日的量能很接近，无明显缩放。价平是指相邻几日的开盘价和收盘价很接近，反映到 K 线图上，则是实体相仿的 K 线形态。

出现量平价平，说明多空双方处于相对平衡的态势中。在不同的技术环境中，这种形态都有可能出现，其技术意义有所差异。

在股价大幅下跌之后出现量平价平，说明之前的下跌耗掉了空方不少能量，股价短期内继续大跌的可能性较小，极有可能就此展开横向盘整或就此开始反弹。如图 6-8 中 A 区域所示。交易者即使不买入，也不应减仓。

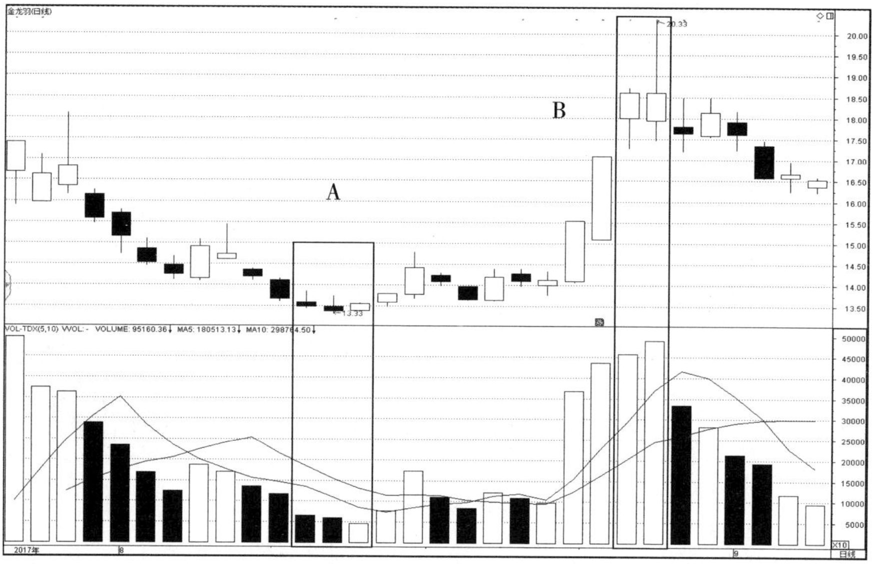

图 6-8

股价大幅上涨之后出现量平价平，说明之前的大涨耗掉了多方不少能量，股价短期内继续大涨的可能性较小，极有可能就此展开横向盘整或转向回落。如图中 B 区域所示。短线交易者应做减仓操作。

二、量平价跌

量平价跌是指相邻几日的量能很接近，无明显缩放，但股价发生了下跌。

在股价大幅上升之后出现量平价跌，大多是资金阶段性减仓造成的。交易者应减仓操作，不可盲目买入。如图 6-9 中 A 区域所示，成交量基本处于相近水平，股价却在震荡中下跌。

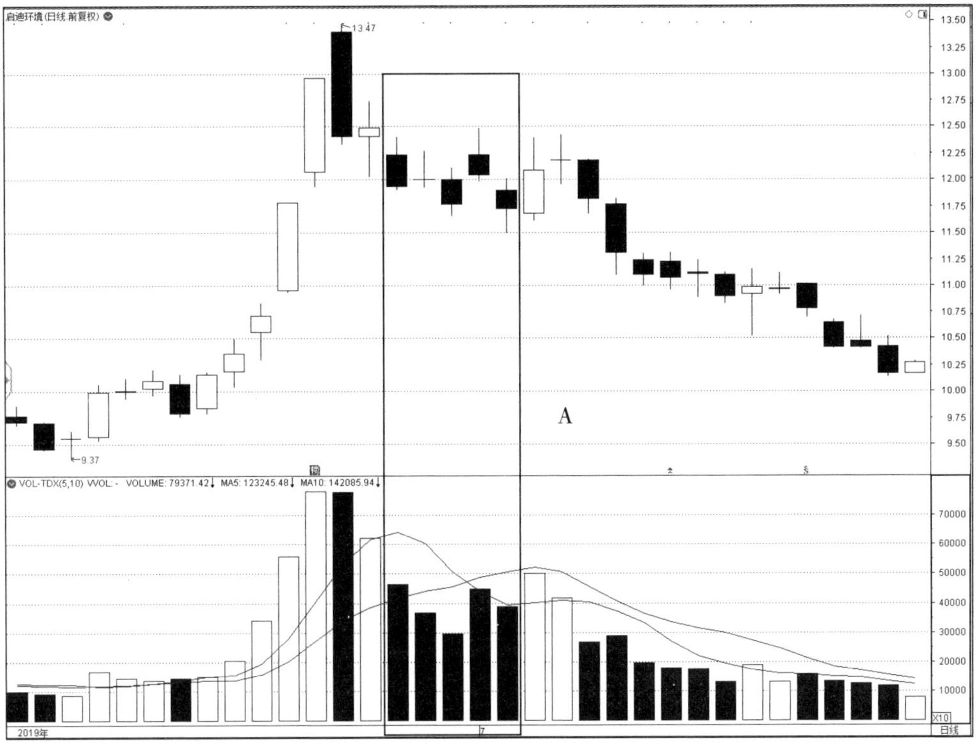

图 6-9

由于成交量并无明显缩放变化，而且刚刚经过让交易者兴奋的涨升过程，所以即使股价下跌也不会引起恐慌，反而会让交易者认为主力正在震荡洗盘，部分交易者会逢低加仓。

随着主力仓位大幅减少，其出货力度会明显加大，速度会明显加快，从而使股价大幅下跌。

在一段幅度不大的涨升后出现量平价跌，多为短线获利盘不愿参与股价盘整而卖出，或散单的恐慌性抛售。之后量能逐步增加时，股价仍将恢复到上涨趋势中。

在一段下跌之后的盘整阶段出现量平价跌，说明其中缺少主力资金操作或主力长期蛰伏不动，股价可能将持续阴跌的局面。在大幅下跌后出现量平价跌，通常会形成“散兵坑”，随后诱发幅度不等的反弹。对于这些情形下的量平价跌，交易者最好暂时保持观望。

三、量平价涨

量平价涨是指相邻几日的量能很接近，无明显缩放，但股价出现了上涨。

长期或大幅下跌后出现量平价涨，是因为这个价位既远离套牢盘，又没有太多的获利盘，所以不需要过大的成交量即可维持反弹走势。这也是筑底阶段较为常见的一种形态。但这个阶段场外资金跟进做多的力量不集中，反弹幅度不会太大且折返较多，最忌追涨操作。

还有一种情况下的量平价涨，即个股长期或大幅下跌后量平价涨，这是主力资金快速吸筹建仓的表现。如图 6-10 中 A 区域所示，股价快速上涨过程中，成交量大致在相近水准上。之后成交量明显降低，而股价保持横向震荡。

对于案例中这种主力建仓股来说，量平价涨阶段就是交易者最佳的介入时机。等到成交量出现变化，说明主力吸筹暂告一段落，股价可能会开始大幅震荡。这时不再适合交易者介入，反而是短线交易者逢高卖出的时机。

如果量平价涨出现在长期或大幅上涨后，则说明股价上涨不被资金认同，或为主力资金的诱多行为，股价可能已经接近阶段性高点。

从供求关系上分析，当股价达到一定高度之后，愿意继续大笔买进的人会越来越少，而持仓者仍期望出现更高的价位再卖出，主导资金却开始分批逐步减仓。当卖出总量打破平衡，买入量进一步减少时，个股将结束量平价涨的局面，进入下跌周期。

如果某股在升势中大部分时间保持量平价涨，则表明主力控盘程度较高，场外的流通筹码稀少，该股后市应当仍有可观的涨幅。这也是控盘庄股的特征之一。

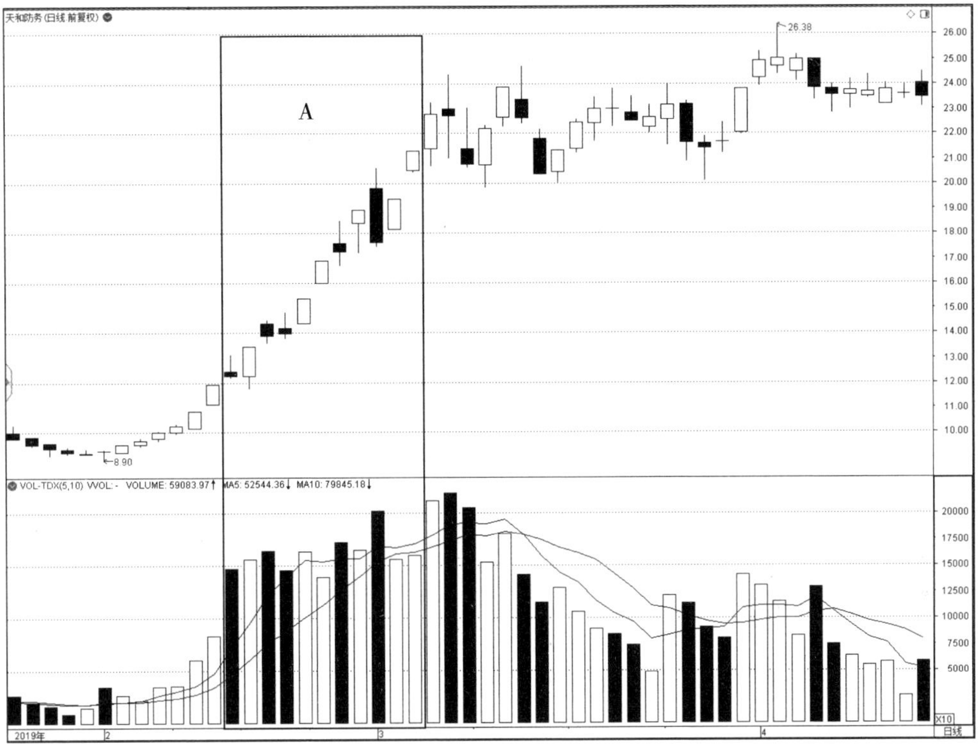

图 6-10

四、量缩价平

量缩价平是指成交量明显缩减，股价处于盘整态势中。

在个股长期或大幅上涨之后出现量缩价平，是重要的顶部警戒信号，通常多是主力出货艰难的个股。一旦主力资金链发生断裂，这类个股往往会出现断崖式下跌。

量缩价平出现在一段上涨后，往往是主力测试支撑和清洗获利筹码的表现。如果后市这种量价关系形态出现改变，那么股价应仍有涨升空间。

量缩价平出现在长期或大幅下跌之后，多为盘底个股，筑底时间通常较为漫长，最忌讳此时追高买入。

一段下跌后出现量缩价平，交易者不可轻易介入。在空方能量未消耗殆尽之前，量缩价平只是表明股价暂时处于平静期，说明当前股价对多方资金并没有太大的吸引力，资金不愿在这个价位上大举介入，后市仍将继续下跌。

如图 6-11 中 A 区域所示，该股在下跌途中出现量缩价平，这个貌似横盘做底的形态具有很大的迷惑性。以为该股跌不动了，贸然介入的交易者，就会对之后的跳水式下跌猝不及防。

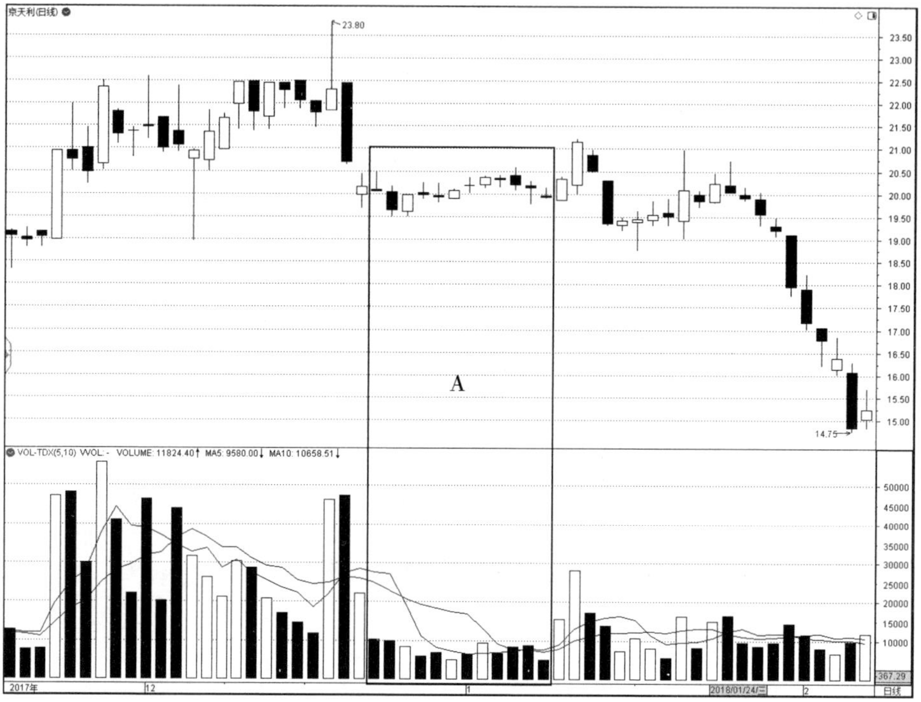

图 6-11

五、量缩价跌

量缩价跌是指成交量明显缩减，股价处于下跌态势中。

如果量缩价跌出现在长期或大幅上涨后，说明市场多空双方对目前启动的下跌并无太大的分歧。股价高位出现量缩价跌，或是因为主力资金前期已经成功出逃，或是主力资金出货不易，只得打压价格，制造出货机会。

市场各方资金不作为，更显示股价底部遥遥无期。交易者应逐步降低仓位，并力避在这个阶段追涨杀跌。如图 6-12 所示。

在长期或大幅下跌后出现量缩价跌，多为无资金关注个股或正寻求筑底的个股，短期内难以改变现状。对于这类个股，可以追踪，但在量能以及其他技术指标发生改变之前，应尽量避免短线交易。

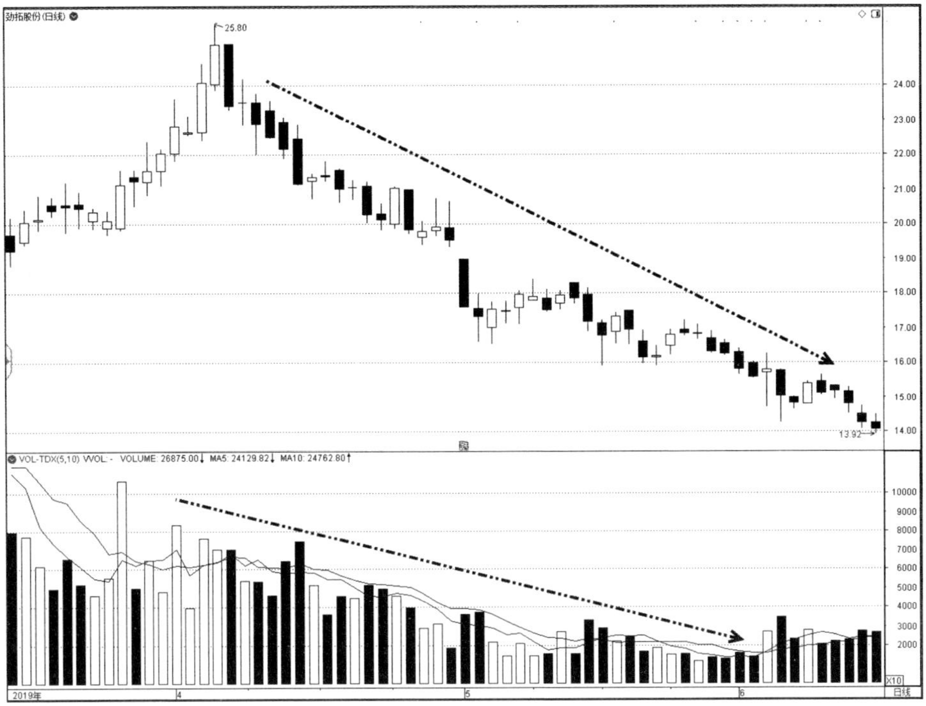

图 6-12

筑底的个股并不意味着马上就会筑底成功并出现上涨行情。很多交易者以为，底部区域的个股风险最小，但实战中有些人在所谓的底部区域多次发生亏损交易。

在股价大幅下跌趋向运行时，风险极大，大家不轻易交易，反而不易遭受亏损。当股价进入波动相对缓慢的底部区域后，风险意识就会被个股遍地开花的反弹所迷惑，于是短线交易开始增多。

尚未完全走出下跌趋势底部的个股，走势折返往往极为频繁。短线交易节奏把握不当，加之心态难以保持稳定，发生亏损也就在所难免。

六、量缩价涨

量缩价涨是指成交量明显缩减，而股价处于上涨态势中。

在下跌趋势运行过程中出现量缩价涨，大多属于反弹性质的上涨，在幅度和持续时间上难有理想的表现。

长期或大幅下跌后出现量缩价涨，多为无资金关注或正寻求筑底的个股，短期内难以改变现状。当然，受大势利空影响，被套的控盘庄股不在此列。

在长期或大幅上涨后出现量缩价涨，说明各方资金对股价逐渐产生畏高心理，不愿意积极跟进或全力做多。此时，交易者应提高警惕，力戒追高买入，并随时准备撤离。

上涨趋势初中期出现量缩价涨，说明筹码锁定性较好，主力控盘的股票多出现这种现象，后市股价仍有较多表现机会。如图 6-13 所示，该股上市后有过两波放量的过程，当股价进入上涨趋势后，相比涨势初期，成交量大部分时间保持缩量态势。

图 6-13

七、量增价平

量增价平是指成交量出现明显增加，股价却处于波动中，不能保持明显的涨升幅度。

经过长期或大幅下跌后出现量增价平，说明有主导资金或主力资金在底部区域收集筹码，积聚上涨能量，股价将可能发生比较积极的变化。但这个过程一般较长，短线交易者并不适合介入。

如果量增价平出现在一段升势后，则说明多方的持续上攻遭到了空方反扑，可能会形成相互对峙的盘整局面。在技术形态未遭破坏的情况下，盘整过后还会继续升势。

如果量增价平出现在大幅涨升的高位，则要警惕主力派发出货。如图 6–14 所示，该股连续上涨后，在 A 区域股价呈横向震荡态势，而成交量仍然增加，显示有主力正处于减仓过程中，交易者应减仓操作。

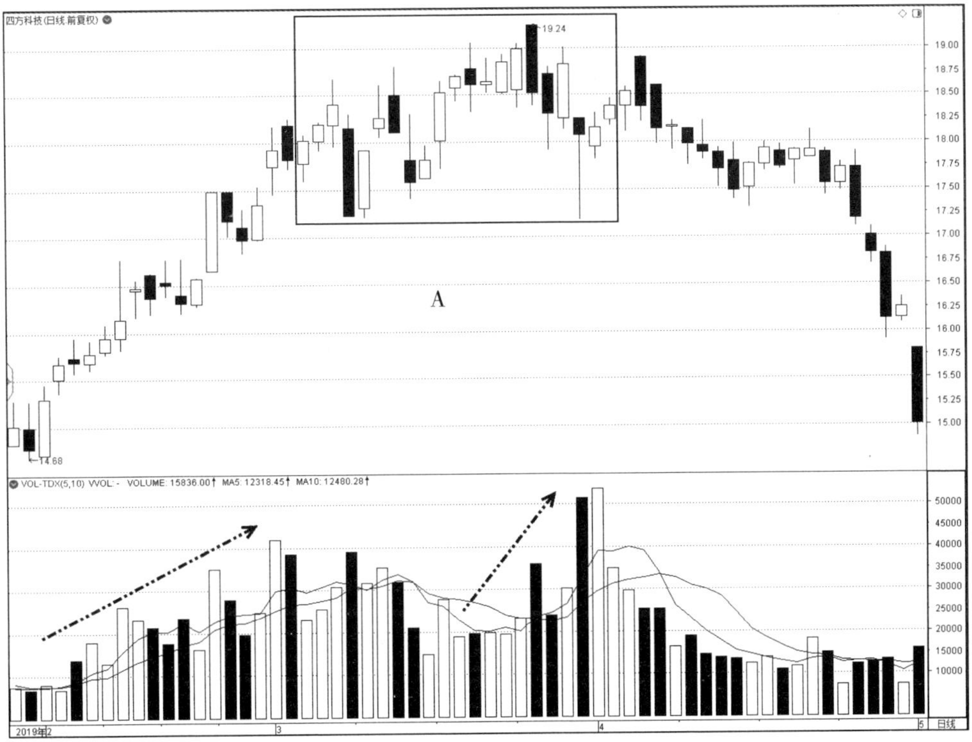

图 6–14

八、量增价跌

量增价跌是指成交量明显增加，而股价处于下跌态势中。

量增价跌出现在长期或大幅下跌后，说明有资金正借助市场恐慌氛围悄然吸筹。此时，交易者不可从众杀跌，可守仓静待趋向发生变化。

如图 6–15 所示，该股大幅下跌后，在 A 区域出现大阴线，成交量明显增加，跌势似乎不可阻挡。之后，股价却并未延续跌势，反而探底回升。案例中出现量增价跌，是较为典型的主导资金以暴跌引发恐慌盘集中出逃的情景。

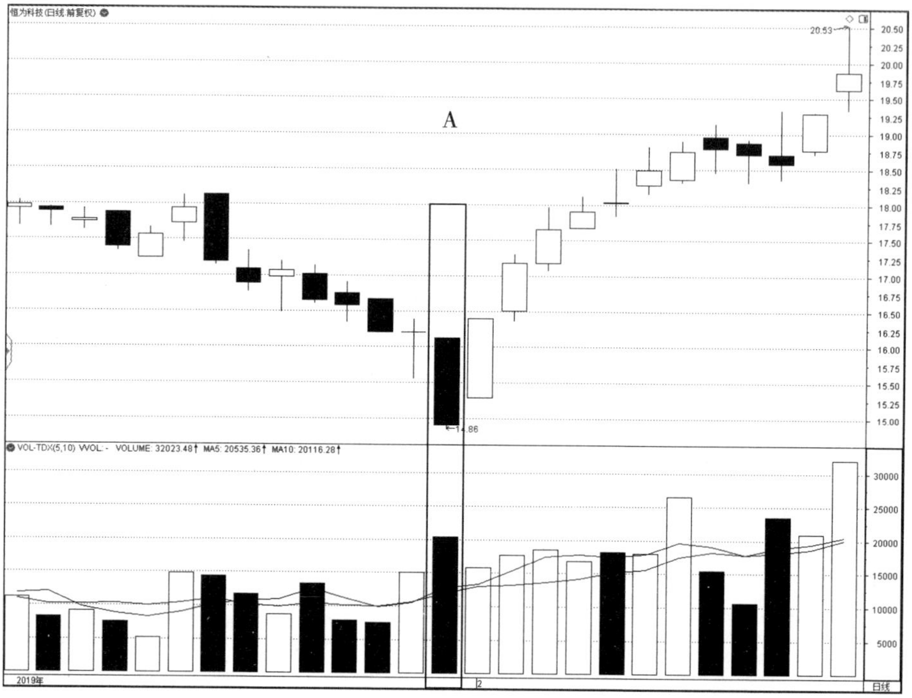

图 6-15

一段下跌后出现量增价跌，一方面可能这个价位对市场资金具有一定的吸引力，有望形成阶段性低点；另一方面也可能是主导资金营造诱多陷阱，小幅反弹后仍会继续跌势。具体可视个股的技术环境判断。

长期或大幅上涨后出现量增价跌，是空方即将主导市场趋向的信号，交易者应高度警惕，减仓观望。一段上涨后出现量增价跌，则可能出现中短期回落调整。具体可视个股的技术环境判断。

九、量增价涨

量增价涨是指成交量出现明显增加，股价相应保持一定的涨升幅度，这是量价配合良好的一种状态。

随着股价上涨，成交量逐步放大，说明上涨已经得到各方资金的充分认同，在量价未发生突变的情况下，涨势仍将持续。

成交量突然激增，股价突然暴涨，但二者之间未能保持同步，那么量增价涨就会转化为其他量价关系及形态。

当二者同步上涨时，则说明行情进入到最为火爆的阶段，但这种量价状态不可能长久存在，行情随时可能回调或反转下跌。

如图 6-16 所示，A 区域阳 K 线为涨停板，成交量同时大幅激增，当日换手率超过 40%，远高于前一日的 10%。

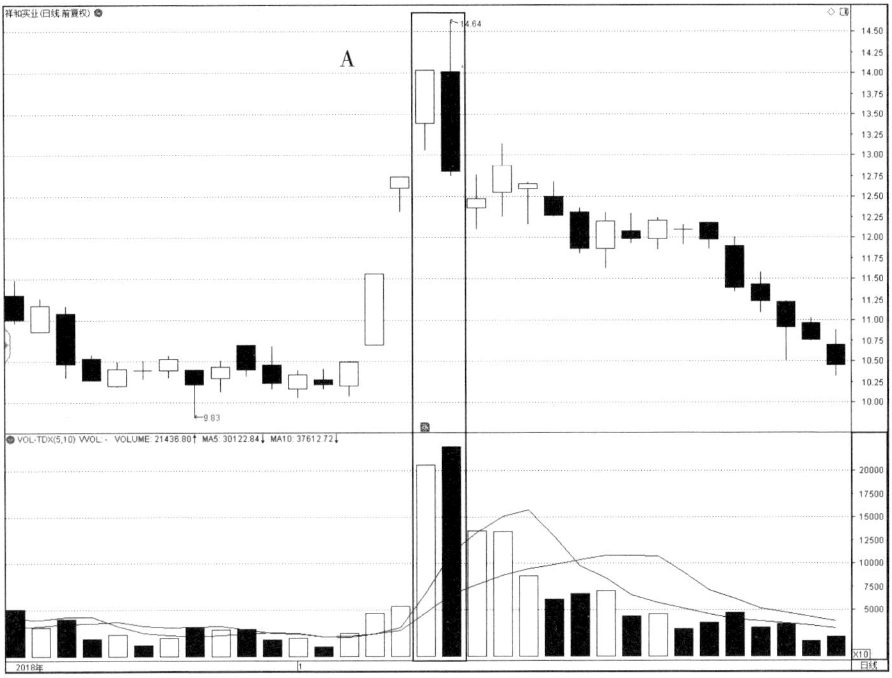

图 6-16

虽然量增价涨是一种相对良好的量价关系，但当量价突然进入一种极端状态时，意味着极端局面难以持久，股价拐点可能就在眼前。图中 A 区域大阴线跌幅超过 8%，当日换手超过 44%，股价随后进入一段跌势中。

十、天量天价

天量是指成交量接近或超过历史成交的最高值。随着市场扩容速度加快以及个股股本变大，交易者对大盘指数或个股成交天量的具体数值，应根据市场的实际变化情况灵活掌握，适时调整。

市场上有“天量见天价”的说法，意思是说，出现天量后，价格上涨将会终止。

个股出现天量或巨量这种成交量的极端状况，说明多空双方对目前的价位有巨大分歧，为此双方展开了极为激烈的争斗。出现天量或巨量，势必对原有趋势或趋向产生重大影响。

无论哪一方取得优势地位，都必然消耗巨大能量。所以，量能的这种极端状况不会持久，接下来将会进入休整态势，直至产生价格拐点或继续延续原有趋向。

经过长期大幅上涨的个股，如果在价格高位集中出现天量或巨量，股价却未能顺势拓展上涨空间，而是反复折返，那么该股后市就此展开下跌或盘整的可能性非常大。

如果在底部低点出现天量，那么股价也将回落调整。但经过震荡之后，多数个股会进入上涨趋势中。

如图 6-17 所示，该股处于涨势初期阶段，A 区域成交量达到历史成交最高值，股价也在之后出现一波回落调整。案例中这种类型的天量所引发的下跌调整，多是因为获利盘集中出逃，或者主力资金刻意展开的震仓洗盘。

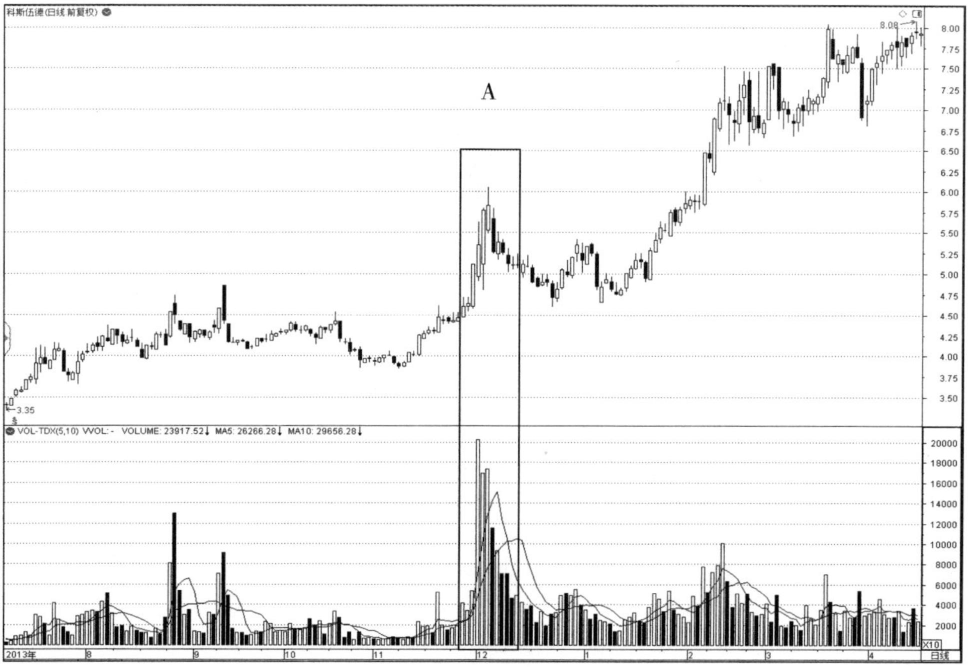

图 6-17

十一、地量地价

地量通常是指某一交易标的历史成交中的最小值。

地量显示的是成交量极度低迷，接近或创出历史最低值。出现这种成交量极端状况，说明市场资金或持仓者，都对目前的价格和趋势持消极或观望态度。持有资金的不愿盲目买入，持有仓位的不愿卖出，市场上的参与者都在等待一个能够指明方向的契机。

当某一个或几个交易日出现成交的历史低值时，可能只是趋势或趋向运行中的休整态势。如果成交量长时间维持在历史低值区，形成地量区域，那么可能趋势或趋向会由此孕育出相应拐点。

市场上有“地量见地价”的说法，意思是成交量极度低迷后，下跌的股价会见到低点开始反弹。不过，这种说法具有一定的局限性。出现地量只能说明一个问题，即交易处于低迷阶段，是否发生逆转并不具有必然性，只存在一定的可能性。这种可能性是否会转化为现实，则需要技术上的综合判断。

实战中有很多案例证明，个股在地量区域发生价格向下暴跌，然后趋势才向上逆转的情况并不少见。还有不少案例证明，在某些个股的运行中，地量会长时间存在，直至消磨掉持仓者的信心。

如图 6-18 所示，A 区域该股成交已处于地量水平，但是股价依然出现幅度不小的下跌。直至 B 区域成交再次达到地量，之后股价才触底上涨。

在实战中，如果交易者机械地坚持“地量见地价”的观点，那么就会在 A 区域买入该股。但能不能经受住 A 区域到 B 区域的下跌，就不好说了。很多人就因为过早买入，经受不了下跌的折磨，在股价即将转折的前夕斩仓出局。交易者必须高度重视地量带来的滞后性变化，决不能以主观愿望作为市场交易的理由和依据。

地量是某一个股或指数成交的历史低值。随着送股或分红等股本不断变大，地量值也会随之改变。从技术分析的角度来说，这种改变的动态分析作用较小。能够对价格运行起到重要分析作用的成交低值，必然是不断变化的。

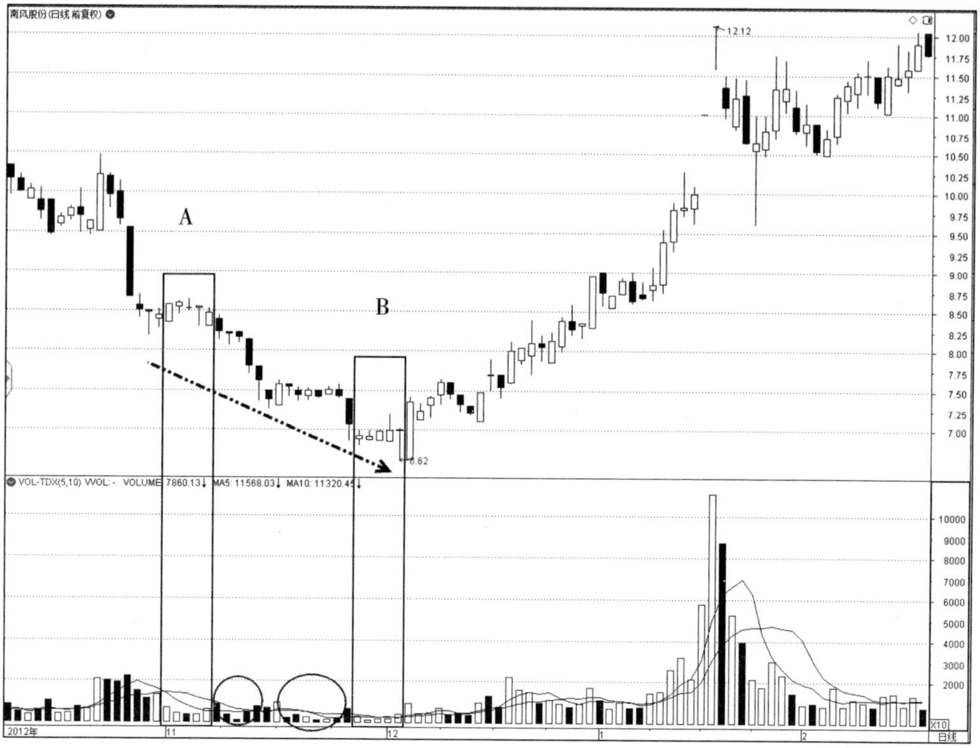
南风股份(日线 前复权)
12.12
A
B
6.62
VOL-TDX(5,10) VVOL: - VOLUME: 7860.13↓ MA5: 11568.03↓ MA10: 11320.45↓
2012年
11
12
1
2
X10
日线

图 6-18

第七章

主力对股价的影响

第一节　谁是主力

一、主力的概念

主力是指通过资金优势或其他方式对股票价格涨跌、走势能够直接起到影响作用的实力资金。

在早年的股票市场上，谈及实力资金时，经常会用到“庄家”这个词。庄家一词出自赌博术语，意指对全局进行掌控、操纵的人和资金。现在的股票市场上，庄家一般专指对某一只股票高度控盘的资金。

随着股票市场监管制度逐步完善，高度控盘的操纵模式越来越少。股市中更多的是虽然达不到控盘的程度，但是仍能对股票价格起到明显的影响，即在博弈中占据明确优势的实力资金，也称为主力。

相比“庄家”的称谓，“主力”有更为广泛的意义，其包括但不限于庄家。

主力这个词，引申自竞技、战争等层面，原意为精锐、主要的力量。当一方的主力受损时，整体力量必然大打折扣，甚至土崩瓦解。

期货市场上，有一个“主力合约”的概念，是指持仓量最大的合约。一般情况下，持仓量最大的合约，其成交量也是最大的。因为它是市场上最活跃的合约，也是最容易成交的合约，所以交易者基本上都参与这个合约。期货市场的“主力合约”，可以理解为市场资金主要参与交易的合约。

在股票和期货市场上，“主力”这个词具有其适用性。它可以有效区分某一股票或合约中，资金和持仓数量占据明显优势的一方与其他各方包括散户的存在，以及彼此之间的地位与关系。在一定程度上，这种区分能够反映股票和期货交易的弱肉强食状态。

在股票市场上，某一个股中的主力资金，相比其他各方包括散户资金，拥有资金、筹码等多方面的优势。但这些优势只是相对的，主力博弈的对象还包括市场监管、经济政策的调整，经济形势的变化，等等。

也就是说，某一实力资金入场成为主力之前，虽然对相关经济环境、政策有深入的了解和预估，并确定了自己应采取的策略，但在实际操作过程中，总会有很多意外事件发生，这使博弈的天平并不总是向主力一方倾斜。

比如，2015 年股市场外配资政策突然调整，使很多主力资金始料不及，随后出现的暴跌使大部分主力资金折戟，只能通过后续操作予以弥补。

二、识别主力行为

股票市场的博弈性，决定了市场参与者之间处于对立的关系。占据资金优势的主力，具有中小交易者难以比拟的优势，他们会利用这些优势以及形形色色的手段，故意误导交易者，以求达到自己的目的。

看盘时，交易者要注意分析鉴别哪些是市场的随机波动，哪些是主力行为。

通常来说，盘面上一些违反常规的现象，极有可能是主力行为。比如，第二章第二节中“挂单和撤单”所讲的部分内容，就是典型的主力行为。

下面就主力常用的一些行为手法进行讲解，以便于交易者分析与识别。

（一）对倒

对倒是指自买自卖的一种虚假交易行为。

主力采用对倒可以造成交易活跃的假象，用以吸引市场资金跟风追涨或者杀跌，从而满足自己减仓出货或者低价吸筹的目的。可以说，大多数主力在短炒个股时，其操作方式中，对倒占据了相当大的比例。

主力对倒是希望股价短时间内产生剧烈波动（上涨或下跌），所以通常会以成交大单的形式出现。但并不是所有的大单都是主力资金行为，也可能是其他资金的行为。比如，某实力资金操盘手为尽快完成买入任务，机械地以大单扫盘等。

主力资金对倒拉升股价时，即使股价瞬间被笔直拉起，但随着大单消失，股价多数会随之回落。之后，盘中走势拖泥带水，或者直接跌回起涨价位。

对倒拉升可以满足主力资金减仓出货的需求，也可以用于诱发杀跌盘，为主力低位吸筹服务。

主力以大卖单对倒，故意向下砸盘，可以使持仓者产生恐慌心理，放弃持仓的打算而加入抛售的行列中。

实战中，不要以为主力知道的比你多，也不要相信突然出现大卖单就意味着持续性下跌开始。克服恐慌性思维，是交易者在股市交易中获得成功的关键。

（二）夹板

夹板是一种较为特殊的挂单形态，是指买一和卖一上分别挂着大单，彼此之间形成对峙。股价被限制在相邻价位上，难以产生大幅波动。一般来说，主力利用夹板可以有效稳定涨幅和跌幅，不使股价发生意外波动。如图 7-1 所示。

卖五	2.04	208	
卖四	2.03	944	
卖三	2.02	489	
卖二	2.01	2684	
卖一	2.00	20105	
买一	1.99	14934	+55
买二	1.98	238	
买三	1.97	504	
买四	1.96	660	
买五	1.95	748	

图 7-1

夹板的出现，暴露出主力操作的痕迹，因为这种形态的挂单和夹单一样，不可能是市场随机形成的。

如图 7-1 中所示，卖一上两万多手的大卖单，完全可以在买一的一万多手大买单上成交大部分，为什么就在那里挂着？很难想象，一个急于出货的卖家，会在意低卖一分钱。

（三）诱多和诱空

主力会利用自身优势，诱导、迷惑市场交易者，使之做出错误判断。主力的操作手法无非就是两种：诱多或诱空。诱多，又称多头陷阱，即诱使交易者跟风买入。诱空，又称空头陷阱，即诱使交易者跟风卖出。

主力经常以假填权、假突破、尾盘拉高、跳水以及题材、概念炒作等来实施诱多或诱空伎俩。

市场经常出现对于某种题材、某种概念的炒作，如果交易者参与炒作的话，务必明白题材、概念本身就是主力制造的多头陷阱，切不可误中主力宣传的圈套，认为题材就是一切，就会使上市公司的经营业绩马上出现翻天覆地的变化。历史上没有哪一个题材或概念是历久弥新、屹立不倒的。主力利用某一题材获取既得利益之后，出货时绝不会有任何留恋和牵挂。

主力为了诱多或诱空，会故意营造虚假的 K 线、分时走势、技术指标等，这被称为“骗线”。例如，KDJ 指标钝化后，应该获利了结，但在实战中，不少股票在 KDJ 处于钝化状态时，却是主力启动拉升股价之时。市场主力利用这些技术指标制造骗线，是为了诱使交易者做出错误决定。

1. 诱多

诱多也称多头陷阱，是指主力意在卖出，却故意制造强势上涨的假象，从而引诱市场资金追高买进。主力往往利用对股价重要关口的假突破、经典的上涨 K 线组合、提示上涨的技术指标等来渲染多方即将发起强势上攻的假象，用以制造多头氛围来迷惑市场资金。

如图 7–2 所示，该股股价从高位回落，至 A 处突然报收一根涨停大阳线。这个涨停板的出现，扭转了市场对该股后市悲观的看法，让市场资金重新燃起跟风追高的热情。

次日该股成交量明显放大，却走出冲高回落的走势。随后的交易日该股不但没出现持续上涨，反而重新回归到下跌趋势中，使追高的资金只能选择止损。这就是一个典型的多头陷阱，即主力诱多。

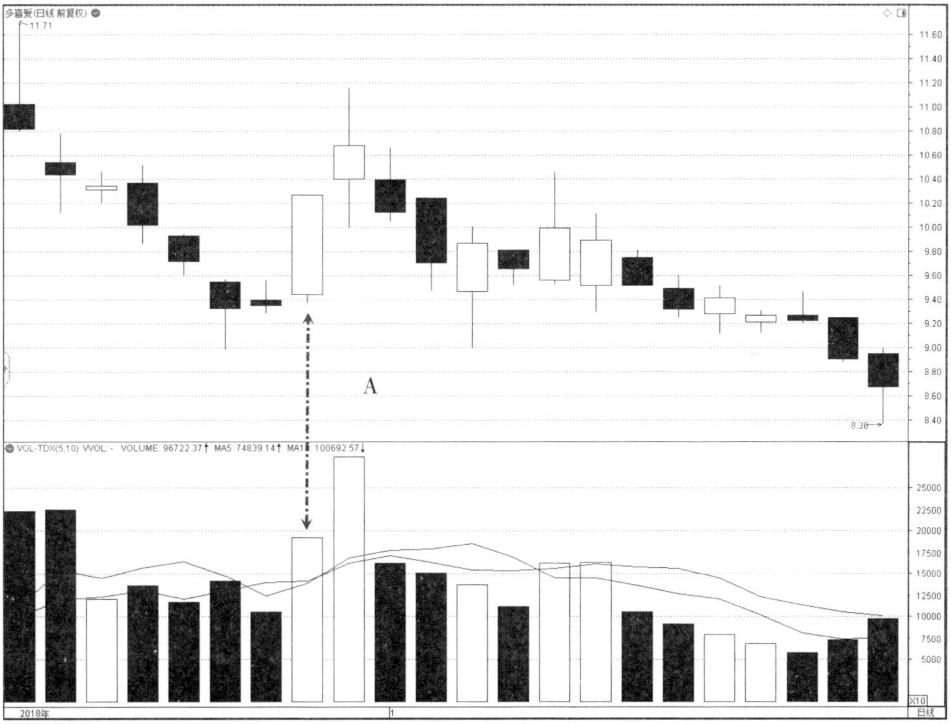

图 7–2

2. 诱空

诱空又称空头陷阱，是指主力意在买入或洗盘，却故意制造恐慌氛围，迫使持仓者低价抛售筹码。

处于底部吸筹阶段的主力，诱空是其经常使用的一种手法。在这个阶段，股价震荡盘整并无明确方向，股价一直在成本线上下波动，是持仓的短线交易者最难熬的日子。某日股价突然“跳水”，无疑会造成一定程度的恐慌，一些短线交易者害怕扩大亏损，就会选择割肉出局。

如图 7–3 所示，该股低位震荡过程中，在 A 处股价报收锤头线，下影线长度远大于 K 线实体，说明盘中有过大幅下跌的过程。A 处之后，股价经过小幅盘整便开始进入上涨趋势中。案例中 A 点的长下影线，明显就是主力的诱空行为所致。

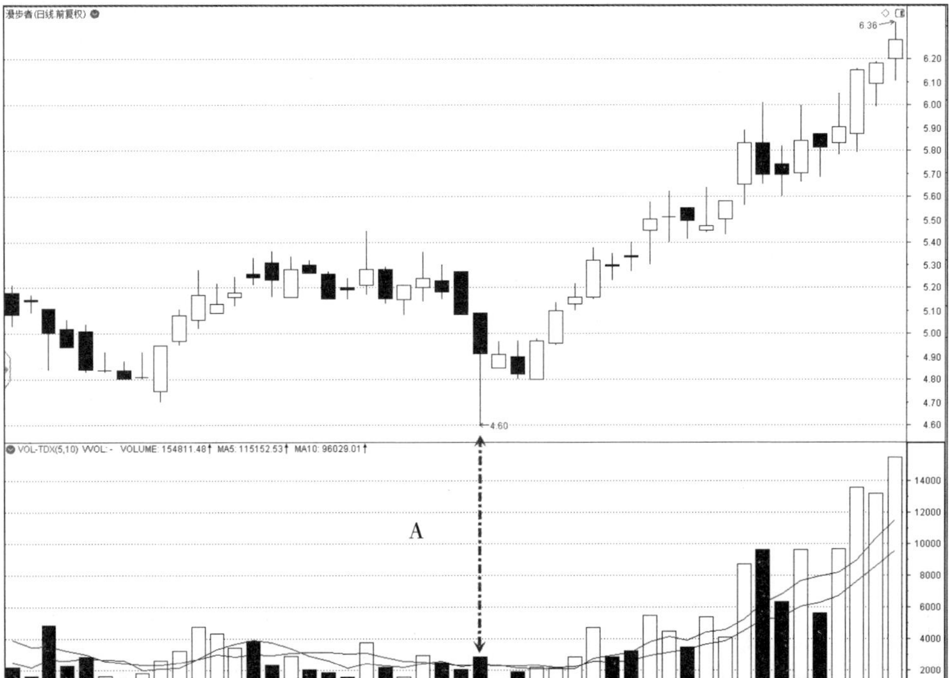

图 7–3

在复盘时，很多人可能会忽视这种长下影线。对于这种长下影线，持仓的交易者会记忆深刻，尤其是在股价下探过程中卖出股票的人。

图 7–4 中的分时图，即为图 7–3 中 A 处当日的分时走势，图中标示处即为这个长下影线形成的过程。该股开盘后股价缓慢回落，突然间股价直线跳水。

由下方的成交量线状图可以看到，股价跳水时，成交量激增。

这里可以复原一下跳水时的场景：大卖单不断迅速往下砸盘，股价从不足2%的跌幅，急速跌落到超过7%以上。这么惊魂的一跳，足以让很多人惊慌失措，跟风卖出。

即使在跳水时没卖出，当股价回升到一定高度不再继续上涨，而是横向波动时，也会让很多担心股价再次跳水的交易者卖出自己的仓位。见图7-4中的横向波动过程。主力的诱空行为并不容易对付，尤其是容易产生恐慌情绪的交易者。

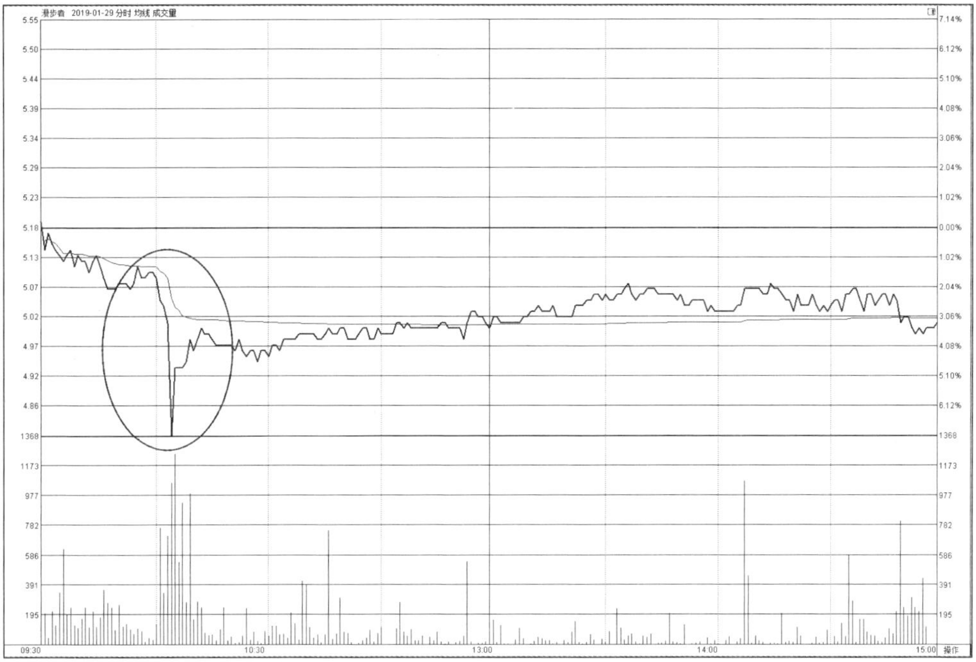

图7-4

（四）折返

具有一定技术水平的交易者，经过分析判断，能够发现主力筑底、挖坑等行为。但即便知道主力在干什么，还是会在股价的反复波动中迷失方向。不少交易者过早卖出股票后，之后看到股价飙升往往会无奈地叹息：再忍那么一会儿，巨额的盈利就到手了！该受的罪，受了；该享的福，却没享到！

折返是价格常规的波动形式，也是多空盘中角力的表现。

无论何种角度的上涨或下跌，只要不是封住涨停板或跌停板，就存在折返。

在跌势途中出现折返时，最消耗做多动能，这种走势会将参与做多该股的市场资金尽数套牢。但是，主力制造折返走势的目的不同，其消耗市场做多动能的意义也不一样。

交易者应对股价折返走势有正确的判断，首先是分析折返和股价强度的关系，其次是不可跟随股价折返运动产生相应的情绪波动。

比如，涨势中折返时间短，幅度小，说明做多力量处于优势地位，这种优势地位延续到之后交易日的概率较大，同时意味着存在的压力相对较小，之后股价极有可能进入快速拉升阶段。涨势中折返的时间长，说明目前股价的涨升强度不足；折返的幅度大，说明股价受到的打压相对较重。当然，这二者也有可能是主力资金故意操纵的结果。

频繁发生折返，是各方资金逃逸与回归的过程。有人认为目前股价会继续下跌，也有人认为可以入场抢反弹，表明市场资金并未对走向达成共识。

无论是在涨势中还是在跌势中，股价反复折返，都会令大部分持仓者颇感难熬。在股价的上下颠簸中，一些持仓者的心态会逐渐发生变化：由最初的信心十足，到渐渐失去耐心，被烦恼情绪缠绕，随着折返的时间延长，次数增加，这种情绪会进一步演化为恐惧。

之后，股价折返中的每一次“小跳水”，都仿佛跳在持仓者的神经上，反复几次后，持仓者就会被累积的恐惧情绪笼罩，忘记之前所有正确的买入理由，只看到股价将要展开下跌。

如图 7-5 所示，该股股价处于震荡盘整阶段，在这个过程中，股价多次发生折返。现在看这张静态的 K 线图，感觉不到有什么特别，似乎股价只是出现一些小幅度的回落。但如果你是仓位较重的持仓者，尤其是短线持仓者，那么这些折返会让你如坐针毡，因为股价每一次“小跳水”，都会让你觉得是真正下跌的开始。

即使部分持仓者熬过了个股的这种折返走势，也难逃另一种“折磨”：持仓的个股一直在做这种似乎原地不动的“磨蹭”，指数或者其他个股却纷纷飙升，使交易者产生一种持仓却踏空行情的失落感。

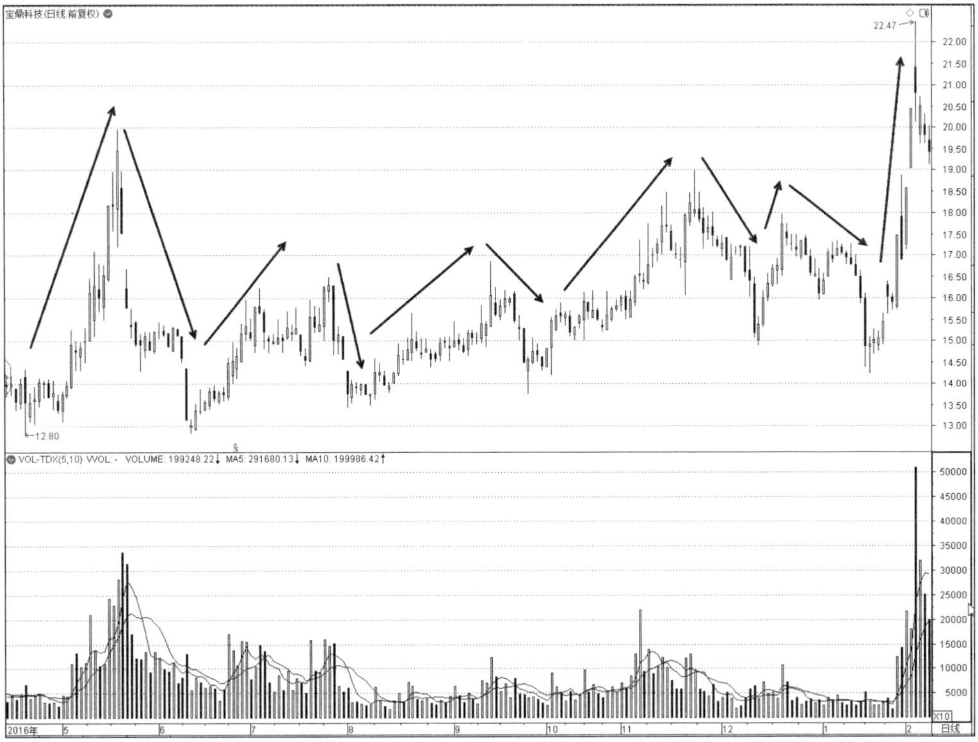

图 7-5

第二节　主力的分类

一、短期主力

短期主力是指利用资金优势，以相对较短的运作时间来获取暴利。短期主力往往以“快、短、狠、准”著称。

快是指其建仓、拉升、出货速度快，一轮操作几乎一气呵成，绝不拖泥带水。

短是指其整个运作过程一般在几周或几个月内即告完成。

狠是指其操作手法特征鲜明，经常采取连续拉涨停板或跌停板操纵股价。

准是指其选择的对象，都精准切中市场的炒作热点。

这种风格的短期主力，很像一只流浪的独狼，发起进攻时竭尽全力，凶顽异常，撤退时疾如闪电，瞬间消散。

如图 7-6 所示，该股从“三涨停”到“两跌停”的过程，明显具有主力操控的特征。据悉该股主力为回避监管，利用 300 多个账户，十几个操盘手同时进行交易。但天网恢恢，该主力还是受到监管部门的查处，据说被罚没金额高达 50 多亿元。

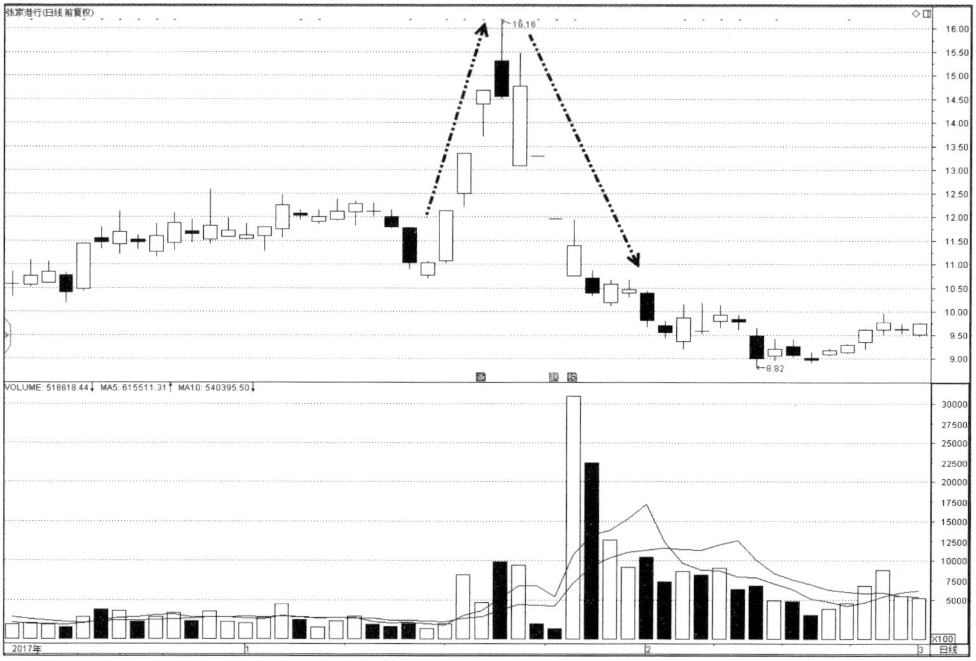

图 7-6

短期主力经常围绕股本扩张、资产重组、热点概念与题材、投资盲点等迅速掀起市场炒作热潮，并从中获取超额收益。这类主力多以小盘股、次新股、亏损股、题材股等为炒作目标，极少涉及大盘股。

短期主力通常对市场变化具备灵敏的嗅觉，反应迅捷，能够及时发现即将兴起的热点板块、炒作动向，善于挖掘新的概念与题材，通过快速建仓，及时进入爆炒阵地，在市场其他资金尚未做出反应时，短时间内迅猛拉升股价，并趁机抛售筹码，兑现利润。

比如，市场曾一度炒作区块链概念。区块链技术被认为是继蒸汽机、电力、互联网之后，下一代颠覆性的核心技术。但是，区块链技术在当前依然处于发展的初期阶段，一些上市公司只是在研究区块链技术方面有些规划，在主营业务方面并没有实际应用，甚至其应用和推广仍存在诸多不确定性，对未来业务规模及业绩的影响更是未知。但市场上闻风而动的短期主力可不理这一套，热点乍现他们便大肆进行疯狂炒作。

如图 7-7 所示，该股即为短期主力热炒的区块链概念股之一。短短的 5 个交易日，股价最大涨幅超过 30%。短期炒作完成后，股价的下跌速度和幅度同样惊人。

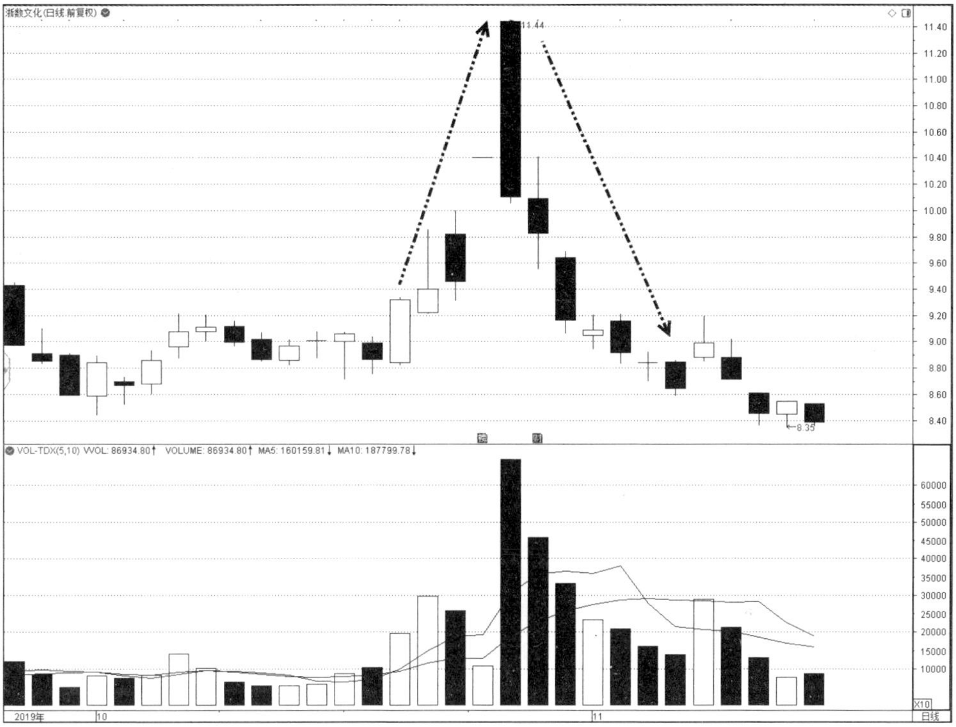

图 7-7

短期主力的操盘行为具有以下 3 个特点。

（一）利用资金优势

吸引市场资金的最佳方式，就是制造涨停板以及连续封板，为市场炒作提供想象空间。短期主力操作时，会用大单扫空卖盘，再下挂超大买单，稳住涨停价至收盘，这个过程需要大量资金。

某短期主力操作时，单日交易一只股票动用的资金，超过 1 亿元的交易日多达 14 次，平均每次动用资金 2 亿多元，有时甚至更多。当然，这跟操作个股的技术环境、股价以及流通盘大小等有关，并非恒定不变。

（二）既快又狠

通常来说，短期主力利用前一交易日强势涨停造成的影响，以及市场资金对股价抱有连续上涨的预期，在之后会陆续委托卖出。某些风格凶悍的短期主力，在市场环境并不理想的情况下，会在涨停后的次一交易日，无论盈亏都坚决卖出离场，即迅速清空前一日买入的股票，T 日买入，T+1 日全部卖出。

短期主力通过大单封涨停或虚假挂单申报后封涨停，此后又迅速出货，不给其他资金“搭顺风车”的机会。如果有人忍不住“嘴馋”，那么可能会在之后替短期主力“埋单”。

（三）反复操作

一般来说，短期主力会在几只选定个股上反复操作，除非股票基本面出现重大变化，或者有新的目标股出现炒作机会。有经验的交易者在看盘时，有时会发现某些个股的走势或挂单在技术细节上具有模式化的痕迹。虽然短期主力会掩盖自己的行为踪迹，但想要完全做到这一点并不容易。

二、中长期主力

股市中短期主力一直都是监管的重点对象，这是其行为特点带来的必然结果。而那些追求中长期持股，不以股价短期波动为主要运作方式的主力，面对的监管环境则相对宽松。

这些中长期主力多以价值评估为操盘依据，寻找低估值高成长的个股低位吸筹，长期持有，或通过辅导、辅助上市公司获得持续性增长，从而获得长线投资利润。这种主力运作风格较为温和，同时股价走势持续性较好，颇受各界推崇。

股票市场上的中长期主力，主要有以下 5 类。

（一）公募基金

公募基金是指以公开方式向社会公众交易者募集资金，并以证券为投资对象的证券投资基金。

公募基金因其投资目标多为蓝筹股、绩优股等质地较好的品种，在大多数市场阶段都不是市场热钱追逐的热门，所以短期内或阶段性的表现给人以呆滞、缺乏灵活性的印象。但公募基金选择投资目标和投资的方式，以及市场调研、评判、研发能力，具有其他主力资金无可比拟的优势。

公募基金有资产仓位的限制，如股票型基金要求其 60% 或以上的基金资产投资于股票。如果遇到单边下跌行情，股票型基金减仓只能减到持仓的 60% 为止，受制于契约也不能空仓，只能忍受基金净值不断亏损。

市场一度将公募基金仓位高低作为大盘涨跌的参考信号，而且具有一定的准确度。例如“88 魔咒”，即公募基金平均仓位达到 88%，市场可能会面临大幅回调。

（二）私募基金

私募基金是指非公开向特定投资人募集资金的一种投资集合。

私募基金有两种方式，一是以合同进行约束的契约型投资基金，二是以参股公司的形式设立的公司型投资基金。

私募基金在募集对象上，只面对少数特定的交易者，圈子虽小门槛却不低，往往是富人扎堆的机构。一般私募基金在市场调研、评判、研发能力上无法与公募基金相提并论，但其在投资的隐蔽性、灵活性上好于公募基金。

并不是所有私募基金都必然走中长期主力的道路，一些私募基金惯于充当主导资金兴风作浪，或与上市公司勾结，通过内幕信息等谋取超额利润。

（三）券商自营

券商自营是指证券公司以自己的名义用于买卖证券从而获取利润的自有资金。券商自营买卖的证券产品包括在证券交易所挂牌交易的 A 股、基金、认股权证、国债、企业债券等。

（四）QFII（合格的境外机构交易者）

中国证监会发布的数据显示，截至 2017 年年底，QFII 家数已达 310 家，已经成为中国内地股票市场上实力不可小觑的实力资本。

QFII 的投资取向具有相对一贯的风格，其往往关注具有突出的比较优势或中国特色的上市公司，因为这些公司的股票是独一无二的，在世界其他市场是无法买到的。另外，能在一定程度上抵御宏观经济大幅波动带来冲击的消费、资源、物流业以及行业地位突出的龙头上市公司，也是其一贯关注的领域。

在一定程度上，QFII 的这一择股思路体现了其因新兴市场经济起伏较大而采取的相对稳健的投资策略。

（五）保险资金

1995 年以前，保险资金只能存入银行。1999 年 10 月，保险公司允许以购买证券投资基金的方式间接进入资本市场，但比例不得超过总资产的10%。2004年10月，保险资金获准直接入市。

第三节　主力运作阶段

一、建仓

主力进驻目标个股之前，除了要对上市公司的基本面进行深入调研外，在技术层面上也要对个股进行测试。入驻个股之后，主力在运作的每一个阶段，都会进行试探性的买入或卖出，以测试市场支撑与压制力度。总而言之，这种具有测试性质的买入或卖出，称为主力试盘。

经过试盘，如果主力对目标股的综合评判比较满意，那么接下来就将进入吸筹建仓期。

大部分主力选择吸筹建仓的时机，都是在大势整体处于下跌或者熊市的中后期。因为在这种市场环境下，很多优质个股的估值等各方面优势就会渐渐体现出来。同时，因为处于跌势环境下，多数市场资金不敢轻易涉险入场，因此可以避免抢筹等因素的干扰，建仓过程比较顺利和快速。

当多数主力开始在跌势中建仓，就说明熊市行情已至尾声，即将迎来一轮轰轰烈烈的牛市，这是形成牛市必须的重要资金基础。如果只有部分主力愿意在跌势中建仓，其他主力仍旧看淡后市，大资金之间存在着分歧，那么之后大势行情保持震荡或继续跌势的可能性更大。

随着主力入场建仓，处于跌势中的个股会逐渐止住下跌的脚步。这是因为经过长期的下跌，盘中被套的持仓者在目前价位已经不愿意割肉离场，所以建仓资金很难再吸纳到大量的筹码。

既然打压股价已经难以起到逼出筹码的效果，那么只能拉抬股价到某一区域，比如相对密集成交区等，之后再度向下对倒砸盘，利用造成的恐慌情绪来逼迫持仓者出逃。

如此三番，随着建仓资金吸纳筹码的时间延长，股价多次折返，慢慢形成相对标准的图形或形态，这个图形或形态形成的过程，一般称为筑底。比较常见的筑底形态见第三章K线底部形态的相关内容。

个股筑底过程的长与短，关键在于建仓资金吸纳筹码的多与寡。

（一）建仓的形态

一些在下跌过程中基本完成吸筹任务的资金，不会在股价低位过多纠缠，而是很快进入大幅震荡洗盘阶段，由此形成了尖底、双底等底部形态。

在个股下跌过程中，如果建仓资金并没有完成相应的仓位储备，市场大势也并没有出现明确的趋势变化，那么之后就必然出现相对较长时间的价格折返，直至主力完成相应的建仓计划。这也是出现盘整形态的根本原因。L 型折返震荡建仓就是这种建仓类型的典型形态。

L 型折返震荡建仓是指在股价运行的两种形态中建仓：其一，在股价原有的下跌过程中建仓；其二，在股价低位折返震荡过程中建仓。

图 7-8 所示就是一个典型的 L 型折返震荡建仓的案例。在这个案例中，该股在下跌阶段跌速较快，维持时间相对较短，建仓资金筹码收集的任务不可能在这个阶段全部完成。

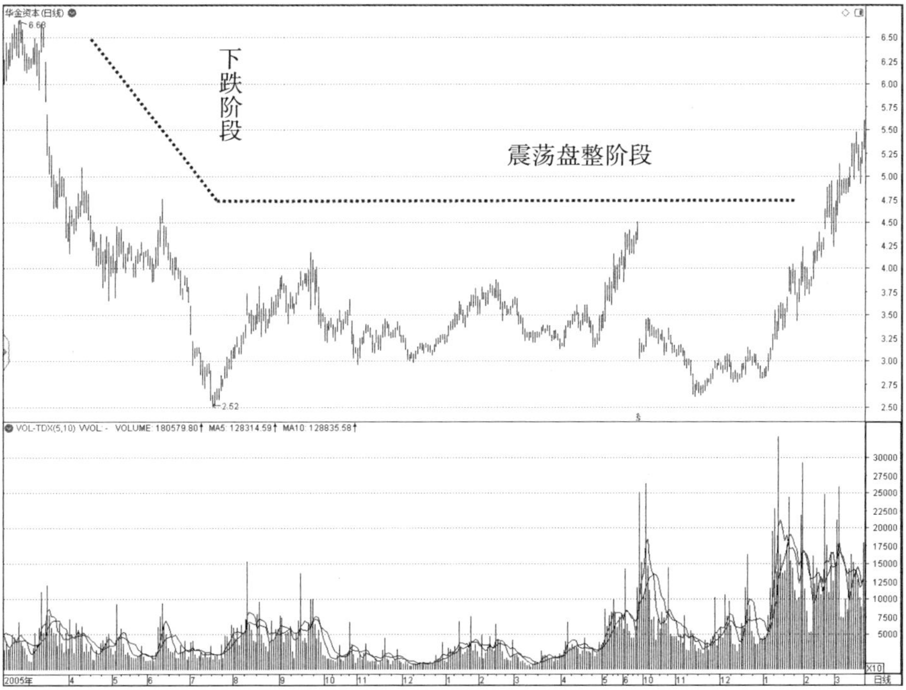

图 7-8

如果有大批量建仓资金涌入，那么股价的快速下跌必然会被遏制。本案例中下跌阶段并未出现这种现象，所以大家更愿意相信，这个快速下跌有建仓资金故意砸盘的嫌疑，意图就是尽快打低股价，完成低位吸筹。当然，不可否认，在这个下跌过程中，建仓资金会有不同程度的筹码收集，但是整体数量相对有限。

本案例中，该股下跌阶段结束后，股价进入折返震荡阶段，这个过程持续长达一年多的时间，这里才是建仓资金完成大量筹码收集任务的地方。

L 型折返震荡建仓是一种比较常见的主力建仓形式。L 型折返震荡建仓的主要特点是：跌势时间长，中后期有成交量明显异动现象，价格低点震荡时长相对较短，而震荡过程较长且震荡折返幅度较大。

也有主力会在涨势中入场建仓，即所谓“行情一有苗头，热钱不请自来”。这些后知后觉的资金，其建仓方式与跌势中建仓的资金具有较大的区别，因为没有太多时间让他们从容选择和布局，所以股价多以连续涨升、短期凶悍回落调整为特征。这种建仓类型反映到 K 线形态上，多以尖底形态为主。

（二）识别完成建仓的个股

识别主力在个股上是否完成建仓，交易者可以 120 日均线和 250 日均线为界定的基准。股价成功突破两条长期均线的压制在此获得支撑，则标志该股主力大概率完成建仓。

如图 7-9 所示，该股股价从下跌趋势逐渐转为震荡盘整走势，在已经聚拢的 120 日均线和 250 日均线上下盘绕，既不能站稳在长期均线系统之上，也并未脱离长期均线系统太远。这种大幅震荡和折返形态，是主力吸筹建仓制造出来的。

A 区域，股价开始起涨，并突破最近高点，成交量明显放大。最为关键的是，120 日均线和 250 日均线已从盘绕状态中走出向上发散、多头排列的形态。

走出这种形态的个股，意味着主力资金吸筹建仓任务已经完成或接近完成，接下来将要进入洗盘等阶段。交易者应当迅速调整之前的操作方式，制定出适应行情发展变化的操作思路和策略。

（三）估算主力建仓成本

主力建仓成本是其运作个股的底牌。无论谁想翻开这张底牌，都不是一件轻而易举的事情。

市面上某些分析软件宣称有所谓主力资金监控功能，就接触到的部分这类软件而言，其所谓主力资金监控功能，无非是以大单和累计大单的买卖方向来认定主力及其动向。说白了，和免费软件里的很多功能并无太大区别，所以不花这份冤枉钱也罢。

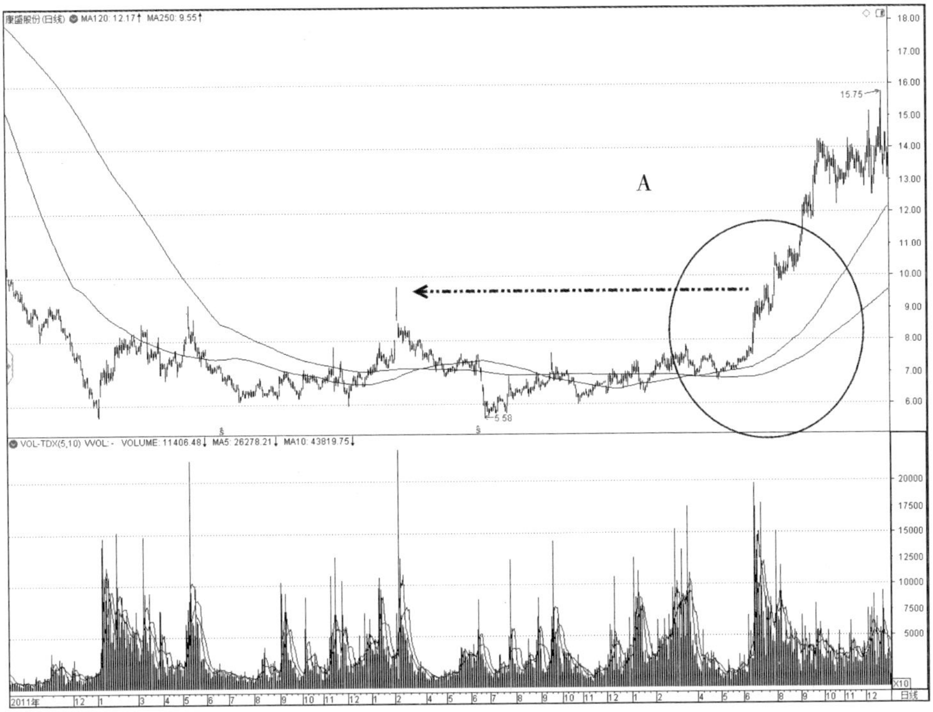

图 7-9

采用不同的建仓方式，主力建仓成本会存在差别。比如，在 L 型折返震荡建仓以及拉升建仓形态中，主力的建仓成本必然存在差异。

1. 股价下跌过程中建仓的成本估算

这种方式的建仓成本，可以说一直处于不断变化之中。建仓过程不仅指单方面的买入行为，还包含着必要的卖出，否则跌势不可能长时间持续。主力通过买入—卖出（对倒）来分阶段吸筹，并在股价不同高点和低点的折返中频繁倒差价，从而不断降低持仓成本。

采用这种方式吸筹的建仓资金，当其转入拉升股价阶段时，也就意味着仓位基本符合要求。在拉升股价至出现第一个中级调整的价位时，可以大致估算其建仓成本，大约在本次拉升幅度 50% 以下的价位附近。

对于主力建仓成本，只能通过技术分析进行估算，准确的数值可能需要“007”之类的密探才能获取。估算虽然不太准确，并不影响对主力行为的判断。应该明确一点，即使在这个阶段估算准了主力的建仓成本，并不代表在之后的行情运行中这个数值依然有效，因为主力还会通过折返震荡不断地降低成本。

2. 拉升建仓的成本估算

拉升建仓的主力，在拉升阶段仅以日间分时走势折返震荡，能够降低成本的幅度必然有限，他们主要通过后续的中级调整来降低成本。经过中级调整的个股，其成本大致应在调整低点 50% 附近的价位。

以上升通道内折返拉升建仓的资金为例，在其拉升初中期，多会出现巨量形态的放量，这是建仓资金突击增加仓位所致。大家可以依此大致估算其持仓成本，例如初期第一次巨量和第二次巨量的价格平均，即为主力持仓的大致成本价。

上述所有的成本估算方法，都会随着股价的折返震荡发生改变，实战中决不可认定某一数值即为主力成本。比如，某股股价已经跌至前期成本附近，却还在继续下跌，一些交易者就会感到莫名其妙，不知主力是想自杀还是想干什么？其实，在动态分析下，主力成本早已降到你想象不到的价位了。

二、洗盘

完成吸筹建仓的主力，接下来要做的就是洗盘。洗盘存在于整个行情的多个阶段，也是主力运作股价必备的条件和步骤。从技术分析上讲，洗盘也可称为主力诱空式减仓。

（一）洗盘的作用

在个股运作中，洗盘大致能够起到以下 4 个方面的作用。

1. 补足仓位

在建仓阶段，某些主力虽然吸纳了所需的大部分筹码，但可能受到一些特殊因素的影响，持仓量仍有欠缺，迫于无奈，他们不可能继续在低位吸筹。一般来说，这部分主力会选择边拉升边继续补足仓位，或略作拉升就展开震荡洗盘，这样既能清洗掉在建仓期埋伏下来的低位筹码，也能补足所缺的仓位。

2. 清理浮筹

完成建仓后或拉升过程中，主力发现盘中有较多的浮动资金，而且这些资金的存在已经对主力的运作起到了一定程度的阻碍作用，那么这时主力就会采取措施清洗掉过多的浮动资金。

在股价低点介入的浮动资金，如果任由其持仓，那么当股价进入相对高位时，这些资金极有可能因获利丰厚产生强烈的兑现欲望，这部分获利盘涌出，将会打乱主力运作的计划。所以，主力不会容忍这些低位筹码大幅度盈利，对自己形成威胁，而会尽早尽快地利用洗盘的方式，将低价进入的持仓者清理出去。

某些个股中，市场资金的体量较大，甚至可以说就是主导资金，这部分资金的存在会对主力形成“对手”级别的威胁，没有哪个主力会在身边留下一颗“炸弹”不管。既然出现“对手盘”，那么只能通过洗盘将其清理掉。铲除威胁，才能轻装上阵。

3. 垫高市场资金成本

洗盘并不意味着主力视市场资金为“死敌”。恰恰相反，适量、适时出现的市场资金，对主力而言是必须的，也是必要的。当个股中缺少市场资金的追涨杀跌，必然死气沉沉，纵然有主力资金的运作，时间长了，也会显得鹤立鸡群，孤立在大部分个股之外，极容易被市场资金或监管机构“另眼相看”，这对主力后期的运作相当不利。

塑造一个相对热络却并不过分突出的个股，使之成为市场资金最喜欢挖掘的“潜力股”，是主力资金比较热衷的运作模式。

不以清理“对手盘”为目的的洗盘，其实是主力资金为垫高市场资金介入成本而为。在清理一批持仓者的同时，主力会及时营造买入环境，适时地让市场资金在股价上涨阶段进场。这时进场的资金受制于较高的持仓成本，短期内不会出现“兑现潮”，表现就会相对稳定，这是最受主力欢迎的市场资金。

4. 降低成本

实力资金经过千辛万苦，才在涨势中完成较大比例的建仓。虽然利用拉升中的股价折返和震荡在一定幅度降低了持仓成本，但是入场较晚的劣势不可能在短时间内得以扭转，这就使得其成本仍旧处在较高价位上。

如果行情处在一轮持续时间相对较长的上涨趋势中，那么该主力资金还有时间逐步降低自己的持仓成本，但如果遭遇突发股灾，那么一切都会化作泡影。在连续暴跌的走势中，高企的成本劣势毕露无遗，主力很快就会走上爆仓的绝路。

对主力来说，关乎个股运作成败的关键因素中，就包括持仓成本。一个主力是否能在博弈中占据主动或掌控地位，不但受到控盘比例的影响，也受到成本因素的制约。所以，降低成本是主力在运作股价过程中始终不会放弃的一个重要环节。

（二）洗盘的形式

不同阶段、不同情况的个股，主力采取的洗盘形式各不相同。

比如，刚刚走出建仓阶段的主力，如果其建仓效果良好，成本控制非常优越，盘中不存在过多的市场低位筹码，那么主力就会选择直接拉升，或者短暂洗盘后拉升，不会让股价在低位滞留过长时间，以免给其他资金可乘之机。反之，接下来的洗盘时间就会比较长，股价折返较为频繁。

1. 挖坑

挖坑是对一种特定洗盘方式的形象称谓，即在股价上涨过程中，主力出于不同目的和需要故意打压股价，当股价回落到其希望达到的幅度或价位时，重新拉升股价并使其回到上涨轨道上来。如图 7-10 所示。

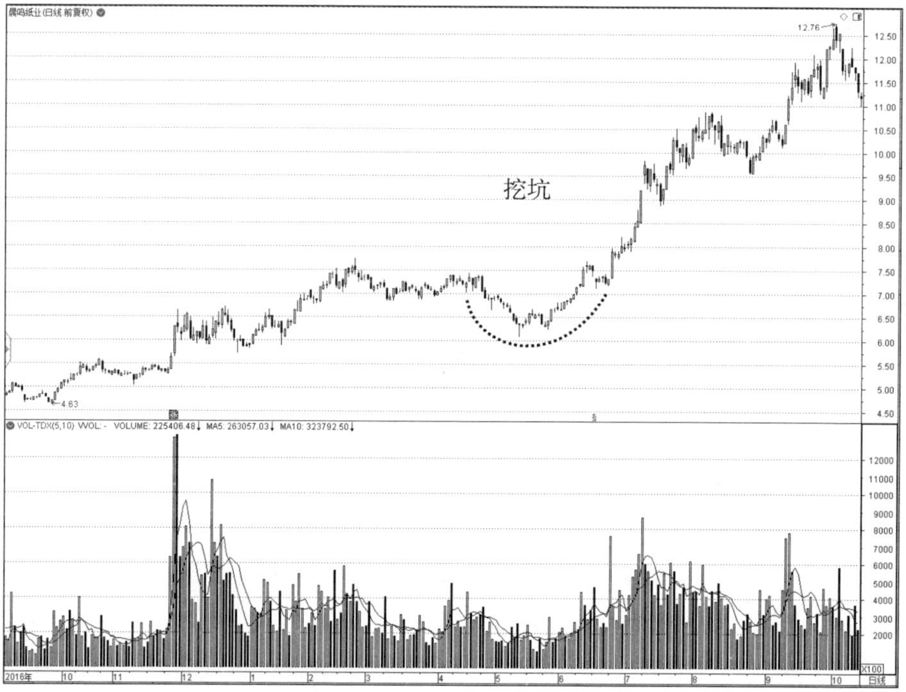

图 7-10

挖坑是主力诱空式减仓所致。虽然是诱空式减仓，但在个股不同的技术环境下，因主力不同的操作方式和仓位配置，会有截然不同的下跌幅度和持续时间。也就是说，主力基于不同的需求，可能挖个深坑，也可能挖个浅坑。

实战中，某些个股从挖坑到填坑耗时较长，涨跌幅度较大，基本属于一波次级回落调整。但也有的个股挖坑、填坑用时极短，三五天的时间完成下跌挖坑，随后就进入填坑回升。另外，挖坑的深度和耗时并不一定成正比。

2. 横盘震荡

最为常见的洗盘方式，除了挖坑之外，还有横盘震荡。

横盘震荡，看上去是相对“温柔”的一种洗盘形式。这种洗盘形态整体看起来很“温柔”，但这只是事后复盘才会有的感觉。如果身处其中，持有仓位，那么多半不会有这种感觉。对于持仓者来说，这种“盘局”非常折磨人，因为横向震荡走势最大的特点就是今天给你希望，明天却让你绝望；当你绝望时，希望再度出现……反复的循环似乎没有尽头。

图 7–11 中 A 区域展示的是一个横盘震荡的洗盘形态。通过这种横盘震荡和股价的来回折返，主力既可以将部分低点获利的持仓者清理出去，也可以借机降低持仓成本。可能有人会说，难道主力不怕有人识破其意图在这里进场吗？

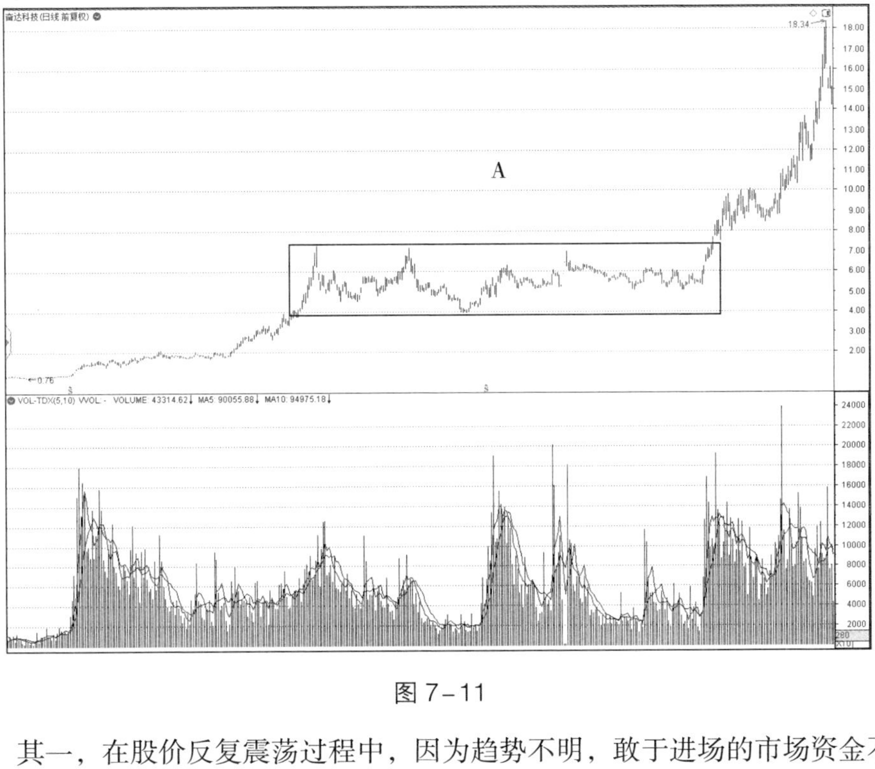

图 7–11

其一，在股价反复震荡过程中，因为趋势不明，敢于进场的市场资金不会太多，即使有，也可能受不了之后的折返而选择卖出。

其二，这个阶段主力不怕市场资金来抢筹码，因为其建仓基本完成，新入场的市场资金受限于成本高的缺陷，没有获利或获利极少，不会急于卖出，反而能够帮助主力锁仓。

横盘震荡不代表股价就是风平浪静的，其实多数时候价格处于不断的折返之中，其中一些震荡折返的幅度相当大。这种形态的洗盘，主要是消磨持仓者的耐心，让持仓者时刻处于卖出的恐慌和买入的兴奋之中，久而久之必然身心俱疲，即使明白该股后期可能会有行情，也有可能控制不住自己，在某一时刻卖出。

3. 假顶部

有些主力会故意制造虚假的顶部形态，比如尖顶、双顶等。利用这些几乎人所共知的顶部形态来洗盘，可以让交易者误以为股价出现顶部高点，选择抛售离场。

对于主力来说，选择这种洗盘方式并不是“潇洒走一回”的轻松活儿。尤其是成本控制不理想的主力，一般不敢挑战这种“高难度”的洗盘形式，搞不好会使自己陷进去。

一般来说，伪装成尖顶或双顶形态进行洗盘的案例较多，因为其为中短期顶部形态，具有迅捷性和凶悍性的特点，比较适合洗盘，像头肩顶等较为复杂的顶部形态则相对较少。

如图 7－12 所示，该股在涨势中出现一个尖顶，这个尖顶的整体跌幅很惊人，而且还有成交量的配合，颇有股价形成尖顶的真实感，能够坚守到最后不被清理出去的交易者必然很少。

4. 分时崩盘

主力洗盘的形式多种多样，但制造恐慌的实质不会改变。比如，收出大阴线、打破支撑、破位下跌、急速下跌、跌停板等，都是通过制造恐慌氛围来逼走持仓者。

在一些大的洗盘形态下，其实最能给盯盘的交易者带来恐慌的是分时图上的日间波动，分时走势上的细节，会让交易者产生股价出现崩盘的想法。

如图 7－13 所示，该股开盘低开超过 3%，开盘后股价急速下跌，直达跌停板，随后止跌回升。全天大部分时间股价维持在 4% 的跌幅上下震荡，接近尾盘时，股价才重新大幅回升。

这种突然性的暴跌，会使持仓者猜测上市公司是否出现了利空消息，主力是否开始出货，股价是否会由此转入下跌趋势……结合该股跳水后回升无力，并仍在继续下跌的态势，部分持仓者很可能会选择抛售，因为这是摆脱恐惧的唯一出路。

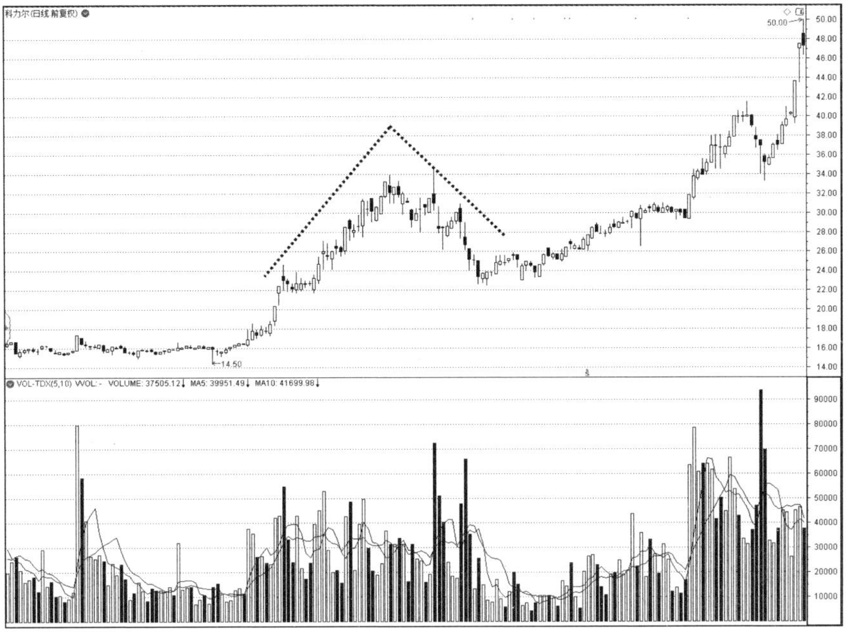
科力尔(日线 前复权)
50.00
14.50
VOL-TDX(5,10) VVOL: - VOLUME: 37505.12↓ MA5: 39951.49↓ MA10: 41699.98↓

图 7-12

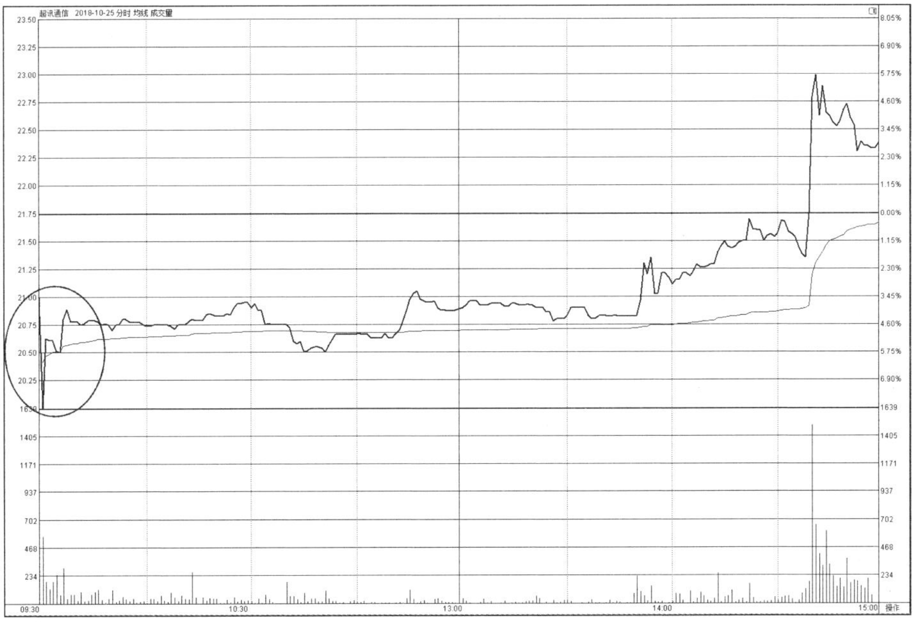
超讯通信 2018-10-25 分时 均线 成交量
09:30
10:30
13:00
14:00
15:00

图 7-13

从技术分析上来说，当发现目标个股处于洗盘阶段时，交易者就应对可能发生的恶劣盘面提前做好心理和技术准备，以免猝不及防出现的分时“崩盘”击垮你的持仓信心。

三、拉升

即使个股处于上涨趋势中，也并不意味着股价就会一直处于拉升阶段。在整个行情的运行过程中，拉升期与洗盘期的走势特点很相似，也是分阶段出现。

拉升可以从股价所处阶段、上升角度、上涨速率等技术细节上分析，也可以从大的形态或形势上分析。实战中，拉升的形态多种多样，这里仅举例讲解两种常见的。

（一）阶梯式拉升

如图 7–14 所示，在上涨趋势运行中，该股每一次回落调整，基本都呈横向震荡的形态。调整结束后股价上升，再次调整时低点也不会回落过深，形成了类似于阶梯的形状。这种阶梯式拉升，无论是拉升阶段还是调整阶段，股价走势都相对平稳温和。

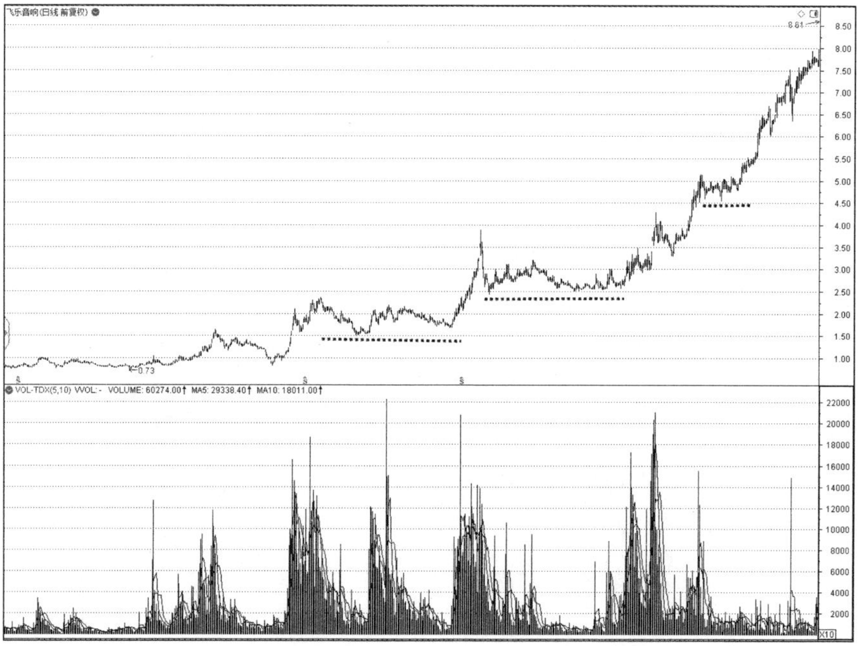

图 7–14

值得注意的一点是，阶梯式拉升的个股，一旦改变这种拉升风格，也就是说股价上涨角度加大、上涨速率加快，极有可能面临大级别的回落调整，甚至是股价的顶部转折。

还有一种震荡式拉升形态，这种形态与阶梯式很相似，只不过股价整体震荡幅度远大于阶梯式，其调整低点往往回落到上一波拉升的腹地。其技术意义与阶梯式相仿，但主力运作更为凶悍多变。

（二）急速直升式拉升

急速直升式拉升是一种较为极端的拉升形式，相对其他拉升形式来说比较少见。这种拉升形式会被误认为整个上涨趋势都属于拉升期，其实仔细分析的话并不尽然。

如图 7-15 所示，该股整个上涨趋势运行期间，没出现过长时间的回落调整。其中出现的回落调整，以单日调整为主。

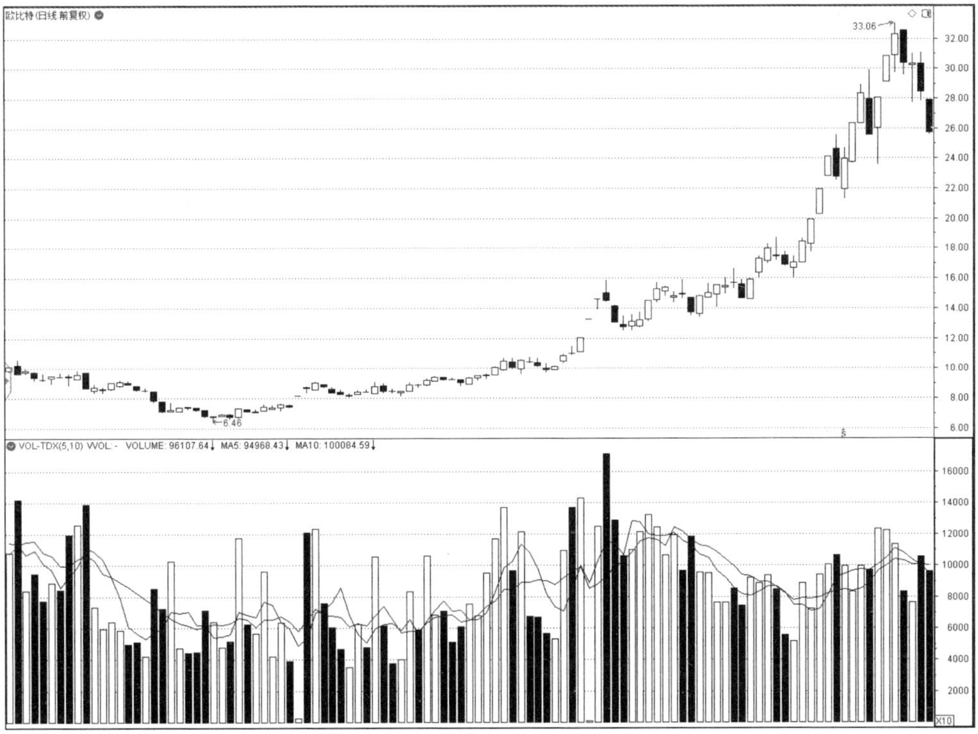

图 7-15

急速直升式的拉升形态，通常出现在大牛市背景下。其他行情下，只会出现阶段性的急速拉升，很难形成趋势性的急速拉升。这既是行情热度使然，也是主力出于行情特殊性的特殊选择。对于这种个股，只要上涨角度和股价运行重心不发生向下偏移，交易者就可以一直持仓不动。

四、出货

出货是主力完成相应操作、兑现利润的过程。在可能的条件下，谁都不想放弃获得最大利润，但是追求最大利润和能拿到最大利润，完全是两回事。追求最大利润，就像是梦想；拿到最大利润，则是梦想得以实现。

主力出货不像一般市场资金那么容易。要知道，主力出货需要一定的技术环境和条件，这些条件一旦具备，就要小心主力随时可能出货。

经过长期大幅涨升后，市场具有极高的人气，这非常有利于主力出货。主力出货，往往领先于市场其他资金，因为其仓位重，控盘程度深，一举一动会直接导致股价大幅波动。所以，主力如果不提前安排出货，到了大势露出明显疲态时，就很难全身而退。

一旦领涨的龙头个股有出货迹象，实力一般的主力会跟风出货。所以，市场上经常见到这样一种情况：某板块个股集体上涨，当领涨股开始滞涨和下跌时，其他个股就会跟着纷纷下跌，甚至跌幅和跌速都超过领涨个股。

一般来说，主力建仓之前，都已经做好整个运作计划，包括确定个股的目标价位。实际操作中，主力会根据大盘形势的发展情况，对个股的目标价位做出微调。比如，原定个股涨幅是其成本价的100%，如果大盘出现超强走势，主力会根据实际情况提高获利幅度和部分仓位的持有时间。

当主力运作的品种经过大幅度上涨，已经接近或者超过自己的目标位后，通常会按照既定的方针布局出货。为了达到这一目标，主力会运用各种手法，力求成功兑现最佳利润。

（一）盘口、图形

为了能顺利出货，不被市场觉察，就需要保证股价相对稳定。为了做到这一点，主力常以小单的方式出货，几乎所有的炒股软件都不会把这种小单统计成主力出货。

同时，很少以主动性大卖单的方式卖出，而是在买卖盘的挂单上下工夫。比如，采用异常撤单、上压单、下托单或采取隐性买卖盘等方法，悄无声息地逐步降低仓位。

主力还会利用股价高开甚至涨停板开盘的方式出货。个股高开后迅速低走，巨大的买盘挂单短时间内就会被完全吞噬。

主力出货阶段，不像市场资金那样短时间内就可以完成，而是需要通过不断地营造骗线、诱多陷阱等逐步减仓，最终达到出货的目的。这种意义上的减仓，已经和前面讲的减仓性质完全不同。

利用K线图形、均线系统或者技术指标来制造骗线和诱多陷阱，也是主力出货的常用手法。

（二）除权缺口

利用股价除权来布局出货，是一种极为隐蔽的出货手法。主力拉高股价后，虽然获利丰厚，但高耸的价格往往令人望而却步，不敢问津。通过高比例送配后大幅除权，会使原先的高价股变身为中低价股，而中低价股一向颇受中小交易者青睐，这就为主力之后出货打下了人气基础。

市场上总有一些超级黑马，时常会“上演”除权后迅速填权的走势，其制造的行情大幅上涨为市场起到了示范作用。榜样的力量是无穷的，很多心怀出货念头的主力会照猫画虎，除权后做出要填权的假象，以掩盖其出货的真实目的。

参与除权类股票的炒作，具有一定的难度。主要原因是这类股票的主力意图难以把握，不可幻想主力可能会填权而盲目买入。同时要分析大势情况，如果行情大趋势存在不确定性，主力是否填权会受到影响。

（三）成交量变化

经过长期大幅上涨后，股价在高位区域震荡，具体的K线形态多为带上下影线的小阳线、小阴线、十字线等，但成交量一直保持在较高水平上，或者是巨量、天量级别形态，而股价呈大阴、大阳的K线形态，这些都是典型的主力出货量价形态。

在大盘涨势火爆时，蜂拥而来的资金会毫无顾忌地追逐热门个股，于是个股呈现出连续放量，换手率高企的情况。对于获利较丰厚的主力来说，不利用这种高换手、大成交量的有利局面全面出货或阶段性减仓，简直是暴殄天物。

在股价大幅暴涨之后，对连续放量与高换手的股票要特别小心，这种股票具备主力出货的条件，是否继续上涨存在变数。对于成交量创出历史天量的个股，更要高度警惕。

第八章

股票基本面分析

第一节　基本面分析的必要性

一、基本面分析的特点及必要性

部分交易者对基本面分析缺乏基本的了解，也不知道从何入手，怎样解读。基本面分析有 3 个重要特点，清楚了解这些特点，也就把握了基本面分析的主要脉络。

（一）不具备趋势预测功能

有人认为，通过研究基本面的情况，可以预测未来价格涨跌的方向，把握了基本面的详尽资料，就可以把握价格未来的波动趋势。但是残酷的事实告诉大家，基本面分析不是用来预测市场趋势变化的。

无论是在 2007 年还是 2015 年开始的熊市大跌，政策性利好，个股基本面优良，都无法改变市场继续下跌的趋势，这佐证了用基本面分析来预测市场趋势变化是一个悖论。

（二）提示价格波动原因

基本面分析的主要作用更多地是告诉大家市场价格波动的原因，使大家更清楚地认识和了解市场，不至于因为对基本面情况一无所知，导致对市场价格的涨跌感到迷茫或恐惧。基本面分析只是客观地告诉大家市场上发生了什么。

（三）具有长线投资分析功能

基于基本面分析的长线交易者，一般会忽视市场的短期波动，对价格的变化往往是从估值和成长性的角度予以关注。当宏观经济形势发生变化或个股基本面出现本质逆转时，长线交易者才会调整相应的交易策略。

基本面分析具有长线投资分析功能，其理论基础离不开上市公司估值和成长性分析，目前较为常见的有相对估值法和绝对估值法。

1. 相对估值法

相对估值法是通过市盈率（PE）、市净率（PB）等财务指标，相比同类、同行业上市公司或市场可比公司来估算自身价值的一种方法。

PE 估值法，一般来说 PE 值越低，公司越有投资价值。但是 PE 估值法有一定的适用范围，并不是适合所有公司。它适用于盈利相对稳定的非周期性企业。

PB 估值法，就是衡量交易者愿意以净资产多少倍的价格来购买净资产。市净率越高，通常表明公司净资产的潜在价值越大，也就是说，交易者愿意出更高的溢价来购买这笔净资产。市净率倍数越低，通常说明公司净资产吸引力越差。PB 估值法较适用于那些周期性较强的行业。

PEG 估值法，即市盈率相对盈利增长比率，是以公司的市盈率除以公司的盈利增长速度。PEG 估值法弥补了 PE 估值法对企业动态成长性估计不足的缺憾。

PEG 计算公式如下。

PEG= 市盈率 /（净利润增长率 ×100）

如果 PEG ＞ 1，则股价被高估；如果 PEG ＜ 1（越小越好），则说明股价被低估，可以买入。PEG 的作用在于估算股票现价的安全性和公司未来的成长性。

2. 绝对估值法

绝对估值法，简单地讲就是以企业自己的财务和经济数据去估算自身价值的一种方法。

绝对估值法包括 DDM、DCF 两种模式，国内 A 股上市公司分红比例不高，分红的比例与数量不具有稳定性，难以对股利增长率做出预测，因此 DDM 模型在 A 股市场基本不适用。

目前，最广泛使用的 DCF 估值法，比其他常用模型涵盖更广，框架更严谨、更复杂，需要的信息量也更多，角度更全面。

不同的估值方法适用于不同行业、不同财务状况的公司。多种相对估值法和以 DCF 为主的绝对估值法结合使用，使交易者在分析公司基本面时既能考虑当前公司的财务状况、产品结构、业务结构，又能考虑行业未来的发展和公司的战略前景，了解公司未来的估值潜力，对公司形成较为全面、准确的认识，进而做出较理性的投资判断。

二、沃伦·巴菲特的 5+12+8+2 法则

沃伦·巴菲特是全球著名的投资商，被誉为投资界的“股神”，生于美国内布拉斯加州的奥马哈市。在 2008 年的《福布斯》排行榜上财富超过比尔·盖茨，成为世界首富。

（一）5 项投资逻辑

（1）因为我把自己当成是企业的经营者，所以我成为优秀的投资人；因为我把自己当成投资人，所以我成为优秀的企业经营者。

（2）好的企业比好的价格更重要。

（3）一生追求消费垄断企业。

（4）最终决定股价的是实质价值。

（5）没有任何时间适合将最优秀的企业脱手。

（二）12 项投资要点

（1）利用市场的愚蠢进行有规律的投资。

（2）买价决定报酬率的高低，即使是长线投资也是如此。

（3）利润复合增长与避免交易费用和税负使投资人受益无穷。

（4）不在意一家公司来年可赚多少，仅在意未来 5~10 年能赚多少。

（5）只投资未来收益确定性高的企业。

（6）通货膨胀是交易者的最大敌人。

（7）价值型与成长型的投资理念是相通的。价值是一项投资未来现金流量的折现值，而成长只是用来决定价值的预测过程。

（8）投资人财务上的成功与他对投资企业的了解程度成正比。

（9）“安全边际”从两个方面协助你的投资：首先是缓冲可能的价格风险，其次是可获得相对高的权益报酬率。

（10）拥有一只股票，期待它下个星期就上涨是十分愚蠢的。

（11）就算联储主席偷偷告诉我未来两年的货币政策，我也不会改变我的任何一个作为。

（12）不要理会股市的涨跌，不要担心经济情势的变化，不相信任何预测，不接受任何内幕消息，只注意两点：A. 买什么股票；B. 买入价格。

（三）8 项投资标准

（1）必须是消费垄断企业。

（2）产品简单、易了解、前景看好。

（3）有稳定的经营史。

（4）经营者理性、忠诚，始终以股东利益为先。

（5）财务稳健。

（6）经营效率高，收益好。

（7）资本支出少，自由现金流量充裕。

（8）价格合理。

（四）2 项投资方式

（1）卡片打洞，终生持有，每年检查一次以下数字：A. 初始的权益报酬率；B. 营运毛利；C. 负债水准；D. 资本支出；E. 现金流量。

（2）当市场过分高估持有股票的价格时，也可考虑进行短期套利。

第二节　宏观经济分析

股市被称为宏观经济状况的“晴雨表”。宏观经济发展的状况，以及对宏观经济发展有重要影响的一些因素，都会对股市产生重大影响。

宏观经济是一种战略性发展趋势，它决定经济发展的大方向。不过，宏观经济的发展是波浪式前进、螺旋形上升的，不可能直线上升而没有结构性调整。

宏观经济分析应用于股票市场，就是分析整体经济与证券市场之间的关系，主要目的是分析将来经济情况及前景是否适合股票投资。

宏观经济分析大致包括以下 9 个方面。

一、经济周期对股市的影响

经济周期包括复苏、繁荣、衰退、危机 4 个阶段。

当经济处于复苏阶段时，交易者的信心逐步恢复，股票市场开始活跃，股价出现回升。在复苏阶段后期，股票市场的升温要快于实体经济。

当经济进入繁荣阶段的初中期，交易者热情倍增，预期收益进一步提高，市场乐观情绪较浓厚，股价快速上升。但到了繁荣阶段后期，由于宏观经济政策的调控，企业收益相对减少。在危机到来之前，股价出现滞涨、震荡甚至下跌。

在危机阶段，金融环境恶化，投资收益明显减少，交易者有较大的分化：实力资金已经逐步退出，中小交易者仍犹豫不决或者割肉离场，股价会进一步下跌。在危机阶段的经济萧条时期，股价会在历史低位区震荡盘跌，寻求底部。

股票市场受经济周期的影响产生变化，但相较于经济周期，股票市场的波动和变化往往会提前：在经济衰退以前，股价已开始下跌；在经济复苏之前，股价已经回升；经济周期未步入高峰阶段时，股价已经见顶；经济仍处于衰退期间，股市已开始从谷底回升。

有一些例外现象需要大家关注。例如：实体经济萧条时期，一些资金不愿投资实体经济，而是流进股市投机获利，由此造成股票市场逆实体经济的方向大幅上涨。但是，股票市场这种没有实体经济支撑的“虚胖”式大涨很难持久，最终仍将向实体经济运行的主要趋向回归。

根据经济循环周期选择股票投资策略：经济周期处于衰退、危机阶段的投资策略以稳健、保本为主，交易者在此阶段多采取持有现金（储蓄存款和国债）等形式，避免造成投资损失，以待经济复苏时再适时进入股市。在经济周期处于复苏、繁荣阶段时，投资策略以积极参与、稳定持有为主，交易者应以股票、期货等证券形式的投资为主。

二、政治因素对股市的影响

政治因素是指那些可能对股票价格具有一定影响的国际政治事件等。政治因素对股票市场的影响，主要表现在以下 3 点。

（1）国际关系的影响。国家之间签订政治、商务条约或合约会极为广泛地影响到一国经济的各个层面，从而给相关上市公司带来不同影响。国际组织（如联合国、世贸协定、货币基金组织等）的一些报告、新闻、事件，也会对国内股票市场造成不同程度的影响。

（2）战争的影响。战争使各国政治经济不稳定，人心动荡，股价下跌，这是战争造成的广泛影响。但是战争对不同行业的股票价格影响不同，比如，战争使军需工业兴盛，那么凡是与军需工业有关的公司的股票，价格必然会上涨。因此，交易者应适时购进军需及其相关工业的股票。

（3）重大政治事件的影响。如国家领导人变更，重大政治风波，关乎民生的政策调整等，会对股票产生直接或间接的影响。

三、通货膨胀对股市的影响

通货膨胀对股票市场的影响比较复杂，它既有刺激股票市场的作用，又有压抑股票市场的作用。

通货膨胀主要是由于过多地增加货币供应量造成的。货币供应量增加一开始能刺激经济，增加企业利润，推动股票价格上升。但是，当通货膨胀发展到一定程度，利率会上升，从而会使股票市场收缩，股票价格下跌。

货币供应量增减，是影响股价的重要原因之一。货币供应量增加，增加的社会购买力出于保值和增值的需要，就会投资于股票等方面，从而抬高股价。反之，如果货币供应量减少，社会购买力降低，投资欲望降低，会使股价走低。

四、利率对股市的影响

利率就像刹车，可以用来调节经济增长速度的快慢。

当银根紧缩，利率提高时，此时企业的融资成本提高，投资利润下降。利率高，大量的闲置资金会存入银行，用于实业投资和股票投资的资金会大大减少，特别是在储蓄和买股票之间进行选择时，多数人会选择储蓄。

当利率下调到一定程度时，部分资金为保值会流入股市等投资市场。利率下调直接促进上市公司经营状况改善，利率降低会大大减少企业的利息支出，从而增加企业的利润。

交易者应密切关注利率的升降，并对利率走向进行必要的预测，以便在利率变动之前，抢先一步买卖股票。

五、汇率对股市的影响

如果一国的货币处于升值周期，股价会上涨；一旦其货币贬值，股价亦随之下跌。所以，汇率对股市具有很大影响。

任何一国的经济都在不同程度上受汇率变动的影响，而首当其冲的是进出口贸易。本国货币升值受益的多半是进口企业，亦即依赖国外供给原料的企业，而出口业则由于竞争力下降，会受到一定程度的冲击。当本国货币贬值时，情形则相反。

不论一国货币升值或是贬值，对公司业绩以及经济局势的影响都各有利弊。所以，不能单凭汇率的升降来决定买入或卖出股票，而应区别对待具体公司是受益还是受损。

（1）公司产品主要销售地为海外市场，则本国货币升值时，公司利润难以乐观，股票价格可能会下跌。

（2）公司原料以进口为主，产品主要在国内销售，则本国货币升值时，公司进口成本降低，盈利上升，股价可能出现上涨。本国货币贬值时，情况则相反。

根据汇率变动对具体上市公司的不同影响，并参考其他因素的变化，交易者可进行正确的投资选择。

六、国际收支对股市的影响

国际收支项目包括经常项目和资本项目。

经常项目主要反映一国的贸易和劳务往来状况。资本项目则集中反映一国同国外资金往来的状况，反映一国利用外资和偿还本金的执行情况。

现代经济日益国际化、一体化，因而一国国际收支状况是影响股市的一个重要因素。一般情况下，当国际收支处于逆差状态时，政府为平衡收支，将控制进口，鼓励出口，使国内一部分资金从股市中流出，股票价格下跌。反之，股价将看涨。

七、财政政策对股市的影响

财政是国家为实现其职能的需要对一部分社会产品进行的分配活动，它体现了国家与其有关各方面发生的经济关系。

国家采取积极的财政方针，股价可能就会上涨；相反，国家财政规模缩小，或者显示将要紧缩财政，股价可能就会下跌。根据财政规模的变化，交易者可以预估股市运行的方向。

八、货币政策对股市的影响

货币政策工具可以分为一般性政策工具（如存款准备金率、再贴现政策、公开市场业务）和选择性政策工具（包括直接信用控制、间接信用指导等）。

货币政策可以分为从紧的货币政策和宽松的货币政策。从紧的货币政策手段包括减少货币供应量，提高利率，加强信贷控制等。如果市场物价上涨，需求过度，经济增长过快、过热，被认为是社会总需求大于总供给，中央银行就会采取紧缩货币的政策以减少需求。宽松的货币政策手段与运用，情况则恰好相反。

九、失业率对股市的影响

失业率是指劳动力中失业人数所占的百分比，失业率是现代社会的一个主要问题。

当失业率很高时，资源被浪费，人们收入减少。在此期间，经济问题会影响人们的情绪和家庭生活，进而引发一系列社会问题，资本市场也不可避免地要受到一定程度的冲击。

第三节　行业地域分析

在宏观经济运行态势良好，速度增长、效益提高的情况下，一些行业的增长与国民生产总值、国内生产总值同步增长，另一些行业的增长高于或低于国民生产总值、国内生产总值的增长。选择在宏观经济中表现较为突出、增长较快的新兴行业，继而选出这些行业中具有代表性的上市公司，这是行业分析的目的所在。

一、行业类别分析

以经济周期的影响程度为标准，行业分析可以分为以下 3 类。

（一）高增长型行业

高增长型行业极少受到经济周期变动的影响，因为其主要以技术升级、产品创新及优质服务为原动力，从而能够保持增长态势。

在经济周期波动中，这些行业为交易者提供了一种财富升值和保值的途径。一般来说，这些行业的股票价格不会随着经济周期的变化而变化，是交易者重点选择的对象之一。

（二）周期型行业

周期型行业，即直接受到经济周期的影响，其行业扩张和利润构成随着经济周期的变化而变化。当经济处于上升期时，这些行业会得到长足发展；当经济处于衰退期时，这些行业随之萧条、后退。

产生这种现象的原因是，经济的繁荣或者衰退，对这类行业相关产品的购买力有直接影响。交易者选择投资这类行业的股票，首先应考察经济周期的运行阶段，以及其他相关因素，然后再确定投资策略。

（三）防御型行业

防御型行业是指产品需求和盈利状况相对稳定，不受经济周期所处阶段影响的行业。例如，食品业和公用事业属于防御型行业，因为需求的收入弹性较小，所以这些公司的收入相对稳定。交易者介入这类行业的股票风险较小，这类股票的价格也相对较为平稳。

二、行业生存周期分析

由于行业存在周期的原因，使行业内各公司的股票价格深受行业发展阶段的影响。行业生存周期大致有以下 3 个阶段。

（一）开创期

在这一阶段，行业处于开创期，属于技术革新期。由于前途远大，该行业吸引了大量资金投入到新技术的开发和新产品的创新升级。

处于开创期的行业，技术进步速度非常迅捷，产生的利润极为可观，但行业处于摸索期、试水期，具有较大的不确定性，风险难测。开创期行业的公司股票，往往会频繁波动，大起大落，投资这类股票，交易者要对其运行特征具有清晰的认识。

（二）成长期

在这一阶段，经过创业期的资本累积和技术改进，部分在技术上、资本上、人才储备上领先的大公司，基本掌控了该行业的话语权，公司利润提高主要归因于公司规模不断扩大和产品销售平稳增长。

处于这一时期的公司股票，是交易者重点关注、分析和选择的对象。如果能在这一时期择机介入，投资收益较为可观。

（三）衰退期

在这个阶段，由于市场竞争进入白热化，行业利润大幅缩减，市场趋于饱和，致使行业发展停滞不前甚至衰退。

处于衰退期的行业，股票行情往往表现疲软。其股票在行业公司盈利能力逐步下滑的背景下，渐渐失去投资价值，所以，在大趋势上难有上佳表现，交易者应尽量避免介入这个时期的股票，如果介入，应以短期炒作为主。

三、地域分析

我国幅员辽阔，各地区经济发展水平很不一致，每个地区上市公司的经营情况有很大差异，这种差异会体现在股票价格上。同时，近年来国家出台一些地区扶持政策，对相关地区的上市公司也会产生较为深远的影响。

这里可以通过以下 3 个方面对上市公司进行地域分析。

（一）自然环境特色

自然环境特色主要是指地域内拥有丰富的可利用的自然资源，如矿产资源、水资源、旅游风景资源、能源等。

如果上市公司从事的行业能够有效融合当地的自然环境特色，那么该公司就能得到较好的发展。例如，在煤炭主要产地从事挖掘业，则公司就有光明的盈利前景；在风景名胜地从事旅游业，则公司有较大的发展潜力。

（二）地域经济优势

简单地讲，处在经济较发达地区的上市公司，因相关人才集聚，信息流和物流顺畅便捷，融资渠道宽泛，在同等条件下，比其他地域主营相同的上市公司具有更大的竞争优势和发展空间。所以，这些地域的上市公司通常具有较好的盈利能力，较高的投资价值。

处于偏远、经济欠发达地区的上市公司，受到自然条件、交通运输、融资平台等方面的限制，公司的经营和发展都会弱于经济发达地区的上市公司。交易者分析地域经济优势的同时，也要注重参考行业类别和经济扶持政策对具体上市公司的影响。

（三）产业政策和经济支持

为了促进地域经济发展，政府一般都制定了相应的战略规划，提出相应的产业政策，确定优先发展和扶持的产业，并给予相应的财政、信贷及税收等诸多方面的优惠措施。这些措施有利于引导和推动相应产业的发展，相关产业内的公司将因此受益。

如果地域内上市公司的主营业务符合当地政府的产业政策，那么通常会获得诸多政策支持，这有助于上市公司的进一步发展。近年来，国家先后出台多项地域扶持政策，对相关地域和城市的经济发展产生了极大的促进作用。

第四节　上市公司财务分析

上市公司的投资价值是由其基本面决定的。影响上市公司的基本面因素，既包括宏观经济、行业发展等外部因素，也包括公司净资产、盈利水平等内部因素。

一、竞争能力分析

优胜劣汰、适者生存是市场经济无情的竞争法则，缺乏竞争能力的公司，终将消失在竞争日趋激烈的市场浪潮中。公司唯有不断通过技术进步、产业升级、产品更新等措施来强化自身竞争优势，才有可能长期生存并得到发展壮大的机会，其股票才具有长期投资价值。

确立公司核心竞争能力，首要的因素是公司的技术创新水平和市场开拓能力，其次是公司的管理水平和人才储备。另外，公司的规模效益和项目储备也是决定公司长期竞争能力的重要因素。

通过分析公司的竞争能力，交易者可以对公司的发展前景有一个感性认识。对于那些不具备竞争优势的公司，交易者应尽量远离其发行的股票。

二、公司经营管理情况分析

（一）管理人员素质和能力分析

在上市公司年报中，会有高层管理人员的简历和其他情况介绍。通过分析这些内容，交易者可以了解公司高层管理人员的背景资料，从而对公司的管理风格、管理能力有一个初步的判断。

交易者还可以通过媒体报道、网络查询或走访等方式，多方面了解公司高层的动态和具体情况。

（二）经营理念分析

经营理念是公司发展一贯坚持的一种核心思想，是公司员工坚守的基本信条，也是公司制定战略目标及实施战略的前提条件和基本依据。一些获得巨大成功的公司，其管理风格及经营理念几乎都兼具稳健和创新两个基本要素。

（三）公司经营战略分析

对上市公司经营战略进行分析，交易者可从以下 4 个方面着手。

（1）通过媒体报道或调查走访等途径，了解公司是否有较为明确和具体的经营战略。

（2）分析公司高级管理层的稳定性及其对公司经营战略的影响。

（3）在人力、财力、项目、科研能力等资源上，是否符合公司经营战略的要求。

（4）公司具有的竞争能力、市场地位、管理能力、主营项目的生命周期，和与之对应的经营战略是否恰当。

通过对公司竞争地位和经营管理情况的分析，可以对公司基本面有比较深入的了解，这对于投资决策很有帮助。

三、公司财务状况分析

很多交易者通过阅读股票软件 F10 中的每股收益、净利润增长率、每股净资产、净资产收益率等简化后的指标数值分析上市公司的财务状况。如果某公司有意做假账，以上那些数值很可能被修饰过，仅仅通过这些孤立的数据，交易者无法分析出上市公司的真实情况。如果交易者想全面、详细地了解上市公司的财务状况，那么财务报表分析则是较为理想的途径。

（一）年度财务报表

年报是上市公司上一年度生产经营情况的总结，也是公司财务状况对外披露的窗口。通过上市公司的财务报表，交易者能够了解企业的基本情况以及未来发展空间。此外，年报还是检验上市公司盈利性与成长性的最好窗口。

按照有关规定，上市公司年报的格式是固定的，分为以下 12 个部分。

（1）重要提示。

（2）上市公司基本情况简介。

（3）会计数据和财务指标摘要。

（4）股本变动及股东情况。

（5）董事、监事和高级管理人员。

（6）公司治理结构。

（7）股东大会简介。

（8）董事会报告。

（9）监事会报告。

（10）重要事项。

（11）财务报告。

（12）备查文件目录。

另外，交易者也可以跟踪分析上市公司季报、中报以及其他公告披露的信息，通过这些连续性分析，更容易发现上市公司生产经营的真实情况。

（二）财务报表分析方法

一些公司出于种种目的，通常会对财务报表进行修饰或做假账。但只要交易者肯下工夫，加上有效的分析方法，是能够辨别的。

具体分析方法如下。

（1）综合分析法。综合对比一家公司财务报表之间的关联项目，看是否有出入。

（2）纵向分析法。分析公司多个年度的报表动态，判断其资产负债结构、盈利能力的变化趋势是否合理。

（3）横向分析法。与同行业其他上市公司财务情况作对比，看有无重大异常。

（三）财务报表分析内容

上市公司年度报告中，都会披露资产负债表、利润表和现金流量表这 3 张主表。这 3 张主表反映了上市公司的基本面，是投资决策的重要分析对象，交易者应结合这 3 张主表和报表中其他重要指标来分析财务报表。

（1）首先是注意阅读第一部分“重要提示”，这是整个报表的提要，是报告期内重大事件披露的地方。

（2）“会计数据和财务指标摘要”。从中可以看到最常用的每股收益、每股净资产、净资产收益率，通过这些数据可以看出公司的基本盈利能力。在这些数据中，有一条叫“每股经营活动所产生的现金流量净额”，这一指标可以体现出公司在经营过程中是否真的赚到了利润。

（3）“股本变动及股东情况”中有一条“报告期末股东总人数”。还可以用流通股数量除以股东人数，看看每一个股东的平均持股量，分析是否存在主力活动。

（4）“董事会报告”是公司管理层对本年度的回顾，包括募集资金的投资情况介绍，以及对未来的展望、新年度的发展计划等，交易者可以从中分析出管理层对公司后续的发展态度和发展趋向。

（5）“财务报告”主要包括资产负债表、利润表、现金流量表和所有者权益变动表。

资产负债表分析如下。

其一，查看其存货和应收账款。如果其增长较营业收入的增长快得多，那么往往意味着公司在销售方面可能存在一定问题，需要引起交易者的注意。

其二，银行借款也是反映公司质量的一个重要指标：资产负债表中货币资金越多，银行借款越少，意味着公司质量越好。如果银行借款相对于公司销售收入、利润总额等指标偏大，说明公司在应收款项、存货、固定资产等项目上可能占用资金比例偏高，其盈利及未来的偿债能力存在一定问题。

利润表分析如下。

其一，利润表中的营业收入和营业成本应有合理的对应关系。对营业成本的分析可结合资产负债表中存货、预付账款、应收账款，和现金流量表中购买商品接受劳务支付的现金等项目进行综合分析，以判断其变化及合理性。

某些公司为使利润表中的营业收入出现大幅增长，会有意从事一些交易金额很大但无盈利或利润很低的商品流通或交易代理业务，制造营业收入大幅增长的假象。

其二，利润表中的销售费用、管理费用、财务费用。通过这 3 项费用，可以考察公司的内部管理能力。可以把这 3 项费用的同比变化与净利润增长率加以对比，如果这 3 项费用的增幅高于净利润增幅，则说明公司管理尚待加强。

其三，对公司报告期取得的净利润，还应分析其中有多少是由非经常性损益形成的。这样做可以判断公司正常经营下的盈利能力，防止被一些公司靠非流动性资产处置、债务重组、政府补助、投资收益、资产减值准备的巨额冲回等方式产生的巨额利润或扭亏为盈所误导。

现金流量表分析如下。

通过现金流量这个财务指标，交易者可以轻易分辨出企业盈利的具体情况。现金流量表是综合反映企业一定会计期间内现金、相关等价物来源和运用及其增减变动情况的报表。哪家公司赚到了真金白银，哪家公司就拥有了持续发展的动力。

其一，如果利润表中营业收入增加，但是从经营活动中收到的实际现金额比以前低，说明公司的部分收入还挂在应收账款中，有发生坏账的可能，且存在虚增或使用非常手段期末突击销售的可能，这样下期收入就可能减少。

其二，如果净利润的增长速度明显高出经营活动产生的现金流量净额的增长速度，而之前两个数据增长速度相似，说明净利润增长率实际上可能并没有那么高。

其三，经营性活动现金流量净额真实地反映了企业通过自身经营活动获得现金的能力。如果企业经营活动产生的净现金流量为正数，说明企业产品销售情况较理想，资金回笼较快。如果企业经营活动产生的净现金流量为负数，则说明企业经营情况存在一定问题，资金上有较大压力。

其四，投资活动产生的现金流量。投资活动产生的净现金流量为负数，表明企业可能存在扩大生产或参与了其他投资活动。投资活动产生的净现金流量为正数，说明企业相关投资取得了明显收益。

其五，融资活动产生的现金流量。如果融资活动的净现金流量为正数，表明企业通过融资拥有一定数量的资金，要关注融资资金的运作。如果融资活动的净现金流量为负数，一方面可能是企业资金周转进入良性循环，现金需求压力减轻，另一方面可能是企业融资出现困难，企业面临缺少资金的窘境。

分析现金流量，应当综合其他财务指标进行对比分析。其他财务指标的相关数值是否和企业现金流量相符，从中可以分析出企业真实的财务状况，为投资其股票做好策略性研判。

（6）财务报表中一些重要指标分析。

其一，净资产收益率是净资产创造价值能力的体现，也是真正如实反映企业经营情况的指标。高净资产收益率表明企业具备获取超额利润的能力，这种情况如果能持续，说明企业拥有一定的壁垒，未来持续获得超额利润的可能性较大。

其二，净利润增长率是反映企业成长性的重要指标之一。高净利润增长率并不代表股东一定能获得高回报，要结合其他方面综合分析，才能较好地进行判断。

其三，毛利率是考察企业盈利能力的一个重要指标，能直接反映企业的盈利能力和竞争力。毛利率较高一般是行业壁垒较高的象征。

四、公司成长性分析

公司成长性分析的目的，在于观察企业在一定时期内的经营能力，以及发展状况和持续增长的潜力。通过分析公司成长性，交易者可以找到目前被低估而未来可能出现高成长的公司，提前从投资策略上做好布局。

公司成长性分析主要着眼于以下 4 个方面。

（1）公司的规模扩张是由供给推动还是由市场需求拉动，是通过公司的产品创造市场需求还是生产产品去满足市场需求，是依靠技术进步还是依靠其他生产要素，等等。通过分析，交易者可以找出企业发展的内在原动力，进而分析原动力的生存周期。

（2）公司历年的总资产增长率、固定资产增长率、主营业务收入增长率、主营利润增长率、净利润增长率等数据。通过分析公司连续经营情况的运行趋势，来判断未来的发展趋势是上升还是持平，亦或是下降。

（3）将公司经营情况的数据及其增长率，与行业平均水平及主要竞争对手的数据进行比较，了解其行业地位的变化趋向。

（4）公司通过重组、收购、兼并能够快速实现规模扩张，但扩张之后，公司的运营状况具有一定的不确定性，需要通过一段时间的观察来作具体分析。

五、公司存在的重大隐患分析

交易者在选股时，除对公司经营管理情况、财务情况进行详细分析外，还必须对公司已有或潜在的重大隐患作分析和考证，以便及时调整投资策略，回避风险。

一般公司的重大问题多数出现在以下 3 个方面。

（1）公司生产经营存在极大问题，难以持续经营，甚至资不抵债，濒临破产和倒闭。

（2）公司发生重大诉讼案件，将严重影响公司利润，对生产经营将产生重大影响，对公司信誉也可能造成很大损害。

（3）公司投资项目失败，遭受重大损失，对公司未来的生产经营情况将造成重大影响。

第五节　市盈率分析

市盈率是股票每股价格与每股盈利的比率。理论上，股票市盈率当然是越低越有投资价值。但在实际操作中，因行业的溢价系数不同，市盈率高低有不同的评判标准。

通常验证某只股票市盈率是否合理，一是可以和整个市场以及所属行业的平均市盈率进行比较，二是和当前银行一年定期存款利率相比较。

如银行当前一年定期存款利率为 1.75%，你存 1 元钱到银行，对应的市盈率为 1/0.0175≈57，意思就是 57 年后，你的本息总和为 2 元钱。

如某公司的股价是 30 元，全年每股收益为 0.3 元，则市盈率为 100，也就是说，理论上要过 100 年你的投资才能翻倍，和银行利率相比较，还不如储蓄合适。

上述比较排除了公司成长性的因素。对于具备高成长性的公司来说，尽管目前静态市盈率偏高，但如果公司每年盈利能力都以较快的速度增长，那么还是能够给交易者带来丰厚回报的。

在运用市盈率选股时，交易者不能单纯地依据市盈率数值高低进行选择，还要参考公司的成长性，盈利能力的持续性，主营业务的生存周期，利润构成等基本面因素。

同时,要对公司未来年份市盈率可能达到的数值进行估算(即动态市盈率)。如果市盈率出现下降趋势，则说明上市公司成长性较好，未来盈利能力具有持续性，具备一定的投资价值。

第九章

实战案例解析

第一节　如何选股——实盘案例解析

选股是交易者股票投资能否盈利的关键因素之一。

其实，所有的股票分析理论，都是围绕3个核心问题展开的，即股票能不能买，是不是可以持仓，需不需要卖出。选股解决的是哪些股票可以买入的问题。

不同操作风格的交易者，对于选股必然有着不同的标准。偏好短线交易的交易者，其选择的股票应该是交易活跃的热门股。崇尚价值投资的交易者，则偏爱低估值、尚未启动上涨的潜力股。

一、中长线选股

中长线选股重“质”。所谓“质”，是指股票代表的上市公司的内在价值，以及个股技术面上的大趋势。

对于中长线交易者来说，首先需要选择符合国家宏观经济政策和产业政策的行业，然后在这些行业里选取其中的龙头企业或者垄断性公司，最后再从技术面和公司基本面精挑细选。

中长线选股的两个主要立足点如下。

（一）低估值、高成长

寻找和选择内在价值被低估的上市公司的股票，然后长期持有，直到价格产生泡沫才予以卖出。优质上市公司的股票往往都不便宜，交易者的任务是选择那些处于价值洼地，尚未被市场充分发掘的潜在的优质上市公司。

关注公司未来的发展前景和利润高增长，不在意眼前的亏损或薄利，在其未成长为参天大树之前买入并持有，耐心等待收获季节的到来。

（二）底部构筑

在选股过程中，技术面和基本面的应用是相互融合、难以绝对区分的。以中长线的思路来选股，仍需以技术分析来确定介入点位。

在第七章第三节中，讲过识别建仓完成的个股，这个知识点可以看作中长线选股的技术要求和条件。其选股的优势在于，所选个股距离牛市起涨点不会太远；但也有缺憾，就是交易者介入成本相对较高。

对于一些并不在意投资时间成本，更注重价格成本的交易者来说，也可以在个股的底部构筑阶段介入。这方面的知识点，书中介绍的较多，比如K线底部形态与买点等，这里不再赘述。

二、短线选股

中长线选股重“质”，短线选股则重“势”。

短线的“势”是指股票上涨的趋势和力度。只有成交活跃、勇于屡创新高的股票，才是适宜短线交易的品种。一些常年成交稀疏的冷门股，股价波动极其微小，这类品种是短线交易的禁区，除非其发生重大变化。

（一）短线选股需要注意的问题

1. 避免介入大肆炒作后的股票

即便是在牛市，交易者也应回避疯狂炒作后的个股。这类有巨大涨幅的个股，风险已经远大于可能带来的收益。

2. 谨慎参与下跌趋势中的弱反弹

下跌趋势未彻底终结之前，很多交易者耐不住手痒抢反弹，却往往是亏多盈少。熊市中有很多反弹，但多数弱反弹是没有参与价值的。下跌趋势中盲目抢反弹，是造成很多交易者被深套的重要原因之一。

3. 大势向好时，敢于介入领涨板块的龙头个股

率先于大盘上涨的股票，往往是一个阶段的主升品种，介入其中的龙头股票，无疑是短线操作优先选择。这类品种的介入点应当选在上涨的初中期。

（二）短线选股的技术要求

1. 具备相关题材或概念

股票操作中的题材或概念，即所谓“师出有名”，或者说讲故事总要有个由头，才好把故事讲下去。这个概念可以是多方面的，既可以和业绩增长有关，也可以和新技术、新材料甚至新理念有关。

交易者追涨概念股，要注意遴选概念或题材的实质内容。一些阶段性热炒、似是而非或传闻性质的概念或题材，要格外小心谨慎。对于有国家政策支持，官方大力宣传的相关概念或题材，则可密切关注。

2. 底部结构

能够成为某一板块龙头股的个股，几乎可以肯定其中的主力已潜伏多年。在主力开始正式拉升股价之前，该股底部起涨结构必然已经构筑完备。一些主

力会试图用挖坑等手法掩盖这些结构或采用横盘、阴跌等手段消磨持仓者的信心，但主力的这些伎俩在股价开始拉升之后便云消雾散，这也为投资提供了分析判断的便利条件。

图 9-1 采用周线系统分析，能够从较高层次看清主力运作的痕迹。图中 A 区域之前，该股股价一直运行于下跌趋势中。至 A 区域，股价处于低位横向震荡态势，这个过程持续了两年的时间。这两年的时间为主力吸筹建仓提供了便利条件，同时也消磨、打压持仓者的耐心。A 区域是底部存在的分析依据，但并不是短线交易者的介入机会。

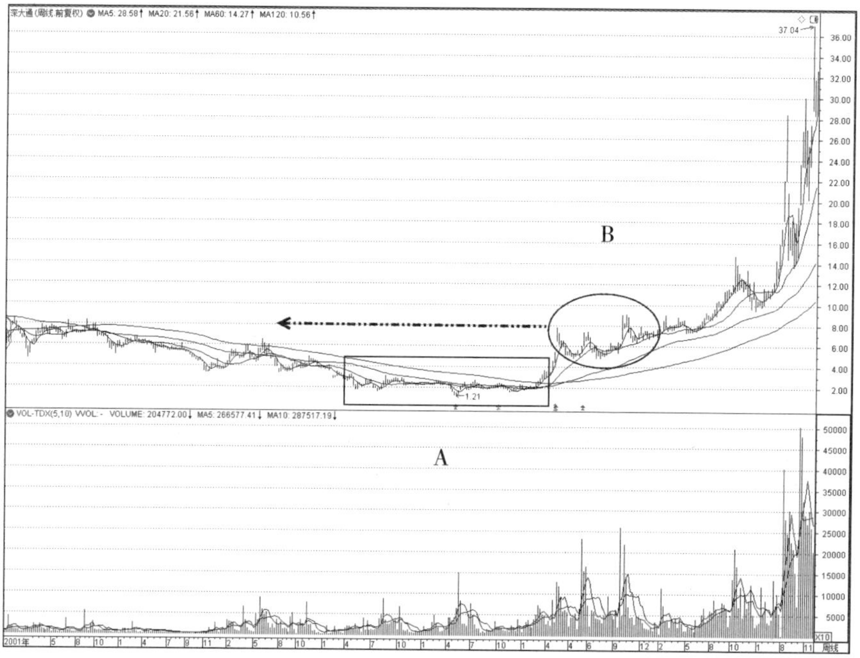

图 9-1

进入到 B 区域，股价开始向上涨升，成交量放大。当股价突破最近高点，并不断抬升回落低点时，也就意味着该股底部已经构筑完成，之后的升势基本可以确认并非短期反弹。这种技术形态的个股，才是短线交易者择机操作的对象。

3. 均线系统多头指向

图 9-2 中的个股底部构筑完备时，相应的均线系统也必然形成多头指向，股价起涨并突破均线系统的长期压制，由压制转化为支撑，这一点非常值得交易者关注，也是短线选股的关键。

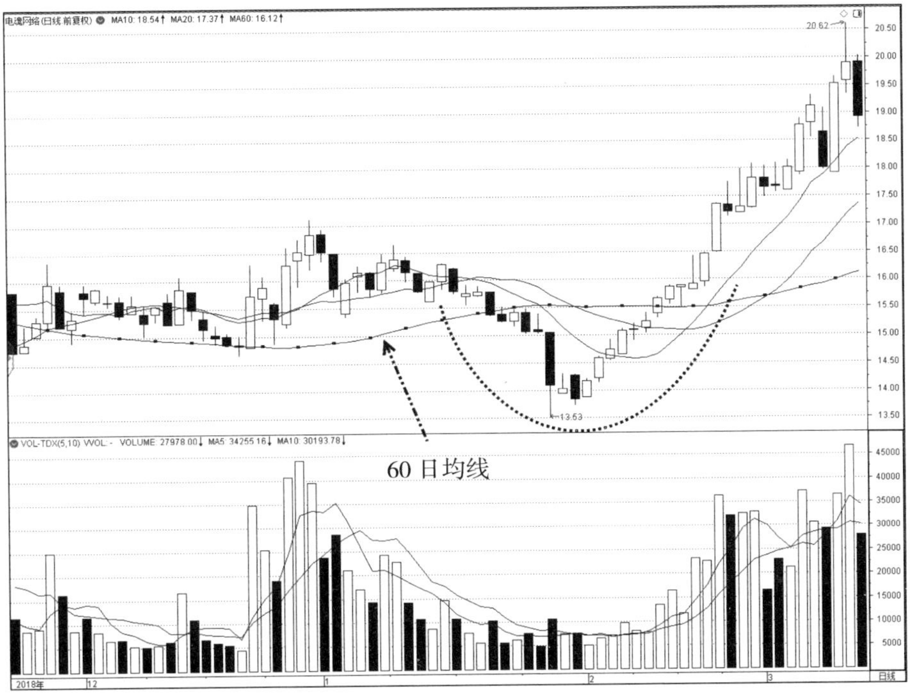

图 9-2

有一种情况，主力在底部结构构筑完备即将拉升之前，有时会故意打破均线系统的支撑，意在使不坚定的持仓者尽早离场。这也就是之前讲到的“挖坑”，即主力拉升前最凶狠的震仓行为。

鉴别“挖坑”的方法很简单，即股价虽然跌破均线系统，但很快就会回升，同时具有稳定性的中长期均线并不明显改变运行方向。如图中 60 日均线，在挖坑过程中保持着平稳的运行状态。

跌破均线系统并不意味着支撑不在，还是那句话：以支撑与压制转化关系为原则，关注被突破（向下）的均线系统是否已由支撑转化为对股价的压制。

4. 发现强势个股

交易者寻找强势个股，可参照第二章中“预判当天市场人气”和“发现当天热点题材”知识点的内容，然后再依照上述几点要求进行分析和遴选，从中找到适合的个股。

介入领涨板块的龙头个股时，需要明白龙头股是涨出来！不同个股，不同板块，不同市场环境，龙头股的具体涨幅也有较大的差别。某些情况下，50%

的涨幅意味着龙头股已经走上穷途末路；另一些情况下，50% 的涨幅可能仅仅只是龙头股的“热身”阶段。涨幅不是能否介入龙头个股的唯一标准，涨势的持续性才是交易者选择的关键。

判断涨势持续性的技术点如下。

一是均线支撑是否发生转变？短期均线改变意味着涨势强度降低，中长期均线改变说明压制将会来临。

二是成交量能否继续放大？量能不再继续放大，股价运行重心一旦走平或下移，意味着涨势接近终点。

三是等到市场开始全面认可这个龙头个股时，就意味着后市的涨幅很难超过之前的涨幅，刚刚介入的交易者不可期望过高的收益。

第二节　利好消息的影响——实盘案例解析

突如其来的利好消息总会对股价造成影响，只是影响程度上存在较大区别。当利好消息出现，股价上涨时，交易者还可以买进吗？

解决这个问题，首先要区分利好的性质，其次分析个股或大盘当前趋势以及之前短期的升跌幅度。

一、利好性质

首先看利好是针对市场、行业的政策性利好，还是上市公司发布的相关个股的利好。

针对市场、行业的政策性利好包括存贷款利率调整、存款准备金率调整、发布重大政策、推出行业规划等。这些利好，要看市场对此是否已经存在预期。突然出台的这类利好，对股价上涨的刺激较大。

上市公司的利好公告林林总总，不一而足。交易者需要分析利好是实质性的还是非实质性的。比如，上市公司公告业绩提升、获得大合同订单、拓展出重大市场等，就属于实质性利好。这种利好对于个股的影响较为长远，即使股价暂时没作反应，不久也会有所体现。

一些规划、预期类的利好，则属于非实质性的，如参股成立公司、参与某类投资等，因为这类利好公告并不能确定未来能给公司带来多大的利润。

非实质性利好并不是说完全无用，比如一些热门概念，很多上市公司不管是真是假，也不管参与到其中究竟能否给公司带来多大利润，只要宣布参股或涉及其中，股价就会飞升。

二、大盘趋势

利好公告时，大盘的运行趋势也是交易者需要关注的。这里提及的主要是政策性或决策、决定性利好。

即便是政策层面上的实质性利好，如果与大盘运行趋势相违，则只能引发短期内反弹，并不能逆转趋势。

当利好发布时，大盘趋势向上则起到加速作用。利好发布前，如果大盘趋势已经大幅上涨，则要注意获利盘回吐。长期下跌后，有利好出台，可能会引发趋势扭转。

利好发布时，大盘趋势向下，则反弹后仍会回归趋势。比如在 2015 年暴跌中，政府连续出台救市利好，但大盘经过一段时间的反弹后，仍旧回到跌势中。如图 9-3 所示。

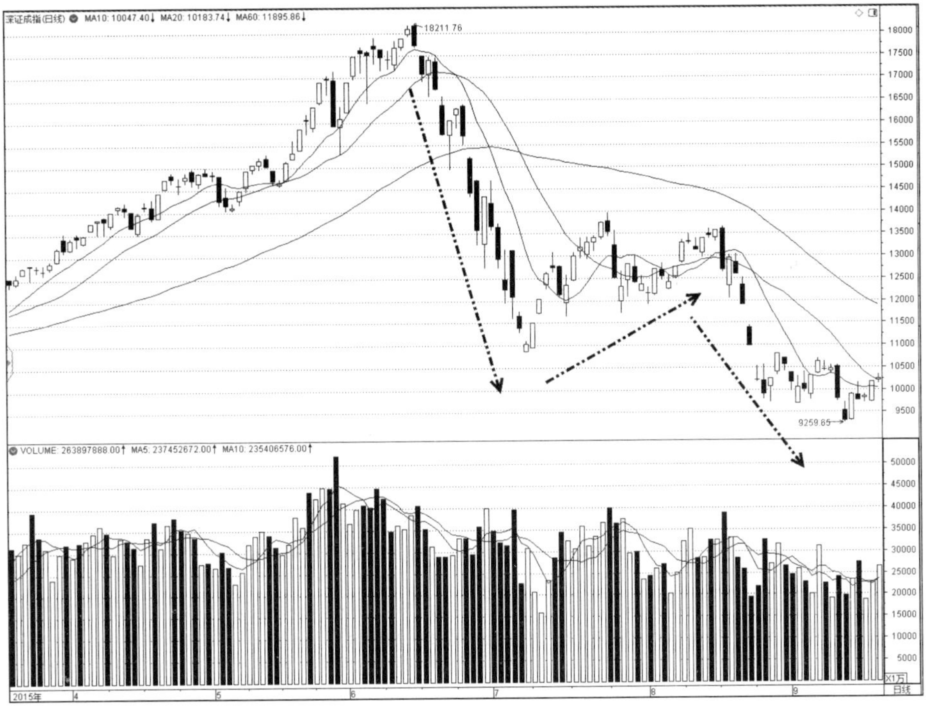

图 9-3

三、个股趋势

上市公司发布利好消息后，交易者不必忙于追涨相关个股，应确认相关个股的趋势以及之前的升跌幅度。

当股价运行呈下跌趋势时，利好通常会带来短线反弹，但反弹结束仍会继续下跌。当股价运行呈上涨趋势时，利好通常会加速股价上涨。如果利好发布前该股已有较大升幅，则回落调整的几率较大。当个股处于长期大跌后的筑底阶段时，发布利好可能会促成启动涨升。

四、盘前准备

上市公司发布利好消息，大多会在当日交易结束后或晚间，部分会在次日开盘前。一般来说，交易者在开盘前可获得相关公司的利好消息，应做的工作就是上述提到的几项分析。当确定某一追涨目标时，既可以选择开盘后观察其走势再做操作，也可以选择在开盘前挂单。

盘前挂单竞价期间，不可以等闲视之，其往往和盘中交易有着较大的联系。集合竞价阶段往往隐含着主力资金当日的运作意图，因此交易者应认真分析这个阶段的情况，以便及早进入状态，熟悉最新的交易信息，掌握当天的交易先机。

第三节　涨停板上的量能——实盘案例解析

涨停的个股，既有以巨量封板的，也有以正常增加的量能封板的。涨停板上这些不同的量能变化，对于分析个股后市走势具有重要的参考作用。

一、量能正常放大封板

个股在冲击涨停板的过程中，多会伴有成交量增加。除非是开盘急速涨停或者直接一字板涨停，其成交量会有缩减的情况。

处于跌势中的个股涨停时，如果成交量正常放大，在技术环境上，由于多数个股都经过大幅下跌，其涨停板价位远离套牢盘，所以不会有太大的解套压力。这种情况下，个股后市应有一定程度的涨幅。

处于涨势中的个股涨停时，成交量正常放大是极为理想的形态。尤其是突破前高点或某一技术关口时，封住涨停板的成交量正常放大，说明在多空争斗中并没有出现超常的激烈交锋，能够显示出主力控盘程度较好。在接下来的交易日，如果能够继续保持成交量稳定，那么后期走势仍旧值得期待。

如图 9–4 所示，A 处股价涨停，当日成交量虽然比前几个交易日明显增加，但对比最近放量的区域，则属于正常放量范围，并未出现超大的量能。之后该股继续上涨，量能也逐步稳定在一定区域内。

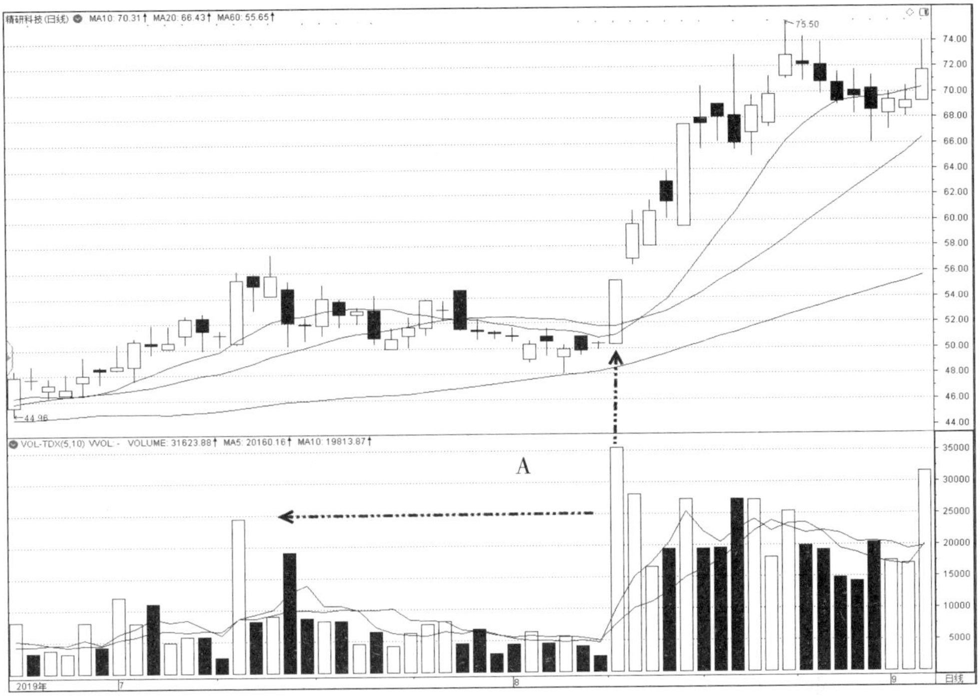

图 9–4

二、巨量封板

涨停板个股比较常见的量能形态是量能明显放大。放量封板，说明主力控盘程度尚不理想，仍有部分甚至较大部分抛盘会不时涌现。

涨势初期放量封板，属于正常现象。实战中，有些主力虽然高度控盘，但故意以对倒方式做大成交量，用以恐吓交易者，使其判断受到影响，过早卖出持仓。

如果是在大幅或长期上涨后放量封板，则要警惕主力借机出货。如图 9–5 所示，A 处报收涨停大阳线，成交量达到该股巨量级别，这种连续涨升中放巨

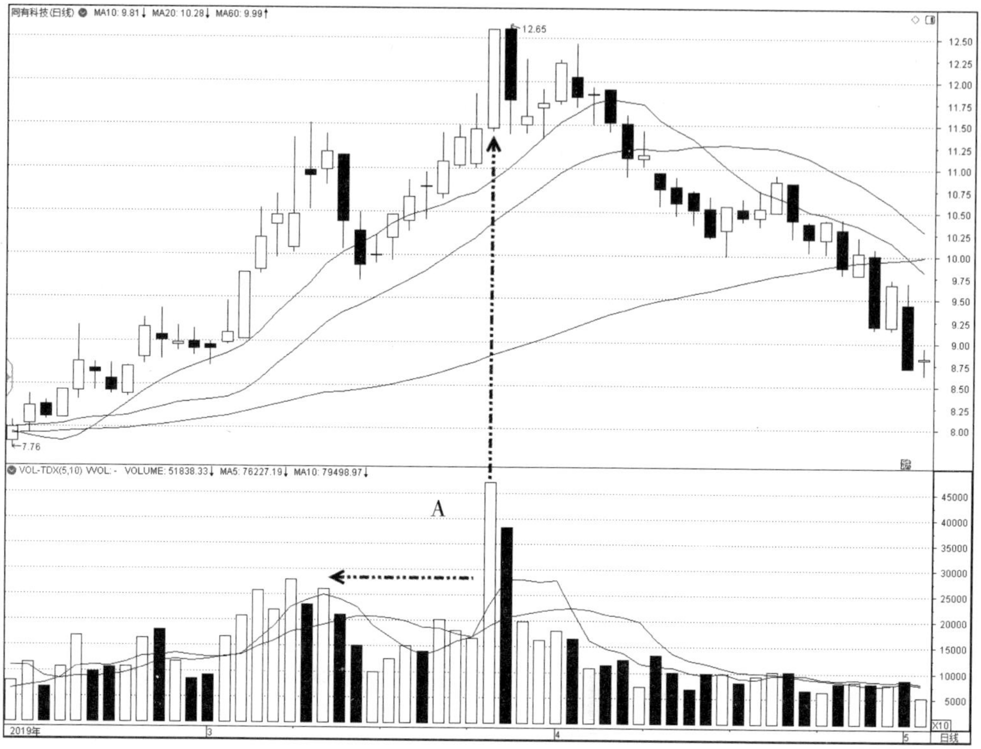

图 9–5

量的情况，需要交易者格外警惕，并做好减仓准备。

处于跌势中的个股，如果是巨量封板，那么后市除非资金以接力的形式持续出现大量，否则涨停只是昙花一现，随后股价便会回归跌势。这种情况下，交易者切不可随意补仓，持有仓位的交易者应借机减仓。如图 9–6 所示，A 处该股突然放量涨停，此后股价未能继续上涨，而是回落调整后再次加速下跌。

A 点突然出现巨量涨停板，势必会让被套的持仓者大为振奋，以为该股苦尽甘来，跌势就此扭转，因此不乏有人补仓操作。当然，活跃的跟风资金也免不了跃跃欲试。A 点及之后的量能，反映出了这种情况。

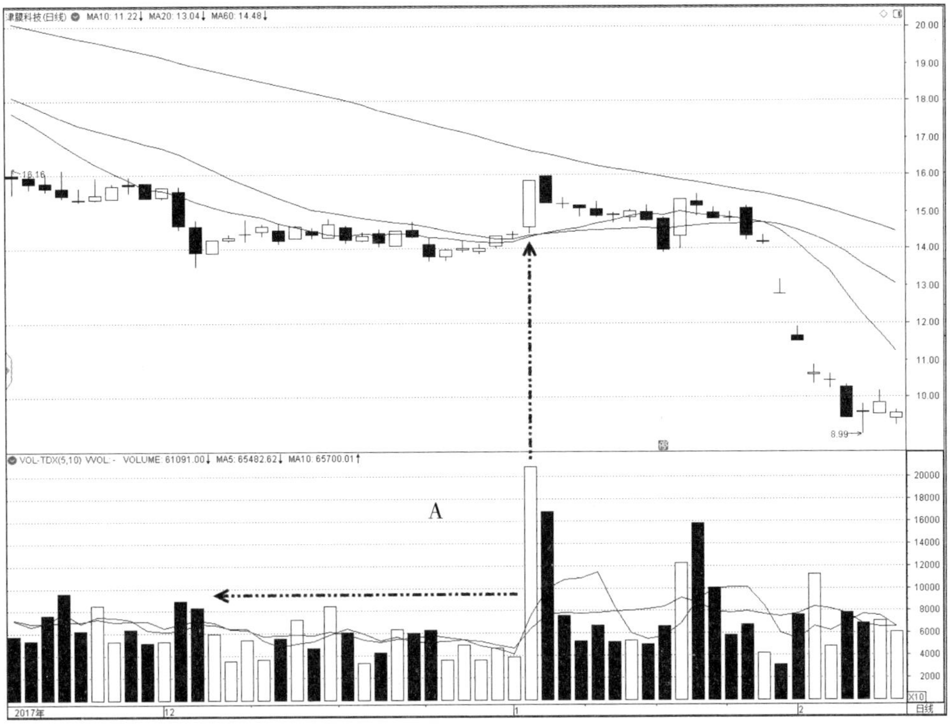

图 9-6

第四节　对倒个股的操作要点——实盘案例解析

一些综合实力相对欠缺的主力，会利用对倒的手法来运作股价。这部分个股有一个显著的特征，就是成交量多数时间里非常密集。这个类型的个股，其实并不适合中长线交易者，频繁发生的阶段性回落，会让人时刻处于紧张焦虑之中，很可能会做出错误判断和错误操作。

主力频繁对倒的个股，更适于短线交易者参与。其相对明显的量价形态和量价关系，有利于短线交易者分析判断阶段性高点和低点，便于在其中捕捉做差价的机会。

如图 9-7 所示，该股多次出现规律性的量价形态。当成交量突然放大时，随后不久股价都会有一个回落调整的过程。如能抓住这个技术细节，交易者完全可以借机短线操作。

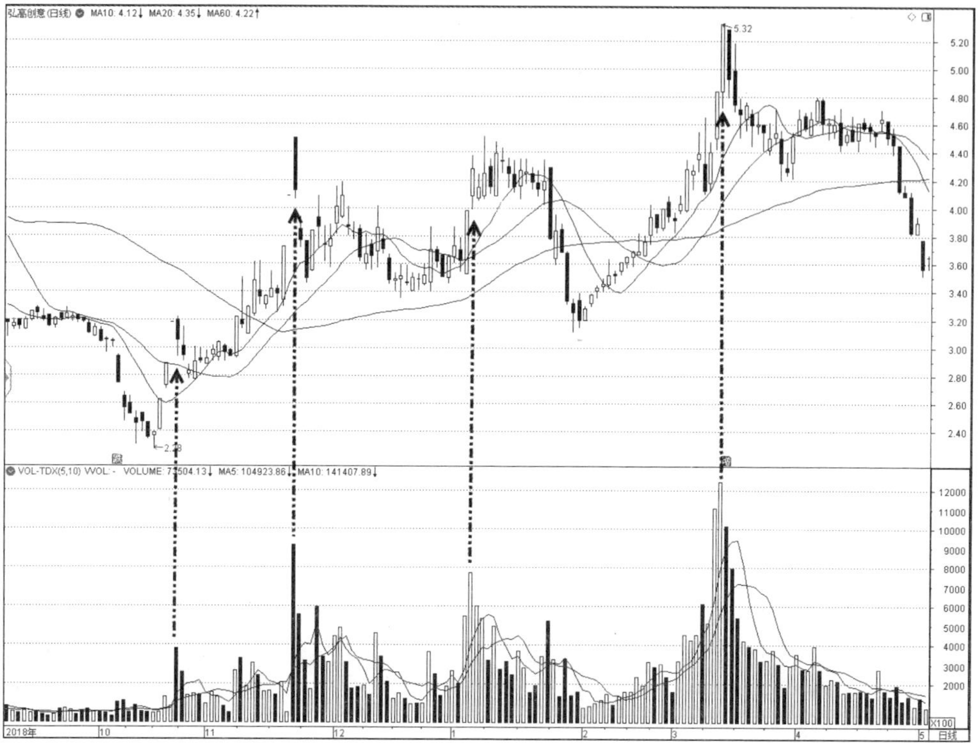

图 9–7

这是对倒型主力的运作特点，因为没有过多的资金投入其中，所以要尽可能地把握自身仓位和资金的平衡，不断通过减仓和加仓来盈取利润，降低成本。对于主力来说，仓位和资金都是流动的，静止在某一比例上，无疑会对未来盈利造成影响。

当个股出现这种规律性的走势特征时，交易者不可犹豫不决，更不可因为想得太多（比如这次会不会不一样，主力会不会直接再次上涨，等等），错失减仓良机。一些经验丰富的交易者会充分利用这种规律进行操作，即使不能卖在每一波的最高点上，也能在相对高位减仓获利。

操作主力对倒的个股，短线卖点相对容易判别，买点的选择就需要具有一定的综合技术能力，比如均线系统、成交量以及个股的分层透视技术等。这部分内容，前面 K 线、均线等章节已有讲解，这里不再赘述。

附　录

一、股指期货散户交易须知

（一）什么是股指期货

期货合约是由期货交易所统一制定的，规定在将来某一特定的时间和地点交割一定数量标的物的标准化合约。这个标的物可以是某种商品。如果这个标的物是某个股票价格指数，则该期货就是股票价格指数期货，简称股指期货。

（二）股指期货的功能与作用

股指期货最主要的功能是通过套期保值操作来规避股票市场的系统性风险。

股指期货提供了做空机制，交易者可以通过在股票市场和股指期货市场反向操作来达到规避风险的目的。比如，股票市场下跌，交易者可卖出股指期货合约，对冲股票市场下跌的风险，减轻集体性抛售对股票市场造成的影响。

（三）股指期货与股票的区别

在我国，股指期货在中国金融期货交易所交易，股票在上海证券交易所和深圳证券交易所上市交易。

1. 期限不同

股票是没有持股期限的，只要上市公司不退市，买入股票后就可以一直持有。股指期货合约有到期日，合约到期后将会交割下市，同时上市交易新的合约，所以不能无限期持有某一月份的股指期货合约。

因此，交易股指期货要注意合约到期日，临近到期时，交易者必须决定是提前平仓了结，还是等待合约到期时进行现金交割。

2. 交易方式不同

股指期货采用保证金交易，进行股指期货交易时，交易者不需支付合约价值的全额资金，只需支付一定比例的资金作为履约保证。股票交易则需要支付股票价值的全部金额。

3. 交易方向不同

股指期货交易既可以做多，也可以卖空，既可以先买后卖，也可以先卖后买，因此股指期货交易是双向交易。目前我国股票交易只能先买后卖，股票交易是单向交易。部分允许融券交易的股票除外。

4. 结算方式不同

股指期货交易采用当日无负债结算，当日交易结束后，要对持仓头寸进行结算。如果账户保证金余额不足，必须在规定的时间内补足，否则可能会被强行平仓。股票交易则采取全额交易，并不需要交易者追加资金，在股票卖出以前，不管是否盈利都不进行结算。

（四）沪深300股指期货交易规则

沪深300股指期货合约乘数为每点300元，也就是说，期货价格每变动1点，合约价值变动300元，1手沪深300股指期货合约的价值等于该合约的报价乘以300元。最小变动价位为0.2点。

交易保证金不低于合约价值的12%。

合约到期月份为当月、下月及随后两个季月。季月是指3月、6月、9月和12月。

交易时间为上午9:15—11:30，下午13:00—15:15，最后交易日当月合约交易时间为上午9:15—11:30，下午13:00—15:00。

每日价格最大波动限制为上一个交易日结算价的±10%。

季月合约上市首日涨跌停板幅度为挂牌基准价的±20%。

上市首日成交的，于下一交易日恢复到合约规定的涨跌停板幅度。上市首日无成交的，下一交易日继续执行前一交易日的涨跌停板幅度。

最后交易日是合约到期月份的第三个周五，遇国家法定假日顺延，交割日期同最后交易日。交割采用现金交割的方式。

（五）交易者参与标准和开户流程

根据中国金融期货交易所的规定，股指期货交易者适当性标准分为自然人交易者标准和法人交易者标准。

自然人交易者适当性标准包括以下3个方面。

（1）申请开户时，保证金账户可用资金余额不低于人民币50万元。

（2）具备股指期货基础知识，通过相关测试。

（3）股指期货仿真交易经历或者商品期货交易经历，要求客户须具备至少10个交易日、20笔以上的股指期货仿真交易成交记录，或者最近3年内具有至少10笔以上商品期货成交记录。

自然人交易者还应当通过期货公司的综合评估。综合评价指标包括交易者的基本情况、相关交易经历、财务状况和诚信状况等。

法人交易者适当性标准从财务状况、业务人员、内控制度建设等方面提出要求，并结合监管部门对基金管理公司、证券公司等特殊法人交易者的准入政策进行规定。

自然人交易者和法人交易者均不能存在重大不良诚信记录；不存在法律、法规、规章和交易所业务规则禁止或者限制从事股指期货交易的情形。

交易者参与股指期货开户的流程如下。

（1）寻找合适的期货公司。

（2）签署《期货经纪合同书》。

（3）申请交易编码并确认资金账号。

（4）打入资金并确认到账。

二、科创板散户交易须知

（一）个人交易者开通科创板股票交易的条件

（1）申请权限开通前 20 个交易日，证券账户及资金账户内的资产日均不低于人民币 50 万元（不包括该交易者通过融资融券融入的资金和证券）。

（2）参与证券交易 24 个月以上。

（3）交易所规定的其他条件。

如果交易者想要开通科创板，那么在申请之前的 20 个交易日，资金账户内日均自有资产（股票市值 + 现金）不能低于人民币 50 万元，同时开户日期已经满 24 个月。

（二）关于交易方式

科创板的交易方式包括：竞价交易、大宗交易、盘后固定价格交易。

（1）在竞价交易中，科创板的市价申报类型包括：最优五档即时成交剩余撤销申报、最优五档即时成交剩余转限价申报、本方最优价格申报、对手方最优价格申报。其中后两种是主板不具有的。

（2）科创板大宗交易只有意向申报和成交申报，申报时间为每个交易日 9:30—11:30、13:00—15:30。

（3）盘后固定价格交易是科创板新增的交易方式，是指在收盘集合竞价结束后，本所交易系统按照时间优先顺序对收盘定价申报进行撮合，并以当日收盘价成交的交易方式。

交易时间：每个交易日的 15:05—15:30。

交易价格：以当日收盘价成交。

成交原则：按照时间优先顺序对收盘定价申报进行撮合。

申报时间：每个交易日 9:30—11:30、13:00—15:30。

申报有效期：当日有效。

申报规则：单笔申报数量应当不小于 200 股，且不超过 100 万股。

成交计算：盘后固定价格交易量、成交金额，在盘后固定价格交易结束后，才计入该股票当日总成交量、总成交金额。

（三）关于申报数量

科创板的单笔申报股数，与目前 A 股不同，其申报股数的起步数为 200 股，上限则各不一样。

限价申报的单笔申报数量范围是：200 股≤单笔申报数量≤10 万股。

市价申报的单笔申报数量范围是：200 股≤单笔申报数量≤5 万股。

申报买入时，单笔申报数量应当不小于 200 股，超过 200 股的部分，可以以 1 股为单位递增，如 201 股、202 股等。

申报卖出时，单笔申报数量应当不小于 200 股，超过 200 股的部分，可以以 1 股为单位递增。余额不足 200 股时，应当一次性申报卖出，如 199 股需一次性申报卖出。

（四）关于涨跌幅限制

科创板规定首次公开发行上市的股票，上市后前 5 个交易日不设价格涨跌幅限制，之后的涨跌幅限制为 ±20%。

（五）融资融券

科创板的融资融券规定，科创板股票自上市首日起可作为融资融券标的。

投资理财类书目

书名	作者	定价（元）
可转债投资黄金宝典	阿　秋	42.00
股市掘金：大众消费板块股票投资指南	股震子	39.00
股市掘金：医药健康板块股票投资指南	股震子	39.00
股市掘金：科技创新板块股票投资指南	股震子	39.00
分时图超短线实战：分时图捕捉买卖点技巧	郭建勇	49.00
股市擒牛 15 式	李星飞	38.00
零基础学股票投资从入门到精通	股震子	58.00
零基础学基金投资从入门到精通	股震子	48.00
零基础学期货投资从入门到精通	刘振清	59.00
短线操盘术	麻道明	59.00
看图学 K 线——实用 K 线图解大全	麻道明	69.00
看图学技术指标——实用技术指标图解大全	麻道明	59.00
阳线核心战法	麻道明	59.00
阴线核心战法	麻道明	59.00
K 线实战技术分析	张文	48.00
选对保险避开坑——保险业务员不会告诉你的事	周小树	52.00
从零开始学炒股：波浪理论	股震子	42.00
从零开始学炒股：道氏理论	股震子	42.00
教你炒股票：缠论精解与实战应用	培峰	58.00
强势股操盘技术入门与精解	股震子	38.00
股市交易圣典	谢锐	58.00
八大涨停板战法	马重祥　马　超	38.00
涨停起爆战法	马重祥　马　超	38.00
成长股操盘技术入门与实战精解	股震子	35.00
从零开始学炒股：背驰操盘术	黄凤祁	48.00
从零开始学炒股：MACD操盘术	黄凤祁	48.00
外汇交易精解	邢孝寒	58.00
选出大牛股——波浪理论实战技巧	戈　岩	48.00
四大经典技术指标必胜术	戈　岩	48.00
一把直尺闯天下——股票操作中的画线方法与应用技巧	戈　岩	48.00
精准把握买卖点	戈　岩	48.00
成交量核心技术	金　铁	45.00
主力行为分析核心技术	金　铁	45.00
金属期货	付上金	58.00
玩转大非农——黄金、外汇、原油非农行情实战技法	刘堂鑫	49.00
波段交易技术入门与技巧	黄金磊	38.00
涨停板交易技术入门与技巧	郭晓静	38.00
财务指标解析与实战	曹明成　谭　文	29.80
RSI指标入门与实战精解	刘振清	35.00
股价结构：波浪与形态	华　强	35.00

续　表

书名	作者	定价（元）
神秘均线擒牛股——股市南山兵法	周国夫	32.00
从零开始学看盘	付　刚	58.00
盘口分时图核心技术	金　铁	45.00
K线图核心技术	金　铁	45.00
均线核心技术	金　铁	45.00
缠中说禅：教你炒股票（解盘答问篇）（上、下）	培　峰	108.00
趋势交易实战——象限四度交易法	张文义	42.00
孝寒点位交易法	邢孝寒	38.00
新股民炒股全攻略	黄　金	58.00
涨停盘口定式	曹明成　谭　文	38.00
短线炒股必杀技	曹明成　谭　文	38.00
成交量分析入门与实战精解	刘振清	35.00
分时图分析入门与实战精解	刘振清	35.00
均线指标入门与实战精解	刘振清	35.00
宝塔线指标入门与实战精解	刘振清	35.00
筹码分布技术入门与实战精解	刘振清	35.00
现货石油交易实战宝典	张耿豪　饶　斌	38.00
股市晴雨表	［美］威廉·P.汉密尔顿	36.00
农产品期货	付上金	58.00
教你炒股票：缠论与K线分析技术	培　峰	48.00
短线炒股全攻略	付　刚	49.00
磁区理论点评升级版	江南小隐	38.00
分时图必杀技	曹明成　谭　文	38.00
龙头股必杀技	曹明成　谭　文	38.00
三步掌握波段买卖	曹明成　谭　文	38.00
黑马捕捉术	曹明成　谭　文	36.00
阴阳K线的奥秘	曹明成　谭　文	38.00
相对波浪理论	唐桂华	42.00
波段操盘秘法	何瑞东	38.00
布林线指标入门与实战精解	刘振清	35.00
MACD指标入门与实战精解	刘振清	35.00
KDJ指标入门与实战精解	刘振清	35.00
一本书读懂互联网投资理财	蔡余杰	38.00
玩转技术指标：九种技术指标精讲	金　铁	45.00
新手学炒股快速入门与技巧	刘振清	38.00
银行理财产品全攻略	薄志红	35.00
决战牛熊：股市获利之道	曹明成　谭　文	35.00
短线出击：股市快速获利核心战术	麻道明	49.00
聚沙成塔：T+0交易绝杀技	江南小隐	35.00
短线实战操盘技巧	伟　晴	42.00